大夏书系·教师专业发展

从有效教学
走向卓越教学

余文森 著

华东师范大学出版社
全国百佳图书出版单位

图书在版编目（CIP）数据

从有效教学走向卓越教学/余文森著 . —上海：华东师范大学出版社，2015.6
ISBN 978 - 7 - 5675 - 3732 - 3

Ⅰ.①从…　Ⅱ.①余…　Ⅲ.①教学研究　Ⅳ.①G420

中国版本图书馆 CIP 数据核字（2015）第 136561 号

大夏书系·教师专业发展

从有效教学走向卓越教学

著　　者	余文森
策划编辑	朱永通
审读编辑	周　莉
封面设计	百丰艺术

出版发行	华东师范大学出版社
社　　址	上海市中山北路 3663 号　邮编 200062
网　　址	www. ecnupress. com. cn
电　　话	021 - 60821666　行政传真 021 - 62572105
客服电话	021 - 62865537
邮购电话	021 - 62869887
地　　址	上海市中山北路 3663 号华东师范大学校内先锋路口
网　　店	http：//hdsdcbs. tmall. com

印　刷　者	北京密兴印刷有限公司
开　　本	700×1000　16 开
插　　页	1
印　　张	17
字　　数	252 千字
版　　次	2015 年 9 月第一版
印　　次	2025 年 2 月第二十二次
印　　数	75 101 - 76 100
书　　号	ISBN 978 - 7 - 5675 - 3732 - 3/G · 8400
定　　价	39. 80 元

出　版　人	王　焰

（如发现本版图书有印订质量问题，请寄回本社市场部调换或电话 021 - 62865537 联系）

前　言

　　追求卓越是我们这个时代的特征和要求。

　　按照词典的解释，卓越的意思是非常优秀、超出一般、与众不同。实际上，卓越代表的是一种精神、一种品质、一种气质、一种个性、一种态度、一种境界、一种文化，卓越的本质是"超越"：永不满足、不断追求、永无止境。

　　如果说有效教学（教学的有效性）是对教学的基本要求，那么卓越教学（教学的卓越性）则是对教学的理想要求。

　　从有效教学走向卓越教学，不仅要让教学变得效果更好、效用更高，而且要让教学变得更有人性、更有意义、更有境界、更有内涵、更有品质、更有精神，使师生通过教学不断实现自我超越、自我发展、自我提升、自我完善，从而使人变得更有人性、更有意义、更有境界、更有内涵、更有品质、更有精神。

　　显然，卓越教学是一种教学思想、一种教学理念，而不是一种教学模式、一种教学方式；卓越教学是一种教学精神、一种教学境界，而不是一种教学行为、一种教学水平；卓越教学是一种教学态度、一种教学品质，而不是一种教学表现、一种教学成绩。对教师来说，卓越教学首先需要确立的是卓越的思想、精神、态度，而不是去寻找一种具体的模式、行为和表现。可以说，卓越教学是所有优秀教师特别是名师共同的教学主张和教学追求。卓越教学的旨趣是精神性和理念性的，而非物质性和可操作性的。但是，没有落地的主张和追求岂不会成为空中楼阁？卓越教学最终要落实到课堂中。为此，笔者结合多年的研究，特别是当前立德树人和深化课程改革的要求，尝试从"意义""发展""能力""素养""智慧""思想"等核心要素来探寻卓越教学的理论内涵和实践特征，让卓越教学可视化、可操作，希望给老师一点参考、启发和借鉴，我们相信老师会有更多的创造性。

从有效教学走向卓越教学，永远只能在过程中。

目 录 CONTENTS

第一章

有效教学的意义与反思

低效、无效教学一直是困扰我们的教育顽疾。近年来，全国各地中小学围绕有效教学问题进行了广泛的探索，在总结经验和取得成效的同时，也出现了一些新的问题。本章在简要阐述有效教学的内涵和经验的基础上，着重从实践和理论两个角度对有效教学的问题进行反思。

第一节　有效教学的内涵与意义

有效本是教学的应有之义，真正的教学或者说能称得上教学的活动一定是有效的，会对学生的发展产生积极的影响，无效的教学（活动）不能称为教学，那么，为什么还要在教学之前加上"有效"二字呢？

主要原因可能在于：一是实践上确实出现了"异化"的教学，即"无效"的教学，并导致了"教学"内在标准的丧失以及人们对"教学"应有之义的遗忘，因而不得不用修饰语"有效"加以提醒、强化和突显，以期唤醒教学本义，使教学活动回归教学本义。二是"有效"二字（概念）有其特殊的内涵、指向和意义，它对"教学"主要不是起修饰作用，而是起定位、定性作用。按照经济学的解释，有效包含有效果、有效用和有效率三方面的内容和意义。有效教学是提倡效果、效用、效率三者并重的教学观，有效果、有效用、有效率是有效教学的三个维度，就像长方体的长、宽、高三者缺一不可，缺少任何一个维度都不能构成完整意义上的有效教学。形象地说，有效教学是一种"多快好省"的教学。

一、有效教学的内涵

（一）有效果

"效果"是指由某种力量、做法或因素产生的结果（多指好的）。[①]"教学效果"是指由于教学出现的情况，教学活动左右下的成果，包括受教学的影响所能显示出来的一切成果。[②] 对教学有效果的认识，涉及动机与结果以及教与学的关系问题。首先，教学效果强调的是教学产生的结果，与动机无关。这就是说，它不关心教师的教学动机、教学意图、教学设计，只关心教学产生的实际结果，尽管它们之间有各种关系。所以，教师再也不能说："我的课上完了，教学任务完成了。"我们知道，传统的教学以教案为本位，上课是执行教案的过程。教师按照教案设定的教学目标和教学内容，在课堂上"培养""引导""发展"了学生，教学任务就算完成了，教学目的就算达到了，至于学生是否真的改变、进步、提高了，则不受重视。这是典型的只讲计划、任务，不重效果、质量的行为。其次，教学效果的落脚点是学而不是教，学生有无进步和发展是衡量教学有没有效果的唯一指标。进一步说，获得进步和发展是对有效教学质的规定，进步和发展的程度是对有效教学量的把握，因此，教学有没有效果，并不是指教师教得好不好或教得认真不认真，而是指学生有没有学到什么或学得好不好，尽管它们之间也有各种关系。所以，教师再也不能说："我课教得很好，只是学生没有好好学习。"传统的教学是以教师为本位的教学，教被认为是起决定性作用的因素，学是被决定的，教得好必然学得好。这是典型的以教代学、以教定学的观念。正如著名特级教师于漪在《语文课堂教学有效性浅探》一文中所指出的："衡量语文课堂教学的有效

---

①　中国社会科学院语言研究所词典编辑室．现代汉语词典（修订本）［M］．北京：商务印书馆，1999：1390.

②　胡森．国际教育百科全书（第9卷）［M］．贵阳：贵州教育出版社，1990：143.

性不是看课上得如何漂亮，如何热闹，如何掌声雷动，而是看学生学到了什么，知识有无增长，能力有无锻炼，求知的主动性如何，思想情操方面有无泛起涟漪，乃至掀起波澜，受到文本感情的感染。"[①]

（二）有效用

经济学把商品中能够满足人的主观愿望的东西叫作效用。有效果强调的是学到了东西（有结果），有效用强调的是学到的东西能够为学生所用（有益处）。也就是说，学而无用的东西，即便有效果，也无效用。学生通过死记硬背、反复操练，获得高分，即使认知有提高、成绩有进步、教学有结果，也不能说是有效益。当然，如果学生所学到的知识本身是无用的、没有活性的、没有意义和价值的，那么无论学生怎么学，也是没有效益的。从经济学角度讲，有效性指企业不仅要生产产品，而且产品要卖得出去，为人所用，前者是产量（效果），后者是效益。教学效益实际上是教学价值的体现，具体来说，教学效益指的是教学及其结果与社会和个人发展的需求是否吻合以及吻合的程度如何。"是否吻合"是对教学效益质的规定，"吻合程度"是对教学效益量的把握。显然，教学效益强调的是教学及其结果的合目的性、合价值性。具体来说，它表现在以下两方面：

1. 社会效益

符合社会对人才的要求，努力造就合格和优秀的公民。

2. 个人效益

为个人一生的发展和幸福奠基，引导个人学会学习、学会生存、学会合作、学会创新，促进个人智慧、品质、体格等方面的成长和发展。"在学校做一个有个性、会学习、知荣辱的好学生，在家庭做一个有孝行、会自理、担责任的好孩子，在社会做一个有教养、会共处、守公德的好公民。"

（三）有效率

"效率"是指单位时间里完成的工作量。[②]"教学效率"指单位教学投入内所获得的教学产出。教学有效果、有效用是从教学产生了结果且这种

---

① 于漪. 语文课堂教学有效性浅探 [J]. 课程·教材·教法，2009（6）.

② 中国社会科学院语言研究所词典编辑室. 现代汉语词典（修订本）[M]. 北京：商务印书馆，1999：1390.

结果符合预期来判定的，但两者都没有考虑教学投入与教学产出的关系。如果大的、多的教学投入只获得了小的、少的教学产出，那么这种教学算不上有效教学。因此，有效教学在保证有效果、有效用的前提下，还必须做到有效率。教学有效率是指一定的教学投入产生了尽可能大或多的教学产出。根据这种定义，减少投入、增加产出就成为教学活动有效率所追求的目标。夸美纽斯在《大教学论》一书的扉页上曾指出，写作该书的主要目的在于"寻找并找到一种教学的方法，使教员可以因此少教，但是学生可以多学；使学校可以少些喧嚣、厌恶和无益的劳苦，多具闲暇、快乐和坚实的进步"①。教学有效率也可理解为师生用尽可能少的教学投入或教学所耗（时间、精力等）获得了尽可能多的教学产出或教学所得。

苏联教育家巴班斯基提出了教学过程最优化理论。按照巴班斯基的说法，"最优的"这一术语是指"从一定标准来看是最好的"。这里的"标准"有两个：一是教学效果，即每个学生按照所提出的任务，于一定时期内在教养、教育和发展三个方面获得最可能达到的水平；二是时间消耗，即学生和教师应遵守学校卫生学和相应指示所规定的课堂教学和家庭作业的时间定额。所谓最优化的教学，就是在教养、教育和学生发展方面保证达到当时条件下尽可能大的成效，而师生用于课堂教学和课外作业的时间又不超过学校卫生学所规定的标准。教学效果和时间消耗是衡量教学过程是否"最优"的标准，也是教学过程组织的基本原则。

二、有效教学的要求与特点（经验）

教学要有效果，教师必须确立效果为重的意识和学生（学习）为本的意识，要重在看教学的实际效果及学生的发展，而不是看教学计划、教学任务和教学进度完成与否（任务完成不等于目标实现）；要重在看学生学了什么、会了什么，而不是看自己讲了什么、教了什么（讲得好不等于学得好）。在具体教学操作上，有两点至关重要：第一是教学目标要明确（准确），第二是教学内容要清晰（清楚）。正如于漪老师所说的："教什

---

① 夸美纽斯. 大教学论［M］. 傅任敢，译. 北京：人民教育出版社，1984：2.

么必须放到课堂教学的第一位来考虑。目标是课堂教学的主宰，用怎样的方法教、师生之间的活动怎样组织和开展，均应紧紧围绕教学目标，为实现教学目标服务。"①

专家观点："一堂课之后，教师不知道自己教了什么，学生不知道自己学了什么，说这样的语文课会有成效，说这样的语文课会变成学生的营养，说这样的语文课能培养学生的语文素养、语文能力，显然是自欺欺人。"（王荣生）

教学要有效用，必须坚持理论联系实际的原则，要鼓励和引导学生在生活中、在情境中、在应用中学习，培养学生学以致用的意识和本领。只有能够被应用的知识，才能显示其价值和力量。这方面有个典型案例：印度洋海啸发生的当天，一位10岁的英国小女孩和父母在泰国海滨浴场游泳，因提前发现海水中泡沫增多，凭着在学校里学到的知识，她意识到马上要发生海啸，并迅速将海啸即将发生的前兆告诉周围的人们，使得该浴场无一人伤亡。学习与应用是相辅相成、相互促进的关系，学而无用的知识使人迂腐，使人软弱；学而有用的知识使人聪慧，使人有力。心理学把不理解的知识称为"假知"，把不会应用的知识称为"惰性知识"。

提高教学效率的根本任务是实现当堂达标，完成教学任务，努力做到课前无预习、课后无作业，切实减轻学生课外负担，把课外时间还给学生，把校外时间还给学生，让学生有充分的时间发展自己的兴趣、爱好、特长。提高教学效率的具体要求是：一要减少教学时间的浪费，把课堂教学时间用在指向教学目标的教与学活动上；二要精选教学内容和简化教学过程，使教与学的活动指向价值最大化的教学内容，提高时间的利用价值。

从教学改革层面讲，不少一线教师也总结了许多很好的经验。例如，江苏省苏州中学黄厚江老师提出课堂教学的六个"减法"：一是减去不必要的教学环节，二是减去不必要的拓展和链接，三是减去多余的手段和形

---

① 于漪.语文课堂教学有效性浅探［J］.课程·教材·教法，2009（6）.

式，四是减去赘余的教学内容，五是减去价值不大的知识呈现，六是减去不集中、不该有的目标。① 湖南省永州市第九中学严丽荣老师提出教师应"学会洗课"：就像洗菜去除泥沙、淘米去除杂质一样，教师要减少课堂的"冗余"，还学生一个简约、朴实和高效的课堂。

第二节 有效教学的实践反思

有效教学在实施过程中出现了内涵知识化和窄化、教学活动模式化和机械化的倾向，突出表现在：

一、效率至上（快与慢、效率与质量）

效率就是速度！课堂有效教学要求立竿见影，"即教即学即会"，"当堂达标"。现实课堂上经常可以看到，把教学时间"精细管理"到分分秒秒，无节制地增加单位时间的教学内容，挑战学生学习和接受能力的极限。正如日本教育家佐藤学所观察到的："在这些教师的教室里，那些慢慢思考问题的或用不明确的语言描述自己并进行思考的学生，就会被贴上'理解缓慢'、'发言不积极'的标签而被撇到一边，被教师以达不到所要求的'明晰的'语言和表达力而'善意'地撇到一边。"② 这种快教学、快学习、快思维导致了所谓的"效率过剩"，它有两大害处。一是违背了儿童生命生长的内在规律和认知发展的固有规律。据说，大约 20 多年前，美国曾面向小学生征集最聪明的一句话。其中有一句是这样的："我的手很小，请不要往上放太多东西。"③ 二是导致了知识教学的"走过场"现象。表面上学生学到了很多知识，速度快，效率高，实际上食而不化，学生只是被太多的知识填满、撑胀而已，而没有真正的理解和消化，更没有转化为学生的能力，反而成为学生的精神负担和累赘。不仅如此，学生对

---

① 黄厚江. 删减：让课堂由多到精，以少胜多［J］. 语文建设，2011（6）.

② 佐藤学. 静悄悄的革命［M］. 李季湄，译. 长春：长春出版社，2003：21.

③ 李帆. 教育期待深度变革［J］. 人民教育，2013（2）.

这种学习会产生如倒胃口的反应，即回避、厌恶、排斥、拒绝，并因此导致"学习兴趣和热情淡化、消退了，学习思维固化、僵化了，学习灵性以及可持续学习力亦严重受挫，乃至丧失殆尽"。① 我们看到，不少所谓的高效率的课堂"只是着眼于如何快速有效地让学生把握具体知识，于是学生们知道了知识，却不知晓知识间的意义和联系；掌握了解题方法，却不能理解背后的原因和思路；他们手里握住了大量的'枝叶'，却放弃了最为重要的'根茎'"。②

"教学是一门慢的艺术"，教学的很多效果（包括能力的提高）是要慢慢显示出来的。北京大学中文系教授陈平原先生说得好："语文教学的特点是慢热、恒温，不适合爆炒、猛煎，就像广东人煲汤一样，需要的是时间和耐心。"实际上，所有学科的学习都是如此。不少专家都强调，教育是农业，要做慢教育，最好的教育者都是缓慢而优雅的。韩国有本畅销书叫《好妈妈慢慢来》。好教师也要慢慢来，对待学生、对待生命、对待心灵，需要的是诚心、耐心、恒心。

由"快学习"转向"慢学习"是对学习本质的复归，它让学习者在从已知到未知的探寻之旅中，能惬意地同新的世界对话，同新的他人对话，同新的自身对话，而非做一个匆匆过客，走马观花。"慢学习"充分考虑学生独特的知觉、意义和洞察力，关注学生创造性学习潜能的挖掘，还教师以自主性专业发展的空间，使得学习在自主对话的轻松环境中，阐明争论和思想，传递尊重和信任，构建关怀和友谊。③

二、可测量性（清晰与模糊）

有效教学所追求的目标是客观的、可观察的、可测量的。布卢姆指出："有效教学始于准确地知道需要达到的教学目标是什么。"的确，教学目标是教学活动的出发点和归宿，它对师生的教与学具有突出的指向和标

---

① 冯卫东. 降"效"提质：关于中小学教学的一点辩证思考［J］. 江苏教育，2012（12）.
② 李帆. 教育期待深度变革［J］. 人民教育，2013（2）.
③ 金惠. 从"快学习"到"慢学习"：尽享营养的学习盛宴［J］. 教学与管理（中学版），2013（2）.

准功能，使师生双方在教学过程中均有方向感，教学结束时均有达标感。

按照格朗伦德的说法，作为学习结果之表述的教学目标，应当具有"行为目标""达成目标""可计测目标"的性质。① 就是说，课堂教学目标要十分具体，必须是课堂教学结束以后可以检测的，因此，它的表述只能借助动词，即使是情意领域的教学目标，也要用行为描述的方式呈现出来。表述清晰、准确的教学目标是实现目标教学和提高教学有效性的前提。但是，目标和目标教学是一把双刃剑，一方面，它使教学变得明确、清晰，便于师生集中精力完成任务、达成目标，从而提高效果；另一方面，它又使教学变得功利、窄化、被动，因为课堂教学对学生发展所产生的效果并非都是可检测的、可观察的，"教学效果"的概念要远远大于"教学目标"。正如布卢姆自己所说的："人们无法预料教学所产生的成果的全部范围，没有预料不到的成果，教学也就不成其为一种艺术了。"我们在确定课堂教学目标和开展目标教学时，只关注到了人的发展和教学活动可控的一面。一位小学老师曾反思说："实事求是地说，一节课的知识目标是否达成，我们可以通过观察和检测来加以判断——因为它们都是显性目标，易于辨别。但也正因为它是显性目标，我们有时就会自觉不自觉地把它当作课堂教学目标的全部。"② 实际上，人的发展还具有不可控的一面，生命具有开放性、生成性，"教学是一种生命历程"，教学的很多效果（特别是能力和品格）具有体验性、模糊性、潜在性。"眼下我们所提倡的有效教学，恨不得课堂上的每一个教学环节都直指教学目标的达成，恨不得老师说的每句话都能产生相应的教学效果。殊不知，教育教学里存在大量混沌的、灰色的地带，在这些地带，并不是所有的教育教学手段都能产生相应的教育教学效果。这是因为，教育教学所作用的人，其生命成长本身就具有致密、混沌、复杂、非匀速的特征。"③ 而按照佐藤学的观点，课堂中混沌的、灰色的地带对学生的发展可能意义更大，他指出："在教学中价值最高的也许恰恰是这种模糊的多义的意见。尊重这些模糊

① 钟启泉. 现代课程论［M］. 上海：上海教育出版社，1989：297.
② 张新华. 实效、多效、长效：有效教学的追求［J］. 课程教学研究，2013（6）.
③ 李帆. 教育期待深度变革［J］. 人民教育，2013（2）.

的多义的意见，能建立起教室里对个性多样性的意识，从而在相互的交流中，能使每个人的认识达到更加丰富、深刻的程度。""学生在认识和表现事物的同时，也在表现自己并构建和他人的联系。在这类学习行为中，其不确定的思考和表现与那些确定的思考和表现具有同等重要的意义。明晰的思考和表现容易变成一种把思想和情感定型化的行为，而不确定的思考和表现往往在创造性的思考和表现中更能发挥威力。"①

《圣经》与竹篮

（美）肯尼斯·托马斯

一位老人和他的孙子住在一起。每天早上，老人都坐在厨房的桌边读《圣经》。一天，他的孙子问道："爷爷，我试着像你一样读《圣经》，但是我不懂得《圣经》里面的意思。我好不容易理解了一点儿，可是我一合上书便立刻忘了。这样读《圣经》能有什么收获呢？"老人安静地将一些煤投入火炉，然后说道："用这个装煤的篮子去河边打一篮子水回来。"

孩子照做了，可是篮子里的水在他回来之前就已漏完了。孩子不解地望着爷爷，老人看看他手里的空篮子，微笑着说："你应该跑快点。"并让孩子再试一次。

这一次，孩子加快了速度。但是，篮子里的水依然在他回来之前就漏光了。他对爷爷说道："用篮子打水是不可能的。"说完，他去房间里拿了一个水桶。老人说："我不是需要一桶水，而是需要一篮子水，你能行的，你只是没尽全力。"接着，他来到屋外，看着孩子再试一次。

现在，孩子已经知道用篮子盛水行不通。尽管跑得飞快，但当他跑到老人面前的时候，篮子里的水还是漏光了。孩子喘着气说："爷爷，你看，这根本没用。"

"你真的认为这一点儿用处都没有吗？"老人笑着说，"你看看篮

---

① 佐藤学. 静悄悄的革命 [M]. 李季湄，译. 长春：长春出版社，2003：20—21.

子。"孩子看看篮子，发现与先前相比的确有了变化。篮子十分干净，已经没有煤灰沾在竹条上面。"孩子，这和你读《圣经》一样。你可以什么也没记住，但是，在你读《圣经》的时候，它依然影响着你，净化你的心灵。"

其实，我们每个人都应该多读《圣经》。即使我们未曾明白其中的道理，未曾记住一句话，一个字，却依然受益终生。因为它会让我们的心灵如泉水般清澈、纯净。

三、程序化（模式化与个性化）

有效教学强调教学程序、形式、模式、规定和制度，追求统一的、标准的、固定的教学过程，这种教学预测性、控制性太强，太过刚性。一些地区和学校在推进有效教学改革时，出现了极端模式化的做法，对课堂教学的环节设置和时间安排以及师生教学行为都进行了详细的刚性规定，致使课堂教学成了工厂的加工流水线。客观地说，教学模式对提高课堂教学效果是有益处的，没有模式和程序，缺乏可操作性，大面积提高教学效果是不可能的。但是，试图将教学活动模式化，不考虑学科性质特点以及师生的个性差异，追求统一的固定的教学模式，对教学的损害更大。当前出现了形形色色的"一校一模"甚至"一个地区一模"（多课一模、千课一模）的做法，严重违反了教学规律（是对教学规律的误读和误用），抹杀了师生的个性和生命力（是对师生自由和潜能的控制）。这种同模同质的课堂情景可悲、可怕，让人窒息！

从教育的角度讲，这是一种典型的设计心态。金生鈜教授指出："这种心态相信，教育必须按照社会的要求培养儿童的适应性，教育只有按照一套统一设计好的模式、途径和方法，才能塑造出儿童的完美人格。教育对儿童人格和未来生活的设计其实是对儿童发展的一种预定和控制，因为儿童的发展具有丰富的可能性，是不确定、不可限量的，也是不可算度的。由于人的多样性和独特性，教育和教师不可能决定也不能决定每个儿童的生活道路，无法了解和预测每个儿童人格发展的未来和前景，结果是只能用一种统一的程序、唯一的目标要挟每一个儿童，把他们塑造成一种人。教育为了实现统一的目标，必定对儿童进行监督和控制，把不适合统一要求的东西修理掉。因此，教育对儿童的任何设计只能导向对儿童成长的控制、包办和干预，最终造成对儿童人格的完整性的破坏。一旦教育的设计心态相信自身是完美无缺的话，教育就可能用专横的手段改造人，造成教育灌输和压制。教育的设计心态必定导致对儿童的强制和发展的干预。"[1]

美国著名教育史家和教育政策分析家戴安娜·拉维奇说："在教育中没有捷径，没有乌托邦，没有毕其功于一役的终极武器，没有神化也没有童话。学校的成功很难像生产线一样移植。"佐藤学在做了20多年的课堂观察后指出："我看过数不清的教室，可以说没有哪一个教室和其他教室飘溢着完全相同的气息，有着完全相同的问题。然而在观摩教学时，无论访问哪间教室，大同小异的教学却让人产生误会，以为发生的问题都是一样的。如同在日本找不到一个人与另一个人是完全相同的一样，彼此完全相同的教室是不存在的。由于地区的风土和文化、学校的历史和传统、教师的经验和个性、学生的生活和性格等等有着很大的差异，因此，每个教室都形成了彼此各异的富有特色的面貌，并按各自的状态构筑着各自独特的世界。"[2]

"生命不能被保证"，真正的教学一定是不可重复的激情和智慧综合生成过程。教育是个"不确定系统"，它的改革没有单一答案；教育模式带有个体经验的色彩，其复制往往难于实现。

总之，追求教学的效果、效用、效率是对的，但凡事都应有度，物极必反。过分强调效果会导致"知识过剩"，来不及反刍、消化、吸收，变成怀特海所说的"死知识""无活力"的概念；过分强调效用会走向实用主义的泥潭，这样的教学必然以近害远，以表损里，阻碍未来发展；过分强调效率必然丧失品质，没有品质的效率只是表效、假效、短效。它们或昙花一现，或徒有其表，不禁风霜，不堪一击。

---

[1] 金生鈜．"规训化"教育与儿童的权利［J］．教育研究与实验，2002（4）．
[2] 佐藤学．静悄悄的革命［M］．李季湄，译．长春：长春出版社，2003：12—13．

第三节　有效教学的理论反思

有效教学有两个重要的理论基础，一是实用主义哲学，二是行为主义心理学。这两大理论基础从根本上决定了有效教学的"知识本位取向"以及"控制取向和技术主义取向"的思想和路线，因而导致在教学的方向和性质上出现了偏差，这几年，不少研究者和实践者开始对有效教学进行理论反思和批判，并追问和探讨有效教学的伦理方向和价值基础。本节从以下两个维度对有效教学进行理论反思。

一、教学的科学性与艺术性（共性与个性）

我国近代教育家俞子夷先生在其《教学法的科学观和艺术观》一文中指出："我们教学生，若没有科学的根据，好比盲人骑瞎马，实在危险。但是只知道科学的根据，而没有艺术的手腕处理一切，却又不能对付千态万状、千变万化的学生。所以，教学法一方面要把科学做基础，一方面又不能不用艺术做方法。"科学是在变化中求一律，艺术是在一律中求变化。科学强调共性，艺术追求个性。

在历史上，曾有教学的共性与个性之争。行为主义者强调教学的共性，斯金纳主张用科学的方法来安排教学，把强化作为促进教学的主要杠杆。在他看来，教学工作的实质就在于如何安排强化。因为坚信复杂行为是由简单行为构成的，所以他主张把课程目标和内容分解成很小的单元，然后按照逻辑程序排列，一步一步地通过强化手段使学生逐步掌握教学内容，最终达到预期的教学目标。总之，斯金纳认为，教学是一个行为制约过程，完全可以利用行为科技将教学程序化，使其精确、客观和有效。所以，在行为主义者看来，教学没有什么奥妙可言，只要掌握了这些共性的规律和技术，就可以当好教师。

人本主义则认为，教学是艺术的，是个性的活动，无固定的程序可循。人本主义者库姆斯在《教师专业教育》一书中，批评了行为主义按照科学原则设计的教师行为和教学评价。他认为，好教师的教学决不是千篇一律地遵循既定规则的，他们都有个性，并在教学中体现出来；好教师在教学中会注重具体的特定的情境，不可能总以既定的方法行动。所以，没有什么固定不变的好方法，或者说，方法不是万能的，对这个教师而言算是好的、有效的方法，对那个教师未必就是好的。所以，一名好教师应当是艺术家。

以上两种观点各执一端，言之有理，又都失之于片面性。

我们认为，教学有共性，任何教学都必须遵循教学共同的、基本的规律和原则。现代教学论研究指出，教学作为一种专门培养人的社会活动，它的运动、发展、变化存在着不以人的主观意志为转移的客观规律。这些客观规律就是对教学的共性要求。只要掌握了这些规律，并在实践中认真遵循，任何教师都可能提高教学质量。但是不能把教学的共性要求变成千篇一律的固定模式和整齐划一的不变规格，教学毕竟是教师个人的精神劳动，都必定深深地打上个人的烙印，正是教师的个性特别是创造性才使教学充满艺术的魅力。

总之，必须把教学的共性和个性有机统一起来。以教法改革为例，教学有法是共性的要求，教无定法则是个性的表现。教学有法可循，不能无法，否则就会乱套。跟着感觉走必然会摔跟头，置教学于死地。然而，正如世上没有包医百病的灵丹妙药，教学又确无定法，事实上也难以定法，千篇一律、千师一面、千课一法在教学上是鲜有作为的，法一定要因人、因课、因境而异。教学有法是走向教无定法的前提，教无定法是对教学有法的积极超越，这也深刻揭示了教学共性与个性的关系。

从有效教学的实践本性和理论定位来看，毋庸置疑，它走的是一条科学主义的路线，"课堂教学是科学"，这是有效教学秉承的基本理念。规律性、科学性、规定性，这是有效教学的基本特性。课堂教学是一种有规律的活动，"社会规律不同于自然规律，它是在人类的行为中形成并由人的行为实现的规律。没有人的实践活动当然没有社会规律，但社会规律并非人的行为的规律，而是存在于人的实践中并决定人的实践成败的规律。人的行为要取得成功必须符合社会规律。可是人有目的的行为可能符合规律，也可能违背规律、破坏规律。人的实践的正效应与负效应、成功与失败，都是由人的活动与客观规律相互关系的状况决定的。"① 认识规律，自觉按照规律进行教学，这就是教学的科学性。只要是科学的东西，就得有一定的规定性。不要规定性，就是只讲任意性；而只讲任意性，是反科学的，是违背规律的。实际上，正是由于忽视了教学中的科学性和规定性，导致了教师在教学中感到无所依凭、难以捉摸，从而影响了课堂教学的有效性和教学质量的提升。有效教学就是抓住教学规律性、科学性、规定性的本质内涵，将其转化为教学规范、教学程序、教学模式。为此，有效教学的改革实践都强调刚性的教学流程，所以给人模式化和机械化的感觉，这也是有效教学遭遇批评的最主要原因。

有效教学反映了教学中的"控制取向和技术主义取向"，为此，必须倡导教学自由，让教师成为自由的教师。自由是人的本性，是自然赋予人类生来既有的权利，是个体得以充分发展的前提，亦是人生追求的至高境界。近代法国的启蒙思想家卢梭也认为"人生而自由"，他甚至认为，如果"放弃自己的自由，就是放弃自己做人的资格"。也就是说，一个人若放弃了自由，就贬低了自己的存在，也就等于抛弃了自己的生命，这样根本谈不上有意义的创造性的活动。教学活动必须建立在活动主体自由自觉的基础上。对于教师而言，只有给予教师一定的自主教学的行为空间，才能充分调动教师的主动性、积极性和创造性。教师只有遵循自由的意志进行教学实践活动，才能出现丰富多彩的教学风格，不断增强教学创造性，在教学创新中孕育出教育智慧，教学艺术中的"美"才得以创生。教学自由是一种个性化的独立教学行为和教学状态，"只有当每一位教师都有根据自己的理解、兴趣和个性进行教学的自由时，其教学才可能出现创造性。"②

教学中的"控制取向"反映在师生关系上，教师由被控制者又变成控制者了，其特点是：控制学生的时间、空间、思想（思维）和权力，培养

---

① 陈先达．一个值得商榷的哲学命题——关于"合规律与合目的"问题质疑 [J]．新华文摘，2009（24）．

② 李丽，罗祖兵．教学自由的意蕴及其实现 [J]．当代教育论坛，2012（4）．

服从和听话的学生。控制者角色意味着教师不仅是知识的讲解者，而且是真理的裁判者，它表现为教师有权对学生认识、思考和解答的对错以及不同认识、思考和解答的好坏作出最终的裁决，学生则应无条件地服从教师的裁决，这就导致了教学实践中出现一种非常可怕的现象：学生学会了迎合教师而不是独立思考！

教师要从"控制者"转向"促进者"，"教师即促进者"是"教育即解放"的体现，解放学生的时间、空间、思想、权力，培养能够自主发展的人。"教育即解放"，这是联合国教科文组织早在1972年就提出的教育主张。就我们当前的实际来说，仍具有积极的意义。"教育即解放"就是要解放自我，解放他人，解放所有被禁锢的心智，解放每一个被束缚的个性，使僵化的头脑能够异想天开，使萎缩的人格大放异彩，让每一个学生自由而全面发展，在良好教育所创造的宽松和谐的氛围中，不断进行自我创造，自我超越，自我完善。"教育即解放"，意味着教育是探究，而不是灌输；是启蒙，而不是宣传；是沟通，而不是压制；是丰富知识，而不是统一标准；是平等对话和自由交流，而不是指示和命令；是尊重和信任，而不是敌视和防范。①

强调教师由学生学习的控制者转变为学生学习的促进者，意味着要把学习自由和权利还给学生。石中英先生指出：学习自由从内涵说，有消极和积极两种解释："消极的学习自由"是指学生在整个学习活动过程中免于被强迫的自由，即没有被控制感、操作感、压迫感；"积极的学习自由"是指学生在整个学习过程中有权自主做一些事情的自由。② 自由是人精神成长的"空气"，学生在具体教学中的自由主要包括：一是时间的自由，即学生拥有自由支配的时间；二是方式的自由，即学生拥有按照自己擅长的和喜欢的方式进行学习的自由；三是思想的自由，表现为独立思考、个性化理解、自由表达的自由和权利，质问、怀疑、批判教师观点或教材观点及其他权威的自由和权利，因为自己见解的独特性或不完善性乃至片面

---

① 肖川. 教育的理想与信念［M］. 长沙：岳麓书社，2011：27.
② 石中英. 论学生的学习自由［J］. 教育研究与实验，2002（4）.

性，免予精神或肉体处罚以及不公平评价或对待的自由和权利。教师一定要清楚地意识到，学生的这些权利不是教育的恩赐，而是他们应该得到的属于自己的东西。课堂教学必须把学生的学习权利放在首位，不能以任何理由侵犯和僭越他们的权利。缺乏自由的教学就是不道德的教学，这种教学无论多么"有效"，最终都不利于学生个性自由健康发展。

总之，必须妥善处理和解决好教学中控制与解放、规则与自由的关系，构建一种基于规律性、科学性、规定性，又融入人文性、艺术性、开放性的有效教学模式。

二、教学的有效性与道德性

课堂教学不仅应当是有效的，而且还应该是道德的或正义的。教学首先应该是道德的，正如麦克莱伦所认为的那样：有道德的"教"是"教"的"真品"，而没有道德的"教"是"教"的"赝品"。① 英国教育哲学家彼得斯也强调指出，只有以传授有价值的东西和以合乎道德的方式进行的教育才是好教育。

从理性基础角度讲，有效性基于工具理性，道德性基于价值理性。工具理性和价值理性这两个概念，是德国社会学家马克斯·韦伯提出来的。韦伯将人们的社会行为分为合理性和非合理性两大类，合理性分为工具合理性和价值合理性。所谓工具合理性行为是指以能够计算和预测后果为条件来实现目的的行动；价值合理性是由对价值的绝对确信所驱动的，更看重行为本身的价值，而不是手段与后果。现在人们通常把这两个概念称为工具理性（或技术理性）和价值理性。工具理性与价值理性是两个层次的价值理念，表现了人们对价值追求的两种境界。工具理性强调功利性，人们为达到既定的目标，会考虑采用各种可能的手段。工具理性往往将金钱、财富、现实的技术、效率等作为价值追求的主要目标，忽视对真善美的追求。价值理性则将远大理性或终极价值、人的尊严的维护和人类的美好未来、对真善美的执著追求，作为价值理性追求的主要目的。总之，工

---

① 麦克莱伦. 教育哲学 [M]. 宋少云，等译. 北京：生活·读书·新知三联书店，1988.

具理性注重对效率的追求，价值理性注重对公平以及真善美的追求；工具理性侧重于理性化，价值理性侧重于人性化。①

有效教学是一个技术操作问题，更是一个价值澄清与选择问题。梳理文献会发现，已有研究主要从技术层面研究有效教学的内容、特征、策略、模式等，以至于我们常看到这样的教学现象：高度统一的教学模式消解的是教学个性和风格，教学收获了高分数，却失却了学生的兴趣、激情、创造力。不少教师在有效教学的实践中注重教学目标的实现和教学效率的提高，在乎眼前的显性教学效果，更关注的是学生学会了什么，而相对不太关注学生是以怎样的方式和代价学会的，是否有自主探究和质疑创新的成分参与知识建构过程，所学知识是否激发他们足够的兴趣和热情，以及这些知识的意义如何，等等。试问：什么是真正的教学？教学有效性的"价值依据"何在？"有效教学"异化的背后是教学价值先导立场的搁置。②

对教师而言，首先考虑的不应该是教学的技术问题，即教学行为、教学策略、教学模式、教学设计及其有效性的问题，而应该是教学的价值问题，即教学的意义、教学的使命、教学与学生发展的关系，再具体说，就是考虑：什么样的教学才是学生需要的、喜欢的，能够进入学生的内心深处，成为"唤醒灵魂""感动精神""滋润心田"的活动？"在我看来，目前教师群体最缺少的是对价值的追问，很多人把自己当成了一个技术性的工具。价值与方法的问题，就是形而上之'道'与形而下之'术'的问题。如果教师没有教育的价值与信念，而仅仅从方法上去改变，只能治标不治本。因此，教师既应该是思想者，又应当是实干家，要想教育的大事，做教育的小事。缺乏对教育问题价值性的反思，我们的教育还只能是'缘木求鱼'。"③

从学生角度讲，"学生在经历一堂课堂教学后能有所感，有所思，有所悟，有所获。他们课前与课后完全变了一个人，这种变化或是知识量的

---

① 安心，刘拴女. 呼唤工具理性与价值理性融合的质量观［N］. 中国教育报，2011 - 8 - 22.
② 杨钦芬，滕衍平. 意义生成：有效教学的价值追寻［J］. 教学与管理（小学版），2012（10）.
③ 王翔宇. 成长：信念比方法更重要［N］. 中国教育报，2013 - 3 - 13.

积累增加；或是能力水平的提升（表现为思维的敏捷、深刻、缜密）；或是良好的积极的情感体验的获得（受到赏识的愉悦、战胜困难后的成功喜悦等），或是对学习活动更感兴趣，目标更坚定，态度更执著，正所谓'善歌者使人继其声，善教者使人继其志'。"①

总之，只有在保证道德性的前提下，有效性问题才能够成为教学实践的真问题、有意义的问题。我们认为，教学的道德性至少包括以下四个方面的含义：

第一，道德的教学应该是合乎法律要求的。合法性乃道德教学的最低限度的要求，不合法便谈不上道德（性）。它要求教师在教学过程中应当尊重学生的受教育权利和发展权，其核心是尊重每位学生的人格尊严和人生价值，尊重每位学生的学习能力和认知规律（特点）。

第二，道德的教学应该是符合伦理道德要求。每一个社会对其成员的特定要求，通常以某些道德原则的形式表现出来。基本的道德原则，如向善原则、尊重生命原则、诚实原则、公正原则等，应当成为从道德上评判教学的基本准则。教学应当能够促进学生的道德发展，使学生成为有德之人。我们认为，道德的教学还应该包括挖掘和体现学科知识的道德价值。教师不是把知识、活动看作事实性存在，即为知识而知识、为活动而活动，而是将其看成与学生的成长、生成和发展相关的意义系统，即知识的学习过程同时要成为学生道德品性的形成、情感体验的获得、生活智慧的领悟和人生意义的追寻过程，从而真正将学科知识与学生的境遇、命运和幸福关联起来。

第三，道德的教学应该是公平的。所谓公平的教学，是指教师在教学过程中，面对基础不一、学业成绩不一的学生，能够平等对待、一视同仁。这里所谓的平等对待、一视同仁，并不意味着同等对待，而是说，教师不因学生的学业成绩不佳，而放弃对学生的教育；也不因学生的品行不良，而对学生实行差别对待。对于每个儿童来说，是在校学生，就应该受到教师对他如同对待其他学生一样的教育。公平的实质或根本目的是保证

---

① 杨钦芬，滕衍平. 意义生成：有效教学的价值追寻［J］. 教学与管理（小学版），2012（10）.

所有孩子都有参与学习、学有所得、达成目标的机会，保证不同天赋、能力的学生都能在各自基础上获得发展和提高的机会。

第四，道德的教学应当以学生为目的，而不是把学生看作实现某种外在目的的手段。为此，正当的有效教学应当关注儿童的幸福和体验。教师要努力把上课变成一种快乐和幸福的活动。正如爱因斯坦所说："教育应当使所提供的东西让学生当作一种宝贵的礼物来领受，而不是作为一种艰苦的任务去完成。"

第二章

卓越教学的基本理念和特征

卓越教学是一种体现素质教育精神和新课程要求的教学。卓越教学不仅表现为教学理念上的卓越，也表现为教学质量上的卓越，以及教学行为上的卓越。

第一节　卓越教学的基本理念

相对于传统教学和有效教学，卓越教学是一种新教学。其在理念上突出表现为以下四个基本走向：

一、由"狭义教学"走向"广义教学"

狭义教学以书本为教学对象，以学生对书本知识的掌握作为教学的核心目的，坚信知识教学（双基教学）能够促进学生全面发展。狭义教学也重视智慧的或发展的功能，但终究把这种功能视为知识的从属、附属或自然延伸。客观地说，知识教学绝非一无是处，问题在于它混淆了书本知识获得与学生素质发展的差异性，书本知识的获得并不一定能带来学生素质的发展。事实也是如此，在以知识为本位的教学中，学生往往能学到大量而系统的书本知识，却并未因此形成或发展某种身心素质。①

狭义教学以书本知识为教学对象，把毫无遗漏地传授教材内容视为教学的根本和唯一的目的。小学 6 年的语文就是学懂 12 本书，数学就是会算 12 本书的习题，为了达到这个目标，教师牵着学生的鼻子去"钻"教材、学教材，甚至去背教学参考书，教材被神化、绝对化了，教学变成了教书，在应试教育背景下，教书被窄化为教要考的书，最后陷入"教师教死书、死教书、教书死，学生读死书、死读书、读书死"的怪圈。不容置疑的事实是，我们的学生擅长从书本中学习，擅长解书本的习题，而不擅长从生活中学习，不擅长解决实际问题。

广义教学以课程资源为教学对象，教材无疑是重要的最基本的课程资源，但课程资源绝不仅仅是教材，也绝不仅仅限于学校内部。课程资源是本次课程改革提出的一个新概念，从"教材"到"课程资源"体现了教学范式的根本转变。在新课程中，教材不再是一个封闭的、孤立的整体，而是开放的、完整的"课程资源"中的有机构成，成为学生与他人、生活、社会、自然等发生联系的桥梁和纽带。②

对学生来说，有了课程资源的概念以后，学生学习的内容变得丰富多彩了，他们学的不仅来自教材，也来自与老师和同学的交往、各种媒体及日常生活，即凡是能让学生获得知识、信息、经验、感受等的载体与渠道，都可以是学习的资源。对于教师来说，教学过程也不再是照本宣科的过程，而是变成了不光使用教材，同时也是开发和利用课程资源的过程。教师要积极捕捉、发现、利用学生的经验、感受、创意、见解、问题、困惑，使之成为教学过程的生长点；注重开发和利用乡土资源，安排学生从事课外实践活动，引导学生将书本知识转化为实践能力；广泛利用校内外场馆资源，如学校图书馆、各种专用教室、运动场馆等，校外的科技馆、博物馆、爱国主义教育基地等都有开发的价值；充分运用网络来开发课程资源是时代的重要特征，要鼓励学生合理选择与有效利用网络，增加和丰

---

① 陈佑清.广义教学论［J］.学科教育，2002（3）.
② 孙启民.教材更是"引子"［J］.教育科学研究，2003（10）.

富自己的学习经验；总结和反思教学经验。

　　教师不仅决定着课程资源的鉴别、开发、积累和利用，其自身也是实施课程首要的基本条件资源。教师的素质状况决定了课程资源的识别范围、开发与利用的程度以及发挥效益的水平。同时，教师的知识结构和人格魅力等都是宝贵的课程资源。教师在教学设计时应关注如何把自己的学习方法、学习情感等融入教学过程，发挥自身的优势，使自身的能力、需要、经验和学习方式进入教学过程，成为课程内容。

　　总之，广义教学是面向生活的教学，把教育教学内容从书本里、课堂中引向学生五彩缤纷的生活世界。它高度体现学生日常生活的意义，注意联系学生已有的经验世界、学生熟悉的现实世界和想象中的未来世界，整合、拓展、深化学生对生活的认识和体验，使实践和生活成为学生个人发展的源头活水。

　　广义教学突破了"教学就是教室里上课"的传统观念，学生学习活动的空间不再局限于教室，而是拓宽到生活和社会领域，让学生到大自然中去，到社会实践中去学习；学生学习活动的对象也不再只限于有字的教科书，而是延伸至整个自然界和社会这部活的无字书中。总之，广义教学注重培养学生学会在生活、生产和各学科中发现问题，完善知识建构，培养独立思考、理论联系实际的学风与实现自我可持续发展的意识和能力。

二、由"独白式教学"走向"对话式教学"

　　独白式教学是以教师为本位的教学，是教师对学生的单向"培养"活动。教师是知识的占有者，所以教师是课堂的主宰者，教学就是教师将知识传授给学生。教学关系成为：我讲，你听；我问，你答；我写，你抄；我给，你收。在这样的课堂上，"双边活动"变成了"单边活动"，教代替了学，学生是被教会，而不是自己学会，更不用说会学了。独白式教学在传授知识的系统性、简捷性上具有突出的优点，但这种教学只是知识的复制或再现，本质上是灌输性的、机械性的，而不是生产性的、创建性的，所以，它尽管追求到了效率，却放弃了意义。

　　对话式教学强调的是师生的交往、互动。交往昭示着教学不是教师教、学生学的机械相加。传统的严格意义上的教师教和学生学，将不断让位于师生互教互学，彼此将形成真正的"学习共同体"。在这个共同体当中，"学生的教师和教师的学生不复存在，代之而起的是新的术语：教师式学生和学生式教师。教师不再仅仅去教，而且也通过对话被教，学生在被教的同时，也同时在教。他们共同对整个成长负责。"① 基于此，新课程把教学过程看成师生交往、积极互动、共同发展的过程。没有交往、没有互动，就不存在或未发生教学，那些只有教学的形式表现而无实质性交往发生的"教学"是假教学。对教学而言，交往意味着参与，意味着相互建构，教师的活动延伸到学生的活动中并影响学生的活动，学生的活动同样延伸到教师的活动中并影响着教师的活动，二者之间形成了融合区域，教学活动成为一种交往式的创造性活动。对学生而言，交往意味着心态的开放，主体性的凸现，个性的彰显，创造性的解放。对教师而言，交往意味着上课不是传授知识，而是一起分享理解；上课不是无谓的牺牲和时光的耗费，而是生命活动、专业成长和自我实现的过程。交往还意味着教师角色定位的转换：教师由教学中的主角转向"平等中的首席"，从传统的知识传授者转向现代的学生发展促进者。

　　民主性、互动性、开放性、生成性是对话式教学的基本理念。对话式教学因此成为课程内容持续生成与转化、课程意义不断建构与提升的过程。这样，教学与课程相互转化，相互促进，有机融为一体。课程也因此变成一种动态的、生长性的"生态系统"和完整文化，这不仅意味着教学观的根本转向，也意味着课程观的重大变革。在这种背景下，教学改革才能真正进入教育的内核，成为课程改革与发展的能动力量，成为教师与学生追寻主体性、获得解放与自由的过程。教学对话主要包括：（1）"人与文本的对话"，包括教师与文本的对话、学生与文本的对话。这是一种意义阐释性对话，它是对文本的理解与阐释，是教学中师生对话的前提之一。（2）"师生对话"，包括学生与教师的对话、学生与学生

---

① 克里夫·贝克. 学会过美好生活——人的价值世界［M］. 詹万生，等译. 北京：中央编译出版社，1997：38.

的对话。这是一种实践性对话，是在人与文本对话和个体经验基础上进行的合作性、建设性意义生成过程。（3）"自我对话"，一种反思性对话，是个体对自身内在经验和外在世界的反思。① 从实践角度讲，对话不是简单的问答。真正的师生对话，指的是蕴涵教育性的相互倾听和言说，它需要师生彼此敞开自己的精神世界，从而获得精神的交流和价值的分享。它不仅表现为提问与回答，还表现为交流与探讨，独白与倾听，欣赏与评价。当然，教学中的对话无论作为一条"原则"，还是作为一种方法，使用都必须服从服务于教学的目的，不能为对话而对话，对话的滥用必然导致形式主义。

三、由"依赖性教学"走向"独立性教学"

从人性的角度来说，人既是主体性与客体性的统一，又是能动性与受动性的统一，也是独立性与依赖性的统一。传统教学建立在学生的依赖性基础上，最终培养的也是学生的依赖性，它表现为学生只能跟着教师学，教师先教，学生后学；教师教多少，学生学多少；教师怎么教，学生怎么学。教支配、控制学，学无条件地服从教，学生的独立性、独立品格丧失了，教也走向反面，最终成为遏制学生成长的"力量"。低估、漠视学生的独立学习能力，忽视、压制学生的独立要求，从而导致学生独立性的不断丧失，是传统教学的根本弊端。

现代教学建立在学生独立性的基础上，独立性既是出发点又是归宿。从客观上讲，每个学生都有独立的意向和独立的能力。独立的意向主要表现在：学生觉得自己能看懂的书，就不想再听别人多讲；自己感到自己能明白的事理，就不喜欢别人反复啰嗦；自己相信自己能解答的问题，就不愿叫别人提示；自己认为自己会做的事，就不愿再让别人帮助或多嘴。独立的能力主要表现在：第一，学生已有的知识和能力，从入学前一直到许许多多课堂上没有教过的社会生活知识和能力，绝大部分都是他们在自己的生活和活动中独立学来的；第二，即便教师教给他们的东

---

① 钟启泉，等. 多维视角下的教育理论与思潮［M］. 北京：教育科学出版社，2004：141.

西，也是靠他们已经具有的基础，运用他们已经具有的独立学习能力，才能被他们真正理解和掌握。著名教学论专家江山野据此指出，学生在学校的整个学习过程也就是一个争取独立和日益独立的过程①。从主观上讲，学生的独立意识和独立能力还有赖于教师的培养和进一步提高。特别是在基础教育阶段，对待学生的独立性和独立学习，还要有一种动态发展的观点，从教与学的关系来说，整个教学过程是一个"从教到学"的转化过程，也即从依赖到独立的过程。在这个过程中，教师的作用不断转化为学生的独立学习能力；随着学生独立学习能力由弱到强、由小到大的增长和提高，教师的作用在量上发生了相反变化，最后是学生基本甚至完全的独立。本次教学改革要求教师充分尊重学生的独立性，积极鼓励学生独立学习，并为此创造各种机会，从而让学生发挥独立性，培养独立学习的能力。

四、由"知识性课堂"走向"生命性课堂"

传统教学把课堂定位为知识授受和能力培养的场所，现代教学则把课堂理解为生命成长、人性养育的殿堂。由于"人"的缺失，传统课堂气氛沉闷，学生昏昏欲睡，课堂无欢声笑语，无思想交锋，思维呆滞，这是典型的闷课。闷课的结果是摧毁学生的学习兴趣，扼杀学生的学习热情，抑制学生思维的发展，在这样的课堂上，学生虽然获得了知识，发展了智力，却丧失了灵气和悟性。区别于知识性课堂的"沉闷"，生命性课堂充满活力，呈现出生气勃勃的精神状态，思维空气浓厚，情理交融，师生互动，兴趣盎然。"活"，表面上是课堂的内容活、形式活、情境活，实质上是师生双方的知识活、经验活、智力活、能力活、情感活、精神活。

生命性课堂绝不排斥知识的授受和能力的培养，但绝不把教学仅限于认知层面，教学过程成为学生愉悦的情绪生活和积极的情感体验。学生在课堂上是兴高采烈而不是冷漠呆滞，是其乐融融而不是愁眉苦脸；伴随着

---

① 江山野. 教师的"学生观"和学生的"两重性"[J]. 教育研究, 1979 (4).

学科知识的获得，学生对学科学习的态度越来越积极而不是越来越消极，学生对学科学习的信心越来越强而不是越来越弱。教学过程还应该成为学生高尚的道德生活和丰富的人生体验，这样，学科知识增长的过程同时成为人格的健全与发展过程，伴随着学科知识的获得，学生变得越来越有爱心，越来越有同情心，越来越有责任感，越来越有教养。

总之，生命性教学是一种以人为对象的教学。把人当作"人"的教学并不是轻而易举就能实现的，教学往往成为压抑"人"的生命活动的"人工窒息机"。从学生学习的角度来说，生命性教学一方面要求学生用"生命"来学习：用经验来激活知识，用思维来建构知识，用情感来丰富知识，用想象来拓展知识，用智慧来批判知识，用心灵来感悟知识，这是给知识注入灵魂的过程，使知识活起来，成为具有生命态、具有活力的知识；另一方面通过这种个性化、情感化、智慧化的知识养育、滋润生命，让生命变得丰富、厚重。这样，教学过程成为生命被激活、被发现、被欣赏、被丰富、被尊重的过程；成为生命自我发展、自我生成、自我超越、自我升华的过程。从教师教学的角度来说，生命性教学一方面要求教师本身就是一部活生生的教科书，一部非常生动、丰富、深刻的教科书，一个具有巨大教育力量的榜样。他已达到了"扬弃"教材、"超越"教材的境界，教材对他来说，不过是一个善于弹离的跳板，他能够给学生的东西远比教材多得多。另一方面要求教师成为真正的心理学家，对学生的心理了如指掌，能够真正做到想学生所想，想学生所疑，想学生所难，想学生所错，想学生所忘，想学生所乐，从而以高度娴熟的教育智慧和机智，灵活自如地带领学生在知识的海洋中遨游，用自己的思路引导学生的思路，用自己的知识丰富学生的知识，用自己的智慧启迪学生的智慧，用自己的情感激发学生的情感，用自己的意志调节学生的意志，用自己的个性影响学生的个性，用自己的人格塑造学生的人格，用自己的心灵呼应学生的心灵，用自己的灵魂铸造学生的灵魂，实现真正的以人教人！生命性教学与其说是一种范式，不如说是一种教学境界，是我们教学改革追求的理想境界。

第二节　卓越教学的质量观和目的观

一、质量观

质量是教学工作的生命线。确立什么样的教学质量观以及以什么样的标准评价教学质量，这是一个对学校教育教学有着决定性影响的重大问题。卓越教学秉承以下的质量观：

（一）以人为本的质量观

教育是使人成为"人"的事业，以人为本是从事教育工作的根本导向，确立以人为本的质量观意味着要把学生的健康和幸福作为教学质量的核心内涵和首要指标。健康不仅指身体健康，也包括心理健康。我们必须树立"健康第一"的教育观和质量观。没有健康，一切都无从谈起。人的一切幸福和生活质量都基于人的健康。学生以学习为主，热爱学习，享受到学习的乐趣和学习成功的欢乐，是少年儿童幸福的前提。但是，学习并不是学生的唯一的任务，而只是学生全部精神生活的一部分。学生的精神生活是多方面的，如道德、劳动、体育运动、课外阅读、制作活动、审美活动、友谊……教育要关注每个学生的全部精神生活，学校应当组织基于集体的和个体精神生活的丰富多彩的活动。当前，过重的课业负担，频繁的考试，沉重的精神压力，缺乏自主性和自由支配的时间，使儿童成为社会中劳累的人。现在，学生中流行这样一首经过改编的流行歌曲："书包最重的人是我，作业最多的人是我，每天起得最早、睡得最晚的人是我是我还是我……"学生在疲惫、劳累、压抑、烦闷、痛苦中学习和生活，正如苏霍姆林斯基所指出的："这真是一种无法胜任的、使人精疲力竭的劳动，它归根结底会摧残学生的体力和智力，使学生对知识产生冷漠和漠不关心的态度……"[①]

---

① 苏霍姆林斯基. 给教师的建议（修订版全一册）［M］. 杜殿坤，编译. 北京：教育科学出版社，2000：25.

（二）全面的质量观

全面的质量观的第一要义是每个学生，每个学生的进步和发展是现代教育质量观的核心内涵。这是一个由精英教育走向大众教育的时代，关注每个人是时代的声音，努力使每个学生都在原有的潜能和基础上实现最大的发展和提高，是学校教育的根本追求。我们一定要确立这样的育人观：每个学生不求一样的发展，但都要发展；每个学生不必相同的规格，但都要合格。全面的质量观的第二要义是每个学生的全面发展，从教育目的角度而言，全面发展指的是德、智、体、美、劳等协调发展；从学科的角度而言，全面发展指的是学科的特殊发展与一般发展的统一，具体就是指知识、技能、过程、方法与情感、态度、价值观的统一发展；从学生学习的角度而言，全面发展指的是"学力"的全面提升，包括学习动力、学习能力、学习毅力的全面提高。联合国教科文组织提出的"学会认知、学会做事、学会共同生活、学会生存"四个学会是体现时代要求的基础教育质量观，美国对基础教育（K—12年级）提出的五种能力要求：识知能力（了解、认识、掌握），原创能力（质疑、否定、重建），意志能力（冒险、耐挫、持久），协作能力（共处、沟通、合作），领导能力（筹划、组织、协调），也是值得我们借鉴和参照的。

（三）可持续发展的质量观

可持续发展是人类社会发展的必然要求，更是人的成长、人的终身发展的内在需要。教育教学本身具有长效性特点，基础教育更是为未来打基础的教育，它的成效不可能立竿见影。这就要求我们从长远的、终身的考虑出发培养学生，考察教育教学质量更不能急功近利。一位学者说得好："衡量我国基础教育与美国基础教育哪一方质量好，不是看现在我们的中小学生学业成绩或中学生奥赛成绩比人家高多少，而是看二十年、三十年后我们这一代人与他们那一代人比怎么样。"有一种说法，与美国相比，我国教育是"赢在起点，输在终点"。"赢在起点，输在终点"的说法对从事基础教育工作的人们来说，"很是值得陶醉"，但又很耐人寻味。赢在起点了为什么反会输在终点呢？显然，这个"起点"不是可持续发展的起点，本身是有问题的、片面的、短视的，为起点而起点，它违背了人的可持续发展规律，阻碍了人的终身发展，最终丧失了自身的价值。我们认为，不能从狭隘的学科角度来片面地强化"传统双基"，窄化基础；要从人的可持续发展高度来精选基础，提升素养。任何一门课程，都不仅要着眼于传授和训练学科知识和技能，更要致力于培养和形成学科精神、态度和其他方面的综合素质；不仅要打造知识性学力，更要提升发展性学力和创造性学力，把培养实践能力和创新精神置于核心位置。遗憾的是，这些高于"传统双基"的东西有时是很难加以量化和测评的，再完美的考试评价方案也不能测出所有的教育效果，测出人的所有智慧和品性，这也正是我们基础教育工作者特别需要敬业精神和历史责任感的缘故吧！

只有树立正确的质量观，才能实现真正意义的卓越教学，即这种教学不仅是有效的，而且是负责任的、有品质的、有价值的、有意义的。

二、目的观

健康、幸福、品行、学业、个性是学生成长和发展最重要的五个要素，因而是卓越教学最重要的五个目的和追求，其排序和意义如下：

健康第一（生命第一）：让学生拥有健壮的身体和美好的心灵。

健康对于人类的重要性，是不言而喻的。"我们要能工作，要有幸福，必须先有健康"。"凡是身体精神都健康的人就不必再有什么别的奢望了；身体精神有一方面不健康的人，即便得到了别的种种，也是徒然"①。为此，健康应该摆在学生全面发展的首位。关注健康是学校教育的第一要义。

健康首先指身体健康，学校对儿童的健康肩负着责任和使命，学校所有教职员工都必须以敬畏生命的态度关注学生的健康，关注学生的生命，坚持健康第一。当然，学生身体的养护不只是学校的工作，更应该成为孩子自己的一种自觉行动，为此，要特别注重培养孩子的健康意识，养成保健习惯，珍惜生命。

健康第一，意味着在任何时候，都不能以任何借口、任何理由、任何

---

① 约翰·洛克. 教育漫话［M］. 傅任敢，译. 北京：人民教育出版社，1986：24.

手段来体罚学生、虐待学生；同样，健康第一也意味着在任何时候，都不能以牺牲健康为代价换取任何成绩和荣誉。

健康不仅指身体健康，也包括心理健康。只有身体和心理同时健康，才算得上真正的健康。正是从这个意义上，人们提出了一个全新的口号："健康的一半是心理健康。"美好心灵和健康之情是一切善性和品行之根基，同样，健康（包括身体健康和心理健康）对知识、能力、人格也有根本性的作用，正如毛泽东所指出的："德智皆寄于体，无体是无德智也。"为此，他倡导："健康第一，学习第二。"健康第一、生命第一提示我们，敬畏生命，生命无价，教师要有生命意识，一定要善待每个儿童，每个生命。

幸福第二：让孩子拥有一个幸福的童年——金色童年。

追求儿童幸福，让儿童拥有幸福的童年，这是学校教育的第二要义。恩格斯指出："每个人都追求幸福"是一种无须加以论证的、"颠扑不破的原则"。费尔巴哈也说过："生活和幸福原本就是一个东西。一切的追求，至少一切健全的追求都是对于幸福的追求。"

童年不幸不仅是个人之不幸，也是整个民族的悲哀。童年本应当是和欢乐幸福联系在一起的。苏霍姆林斯基说得好：童年是人生最重要的时期，这不是对未来生活的准备时期，而是真正的、灿烂的、独特的、不可重现的一种生活。欢乐和幸福是孩子们心灵中巨大的、无可比拟的精神财富。

童年幸福取决于学生的校园生活质量，北京师范大学肖川教授认为：这种生活质量可以从以下三个维度来衡量——身心愉悦的程度、内心充实的程度和成就感。身心愉悦意味着心灵的舒展以及身体上的放松和舒适，没有压抑感，没有疲惫感；内心充实意味着有丰富的精神生活以及日渐明确的生活目标和学习目标，没有空虚感，没有无聊感；成就感意味着能够体验到成功的喜悦，感受到成长的快慰，从而形成积极的"自我意象"。

反观我们现实的校园生活，是否存在机械、单调、枯燥、乏味、紧张、焦虑的一面？儿童的人格、个性是得到应有的尊重和敬重，还是受到不应有的歧视和蔑视？在我们学校，儿童的天资、潜能、兴趣、爱好、专长是得到充分的发挥和施展，还是受到不屑的忽视和压抑？儿童对校园生活是憧憬还是逃避？是其乐融融还是忧心忡忡？前些年，北京市教育科学研究院"小学课堂教学更新教育观念"课题组专家调查了十几所小学，发现不爱上学、害怕上学，在学校感到不快乐的小学生竟然占半数之多。石家庄幼儿师范高等专科学校对石家庄市的538名中小学学生进行的调查也显示：现在，"大部分孩子感觉不到快乐"。两地的调查结果说明，"不快乐的感觉"在中小学学生中确实具有一定的普遍性。爱因斯坦曾经说过："教育应该使提供的东西，让学生作为一种宝贵的礼物来享受，而不是作为一种艰苦的任务要他负担。"本来，学校应是学生向往的地方，而现在，对孩子来说，上学似乎成了人生必经的磨砺。

为了让儿童有幸福的童年，苏霍姆林斯基提出三项具体要求：一是让每个学生都有一门特别喜爱的学科，二是让每个学生都有一样入迷的课外制作活动（业余爱好），三是让每个学生都有他自己最爱阅读的书籍（包括文艺作品和科技著作）。苏氏说，如果一个学生到了十二三岁还没在这三个方面显示出明显的倾向，教育者就应当为他感到焦虑，坐立不安，必须设法在精神上对他施加强有力的影响，防止他在集体中变成默默无闻、毫无个性的"灰溜溜"的人。我们在苏氏的三项要求上还要加两项要求：四是让每个学生都拥有一位他最敬爱的老师——老师对他像父母般疼爱和偏爱；五是让每个学生都有一个（群）他最投缘的同学——他们彼此间可以无话不谈。

我们必须从让儿童拥有幸福童年的高度重建我们的校园！目前十分迫切的是，切实保证儿童自由活动的时间，创设人性化的校园氛围，提供多样化的活动课程，从而让学生更多地体验到自由探索与成功的快乐和自豪，更多地体验到被人关注、被人爱护的温暖和幸福，更多地感受到人性的光明与和煦，感受到仁慈、宽容、友爱、互助、真诚等美德。

品行第三：让学生都成为有教养的人。

品行排在第三似乎有悖常理，传统教育强调品行第一，做人第一。而我们却强调健康第一，幸福第二，品行第三。这是因为对儿童（教育）而言，高尚必须以幸福为基础，道德应该从健康、幸福的生活中生长出来，唯其如此，品行才能成为人格的内在组成部分，才能成为一种真正的向善的力量。相反，若是把品行凌驾于健康、幸福之上，甚至以牺牲健康、幸福为代价突出品行，势必导致道德（教育）绝对化、寡头化，道德将成为控制人、窒息人、扼杀人的一种外在的"虚伪"的强制力量，而不是造就人、发展人、成全人的一种内在的真实的解放力量。

道德、品行教育必须植根于儿童真实的生活中，即健康、幸福的生活中，它旨在唤醒、弘扬、生发和不断地提升儿童心中的"向善性"。

"人性向善"不是一个需要证明的事实，而是一种价值承诺，一种有待实践的理想，是教育信念确立的基础和前提，是道德教育的根本原则。"人性向善"是说在人性中先验地存在着各种道德的萌芽，正如孟子所指出的，人的内心中都有恻隐、羞恶、辞让、是非之四种善端，"人之有四端也，犹其有四体也"。当代人本主义心理学家罗杰斯也强调指出："人的本性"基本上是"建设性的和值得信任的"，是"社会性的"而不是反社会的，人在本性上是"积极的、社会化的、朝前发展的、合理和现实的"。为此，道德教育要通过启发、唤醒等方式来发掘、弘扬人的潜能中积极的、美好的、建设性的、善良的因素。如果认为人的内心深处基本上天生是恶的，那么必然意味着压抑性统治、不信任、控制和警戒。

反观我们现实的学校道德教育，往往把"禁止""防堵"，甚至"管、卡、压"作为立足点和基本手段，学生受到来自多方面不应有的限制和束缚，个性差异、独立人格得不到应有的尊重。过度防范、强制和惩罚，既与道德的真义不符，也与教育的旨趣相悖。对人充满信任，以真诚的态度和胸怀对待我们的学生，即使遭受一些挫折和痛楚，我们也不能因噎废食！

坚持人性本善，并努力为儿童创造健康、幸福的生活环境，唯其如此，才能把儿童培养成为有教养的人。

学业第四：让学生拥有一份成功的学业。

把学业成绩排在第四，这在视分数为命根的学校似乎有点不可理喻。但是，学业成绩只有建立在健康、幸福、品行的基础上，才是有价值的、有意义的。人首先需要健康，然后需要幸福，我们对人的要求也是，首先做一个有教养的人，然后做一个有出息的人。过分强调学业成绩，把学校教育考试化，把教育对象分数化，会给教育带来灾难。半个世纪前，陶行知就曾深刻地指出，分数主义会导致学习赶考化，赶考赶走了时间，赶走了脸上的血色，赶走了健康，赶走了有意义的绚烂多姿的生动活泼的青少年时代，赶走了对父母的关怀，赶走了对民族人类的责任，剩下的只有干巴巴的分数，人被分数剥夺得多么贫困！

我们认为，分数是重要的，对分数的追求也是不可避免的，但是，任何时候都不能以牺牲儿童的健康、幸福、品行为代价来换取所谓高分。那样不仅得不偿失，也使分数异化，变成毫无价值的东西。

当然，在基础教育特别是义务教育阶段，一定要保证让受教育者掌握一定数量和质量的、对其一生发展具有工具作用与奠基作用的基础知识，要保证人类文明传承的核心要求落实在每位学生的身心发展之中。

分数仅仅是学业成绩的一个反映（指标），不能等同于学业成绩，学业成绩应该反映学生的整体学力状况。学力就其内在组成部分而言包括：

基础性学力：知识、技能

发展性学力：阅读、思考、想象、运算、表达

创造性学力：质疑、批判、发现、组织、应用

学力就其广义而言包括：

操作性学力：知识、方法、能力

动力性学力：兴趣、情感、意志、动机、目的

调控性学力：元认知、学习策略、需要

学力的最重要因素是自主学习能力和自主学习态度，只有能够自主学习并乐于自主学习的人，才能永远拥有成功的学业。

个性第五——让学生成为个性丰富的人。

这里所谓的个性是就其狭义——独特性而言的，主要指个人的兴趣、爱好、特长、专长等，让每个学生都有自己的喜爱，有自己的特长，进而有自己的绝招、绝活，这样不仅会使学生个人感到自己在世界上有价值、有意义、有实力、有地位、不可替代，从而积极乐观地、自尊自强地生活，也会使学校进而使社会变得丰富多彩、生机勃勃。

个性排在学业之后，是因为学业意味着全面性和基础性，是国家面向

全体学生设置的统一课程，任何一个学生都必须首先在这些基础性、必修课程上用功，然后在此基础上发展个性专长。学生个性专长的培养有赖于学校的教育资源及其发掘和开发。学校必须从丰富学生个性的高度构建校本课程。

以上排序只是观念上的价值导向，而不是实践上的实施步骤。另外，这五个方面本身也是相互渗透、相互交叉、互相促进、相辅相成的关系，对它们的认识和实践不能纯粹化、绝对化。

卓越教学应当把健康、幸福、品行、学业、个性融合起来，使之成为不可分割的整体。整体是基础，是出发点；整体是目标，是落脚点。

第三节　卓越教学的基本特征

一、有深度的教学

有深度的教学指的是让学生学得深、学得透的教学，学生"学得深、学得透"不同于"讲得深、讲得透"。讲深、讲透是以教师为主的传授式教学。有些教师为了实现"讲深、讲透"的目的，对教材中所有内容巨细无遗地讲述、板书，有时还要加进教材中没有的内容，课堂安排得很满很紧；教师讲课节奏、语速很快，板书密密麻麻。这实际上是"满堂灌"的教学，只能让学生学得肤浅。只有建立在学生自主学习和独立思考基础上的教学，才有可能让学生"学得深、学得透"。总之，学生"学得深、学得透"根本原因是由于学生想得深、想得透，也即它是一种学生思维深度参与的教学。从学科的角度讲，有深度的教学指的是体现和反映学科本质的教学，按照成尚荣先生的理解，所谓学科的本质，应包含以下三方面的内容：一是学科的本质属性，二是学科的核心任务，三是学科的特殊方式。[①] 用学科特有的精神和文化去打造学生的学科素养，用科学特有的魅

---

① 成尚荣. 课堂教学改革的坚守与走向 [J]. 基础教育课程，2013（9）.

力和美感去激发学生的学习动力。这就是课堂教学的深度！

从知识的角度讲，有深度的教学指的是超越知识表层结构而进入深层结构的教学。现代知识论告诉我们，所有学科的知识就其结构而言，都可分为表层结构和深层结构。表层结构揭示的是知识的表层意义，即知识（语言文字符号）本身的描述性或解释性意义，它所反映的是"物理世界、社会世界和观念世界的对象、情境和概念"。深层结构则是蕴含在知识中的思维方式和价值取向，它揭示的是知识的深层意义，即知识背后的智慧意义、文化意义和价值态度，反映的是人的精神世界、价值世界。就语文学科而言，任何文本都有两个层面，"一个层面是具体实在的文学层面，叩问作品文本意义的生成过程；另一个层面是博大精深的哲学层面，揭示人的自我存在，探索人生的价值意义，展开对生存世界的理解。"①

从教师的角度讲，有深度的教学指的是教师对教材钻得深研得透的教学，教师只有钻得深研得透，才能深入浅出，教到点子上。一位教师曾指出：语文课改来改去，在教法上花样翻新，却不在教材的钻研上下功夫，以至于无论教多少年，教多少遍，对一篇课文仍无新的发现，仍无独到的发掘，一如既往地停留在对教学参考书简单重复的浅层次、低水平上，这种教学怎么可能有深度？学生怎么会买账？文本教材一定要细读、深读，读出教材的深意和内涵，读出自己的个性和智慧，这是深度教学的"物质"基础。停留在学科知识的表层、现象和简单的结论的教学不可能有深度。

总之，所谓深度，其本质是思维的深度。"学习就是要学会思维。"（杜威）我们知道，教材的编写因为受到书面形式等的限制，总有一定的局限性，这种局限性突出表现在：当教材以定型化、规范化的形式把学科知识内容固定下来时，它必然省略了隐含在其中的有丰富内容的思维过程，这样就带来一个矛盾，即内容上包含着深刻的思维和丰富的智慧，形式上是简单、呆板的，也就是说，以书本（教材）形式出现的知识，它的思维和智力价值是潜在的。这就要求教师在传授教材知识内容

---

① 孙艳，袁卫星. 诗意的呼唤和语文的回归 [J]. 师道，2002（12）：38.

时，不能只停留在对教材表面的结论和说明的表述上，而是要进一步深入，挖掘和揭示这些表面结论和说明的产生与形成的思维过程，并在教学中引导学生的思维深入到知识的发现或再发现的过程中。如数学中的公式是怎样被提出来的，又是怎样加以证明的；语文中每篇课文的中心思想，作者是怎样体现的，为什么要选择这些材料来表达中心思想，作者在课文中为什么要用这个词，而不用其他同义词？这些在教材中往往不容易直接看到，但常常又是创造性思维的典范，是学生最需吸收的精神养料。

还原，让学生看到了不曾预想的精彩①

《守财奴》有这么一句话：

老头儿身子一纵，扑上梳妆匣，好似一头老虎扑上一个睡着的婴儿。

学生阅读时一般都认为这几句文字浅显，一看便懂，没有值得深究的地方，因而不大重视。一位老师在课堂上这样引导学生来理解：

师："老头儿身子一纵，扑上梳妆匣，好似一头老虎扑上一个睡着的婴儿。"这句话中的"纵""扑"两个动词，本来是用来形容什么的？

生：老虎。

师：对，是形容老虎的，这两个动词写出了老虎扑食婴儿时的迅猛。那么用在葛朗台身上合适吗？

生：不合适。

师：为什么？

生：因为前文已经提到，此时的葛朗台"刚刚跨到七十六个年头"，是一个十足的"老头儿"，而76岁的老头儿一般是不可能有如此敏捷的动作的。

师：看来"纵""扑"这两个动词用在葛朗台身上确实不太合适，可作者为什么要用这两个词呢？

（学生沉默了一会儿）

---

① 张建国. 还原，让学生看到了不曾预想的精彩［J］. 语文建设，2007（Z1）.

生：不是，应该合适吧？

师：为什么？

生：表面看来，这两个动词用在76岁的老头儿身上不太合适；不过，仔细想想，这是用在葛朗台身上，他有如此不正常的举动，完全是因为看到了金子做的梳妆匣。因此，从这两个动词中，我们看到了他为金子可以不顾一切的性格。可以说，"纵""扑"恰恰表现了葛朗台对金子的强烈占有欲。

师：有道理！两个看似不合适的动词其实蕴涵着作者的良苦用心。下面请大家进一步思考：老虎一般会在什么情况下才做出这样的举动？

生：应该是在看准了猎物的情况下。

师：那么，"老头儿身子一纵，扑上梳妆匣"时，他清楚梳妆匣里是什么东西吗？

生：从下文"什么东西？"一句可以看出，他根本不知道里面是什么，"他拿着宝匣往窗前走去"也说明他当时根本就没看清楚。

师：对，葛朗台在没看清、不知道是什么东西的情况下，眼前金光一闪，便做出了近乎疯狂的举动。如果他知道里面装着两斤重的金子，真不知道他还会有何种令人惊骇的行动。由此可见，"纵""扑"应该是葛朗台的本能反应，他对金子的占有欲可以说是深入骨髓了。正如作者所说，"看到金子，占有金子，便是葛朗台的执著狂"，葛朗台就是这样一个嗜财如命的人。

二、有广度的教学

教学的广度指的是学科知识与生活的联系以及学科与学科之间的贯通。生活是知识的源头活水，要想把知识学活，就不能不联系生活。课堂教学不仅要有学科味，体现学科特有的文化和特征；也要有生活味，反映学科知识与生活的有机联系。生活是汤，知识是盐，盐只有溶入汤中才易于消化和吸收。

《第三次国际数学和科学研究》（TIMSS）指出，学生对科学的消极态度会随着年级的增加而增加，造成这一结果的原因，除了被动的教学方法，主要因为课程内容与生活无关。① 现实生活是教学的源泉，是科学世界的根基，只有联系现实生活的教学，才能使人真正体验和理解知识的意义和价值。

例如：有这样一个算式："100 − 50 − 20 =　　"。这是一个抽象的算式，在小学二年级，如果教师对学生说："这叫连减，第一个数叫做被减数，我们现在就是要从被减数中减去第一个减数，然后用它们的差减去第二个减数，再得到它们的差。"这就把简单的问题搞复杂了。

教师不妨对学生说："你可以把它看成生活中的一个小例子。你妈妈带你去超市，带了100元钱，买了一箱苹果，花了50元；又给你买了一个玩具，花了20元。那么还剩下多少钱呢？"这样一解释，学生马上就明白了，因为学生有相关的生活经验，他们把这个算式与头脑中的形象记忆联系起来，就会容易理解。

进而，如果要进一步教学"算式中减50再减20，也可以把50和20加起来再减"，教师可以这样说："我们去超市买东西，超市是怎么收银的呢？是一次性收的，先把你买的所有东西的价格加起来以后，用100元去减这个数，这个一起减的过程就是找钱的过程。"教师这样一说，学生很容易就懂了。

这还不够，教师在学生理解题意之后还应进一步讲解："这个题目问的是还剩多少钱，因此它和人物、地点就没有关系了。'妈妈''你''超市'可以删掉，也可以改为'爸爸''小明''商店'。因为是问还剩多少钱，所以与买的什么东西也不相关，题中的'苹果''玩具'也可以改为'橘子''书籍'。"这样通过其一，了解其二、其三，以至无穷，就可以使学生举一反三，掌握"100 − 50 − 20"这个算式的抽象含义了。

案例一：为什么往煤里洒水②

一天早晨，我在一家点心店吃早餐，对面坐着一对母女。正吃着，对

---

① 胡继飞. 试论学科课程"十化"教学策略［J］. 现代中小学教育，2012（3）.
② 余文森，吴刚平. 新课程的深化与反思［M］. 北京：首都师范大学出版社，2004：36.

面的小女孩拉拉她妈妈的衣角，指着正在给煤炉子加煤的服务员，奇怪地问："妈妈，你看那位阿姨怎么往煤里洒水？加湿的煤，炉子是要灭的呀！你快去跟阿姨说一声。"

妈妈看了服务员一眼，说："不用担心，炉子不会灭的。"

"为什么呀？"

"因为湿煤加下去以后会燃烧得更旺。"

"这不可能，湿柴不是不会燃烧吗？"

"因为湿煤中含有水分，在高温燃烧时会产生一氧化碳和氢气，这两种气体都能燃烧。"

"一氧化碳是什么样的？氢气是什么样的？那阿姨为什么只加一点点水，而不多加些水，那样炉子不是会烧得更旺吗？"孩子似乎想打破砂锅问到底。

"好了，好了，小孩子管那么多干什么，你不好好读书，长大后没出息，就跟她一样当服务员！快吃！吃完我还要去上班。"这位妈妈终于失去了耐心。顿时，这个孩子被妈妈的斥责搞得惶惶不安，再也不敢吱声。

案例二：回归生活的政治

政治课在学生的记忆中通常是枯燥乏味的，更体会不到它跟实际生活的联系，然而，教师真正将生活引入政治，将收到意想不到的效果。

初一的第一堂政治课上，老师没有急于讲书本上的内容，而是先让我们谈谈：什么是政治？政治对我们有什么用？一些同学壮着胆子说："政治没什么用。""政治就是《新闻联播》上每天大官开会。""政治就是很无聊的东西……"没想到，老师听到大家的回答不但没生气，还哈哈大笑起来，说："同学们对政治有误解。其实政治既不枯燥也不神秘，政治就是讲人为什么要生活在一起，以及如果人一定要生活在一起，怎样才能不吵架、不打架、不发生矛盾并且和睦相处的学问。只要你不能忍受一个人生活，那么就一定离不开政治。接下来，大家可以想一想，你一个人待着的最长纪录是多长时间呢？你能永远一个人生活吗？"突然间，"政治"两个字不再像以前那样拒人于千里之外、遥不可及，一下子变成了生活中离不了也甩不掉的事。我不由伸直了脖子，对接下来的课充满期待。

其后6年的政治课堂中，这位老师经常把社会热点新闻、校园大事、班级小事引入课堂，时而用书本上的知识讲解我们身边的事，时而又让我们展开联想，把不同单元甚至不同年级的知识联系起来。在我的记忆中，老师从来没有跟我们提过考试分数，但我每次都名列前茅，这里既有对知识本身感兴趣的因素，也有对老师敬佩和感激的因素。上大学甚至研究生后，我还多次主动选修政治学原理、中西方政治思想史、政治社会学等课程。事实上，这里所说的仅仅是我遇到的众多拥有神奇力量的教师中的一位。但我发现，好教师最重要的共同点在于，他们深刻理解课程与学生生活的联系，并能将这种联系有效地传达给学生。

课堂教学的广度还意味着教师不能固守学科壁垒，要打开学科的边界走向综合，让学生在综合地带、边缘地带进行知识探险。中学语文特级教师徐思源对此深有感触地说："许多教师将学科或某一知识系统视为神圣不可侵犯的东西，容不得一点改变和突破。殊不知，这样的固守，恰恰隔绝了学科或知识之间原本融通的联系，阻碍了学科的进步，更可怕的是禁锢了学生本来活泼的思想，关闭了跨界之门。其实学科之间是可以也应该跨界融通的。我教语文，语言本是思想情感的外壳，学生学习语言不可能只读文学，还要以其他学科文本为媒介学习阅读写作说话，增强语言感知应用能力。这样的语文学习才是接地气的，与现实生活联系更密切的，其他学科又何尝不是如此呢？但是，当我引导学生在学习议论文论证推理时找找数学推理的感觉时，感到诧异的不在少数，可见学生已建立了严格的学科壁垒，让人心寒。"为此，徐老师呼吁："解放思想吧，将跨界理念引入教学，让原本毫不相干甚至矛盾的元素相互渗透融会，擦出灵感火花和奇妙创意，为学生创新思维的培养创设更好的环境。"[①] 实际上，语文学科的综合性是显而易见的，"语文教材的选文和一般文化课教材中的选文似乎没有区别，都分属于一般人类文化的各个方面、各个领域，比如《松

---

① 徐思源．"跨界"与教学［J］．基础教育课程，2013（7—8）．

鼠》属于生物学的领域，《赵州桥》属于物理学的领域，《苏州园林》属于地理学的领域。每一篇文章，都可以将它们归属到各自的文化领域。"[1]教师不联系相关学科的知识，想要教好语文是不可能的。另一位优秀中学语文教师也强调说："我觉得语文课不必教得太窄，太赶，太死，应充分发掘教材中的各种有益的'教育因素'，围绕教学中心，合理拓展，古今中外纵横捭阖，把语文课教得丰厚一些，从容一些，大气一些，更有语文味一些。课堂中合理巧妙的延伸拓展、联系比较，可加大教学的广度和深度，使课堂显得丰满厚重，生动活泼。体现教师深入发掘、举一反三、旁征博引、纵横捭阖的教学风格。学生通过延伸拓展、比较鉴别、同中求异，加深理解，训练思维，丰富知识，获益匪浅。"[2]被称为"史上最牛美术老师"的邹华章认为："美术不应该是一个独立的学科，她是学科的点缀使者。我在尝试学科与学科之间的研究，美术和语文的共鸣，美术和数学的联系，美术和生物的沟通……把美术的元素引进其他课堂，学生将会拥有一颗发现美创造美的心灵。"[3]学科内部更应该打通，教师要以整体联系的眼光（一盘棋的思想）组织、设计和处理各章节、各单元和各知识点的关系，让学生在整体中、在联系中、在比较中进行学习，从而帮助学生在头脑中将知识"竖成线，横成片"，或"由点构成线，由线构成面"，形成由点、线、面筑成的立体式、开放式的整体知识结构。曾经有位初中生这样评价自己的数学学习[4]："关于数学，我现在已经不认为有多难了，我已经阅读完了初二年级的数学教科书，虽然还有不会做的题，但我认为这是很正常的，因为我只是涉猎。所谓涉猎，就是粗略地阅读。这让我可以站在全局的角度来看数学了……""现在我已经自学完了初一到初三的课程。可我觉得一点也不稀奇，反而感到自己非常笨。回想我的小学数学课程，只有一点内容，可要用六年的时间来学，多可惜呀！如果看透了，用全局的眼光对待，那就太容易了。如果非要死盯住一个知识点不放，即使

---

① 李海林. 文选型教材的双重价值［J］. 语文学习，2004（3）.
② 张超. 语文：从教学到教育［J］. 课程教学研究，2012（8）.
③ 黄燕，等. 仅仅是创意吗［J］. 人民教育，2011（21）.
④ 齐健，等. 实施创新教学［J］. 人民教育，2007（3）.

有了好的成绩，但数学思维还是远远不够。见解、总结、归一、反复是不能少的。如果遵循这些原则加上胸怀宽广，那自己就具备了良好的素质，会更好地挖掘知识宝藏……"

用对联和谜语的方式教物理

物理学中的许多概念和规律都可以用一些对联、口诀、谜语来加强学生的理解和记忆。我从生活中和教学实验中搜集了许多对联、谜语用到物理课上，收到了很好的效果。

例如：在讲解牛顿第三定律时，给学生出了这样一副对联：

他蹬地，地也蹬他，双方运动为何地没动

我打你，你也打我，等值二力为何你觉疼

横批：说清有奖

同学们立即活跃起来，利用牛顿第二定律和牛顿第三定律解释了这一现象。

还有如：

未受外力运动状态永不变

没有摩擦机械能量总守恒

横批：注意条件

这副对联是描述惯性定律和机械能量守恒定律的，朗朗上口，很容易理解和记忆。

下面这一对联：

两球落斜塔双音一响

八马拉半球一声双分

横批：学史奇观

上联是描述比萨斜塔实验研究自由落体运动的，下联是描述马德堡半球实验证明大气压强存在的。一副小小的对联将物理学史上两大实验有机地联系在一起。

物理学中的物理量数不胜数，物理概念更是多如繁星。我采用谜语的形式方便学生记忆。如屡教不改——惯性，一对红——赫（赫兹），异口同声——共鸣，闹矛盾——摩擦，景德镇的作坊——磁场……这些丰富多彩的对联和谜语，使学生对物理产生了浓厚的兴趣，实现了由"厌学"到"爱学"的转变，课堂气氛活跃和谐，形成了独特的教学艺术和风格。

三、有温度的教学（润泽的教室）

温度指的是教学的氛围（气温）、文化（气候），有温度就是让学生感到很舒适、温馨、安全、快乐、幸福，它是由课堂中人与人（师与生）的关系决定的。师生关系决定着课堂的面貌和教学的性质。有温度的教学就是充满人性化的教学，按照佐藤学的说法，就是所谓"湿润的教室"，"在'湿润的教室'里，大家安心地、轻松自如地构筑着人与人之间的关系，构筑着一种基本的信赖关系，在这种关系中，即使耸耸肩膀，拿不出自己的意见来，每个人的存在也能够得到大家自觉的尊重，得到承认。'湿润'这个词表示的是湿润程度，可以说它表示了那种安心的、无拘无束的、轻柔滋润肌肤的感觉。'湿润的教室'给人的感觉是教室里每个人的呼吸和其节律都是那么地柔和。"相反，"与之相对而为另一个极端的教室，是那些由缺乏人情味的硬邦邦、干巴巴的关系而构成的教室。如像那些吵吵闹闹、发出怪声的教室；那些仅仅是白热化地发言竞争，学生表面活跃地不断叫着'是的'、'是的'，高高地举手的教室；那些空气沉闷、学生的身体坐得笔直笔直的教室，等等，大都可划归这一类。"① 按照美国教师雷夫·艾斯奎斯的说法，有温度的教室就是"缺少害怕的教室"，他在《第56号教室的奇迹》里写着："第56号教室之所以特别，不是因为它拥有什么，而是因为它缺少了一种东西——害怕。""大多数的教室都被一种东西控制着，那就是'害怕'……教师怕丢脸，怕不受爱戴，怕说话没人听，怕场面失控……学生更害怕，怕挨骂，怕被羞辱，怕在同学面前出丑，怕成绩不好，怕面对父母的盛怒。"② "害怕"的结果，是教师不敢放开，只顾自己讲，甚至不敢提问，即使提问了也只叫几个最好的学生回答，唯恐差学生

---

① 佐藤学. 静悄悄的革命［M］. 李季湄，译. 长春：长春出版社，2003：25—26.
② 雷夫·艾斯奎斯. 第56号教室的奇迹［M］. 卞娜娜，译. 北京：中国城市出版社，2009：5.

回答错了，自己没法收场；学生不敢回答问题，更别说提出问题了，因为错了老师会不高兴，同学会笑话……①

如果教师们能思考"什么东西让教室有时变得可怕"，那将是有益处的。这样，教师也许更能保证那类可怕的经历和情况不会发生在自己教室里的学生身上。"因为对太多的学生来说，学校是一个让他们感到羞辱、威胁、受到嘲笑、折磨、取笑，让他们觉得无能为力的地方。想一想什么时候学校对你是可怕的。如果你牢记这些时刻，并尽力保证它们永远也不会发生在你自己的学生身上，你已经开始创建一个更安全、更有爱心的集体。"②

有温度的课堂就是要让学生感到课堂就是他们自己的家，有家的感觉，才能积极主动地投入学习，才能让学习走进学生的情感、生命、灵魂的深处。为了让学生有家的感觉，教师要做到以下四点③：

1. 接纳学生

学生没有被接纳感和归属感，就如同人类被剥夺了水和食物，逐渐耗尽直至死亡。这里的接纳以尊重、肯定、关注、理解、公平、敏感和温暖为基础，意味着承认并且赞赏学生的内在价值。这并不是说教师必须喜欢每个学生，但必须无条件地接纳每个学生，因为每个学生都有其固有的价值。被无条件接纳的学生，即便是在进步缓慢或犯错误的时候也会觉得自己被别人需要，对别人有价值。

2. 重视学生

学生需要感觉到自己被重视，自己是重要的，感到他们参与学校活动是有价值的，能够对学校、对课堂产生一定的影响，感到他们所做的努力是必要的、被欣赏的，使他们渐渐地形成一定的成就感。

3. 相信学生有能力

让学生感到自己有能力承担责任，有能力把事情做好。这样的学生清楚自己可以学会很多事情，知道成功和失败同样重要，即使困难重重也愿

① 余慧娟. 教学改革的方向性思考 [J]. 人民教育，2011（1）.
② 温斯坦. 中学课堂管理 [M]. 田庆轩，译. 上海：华东师范大学出版社，2006：87.
③ 徐斌艳. 教师如何成为学生的理解者 [J]. 全球教育展望，2006（3）.

意接受挑战。

4. 让学生有安全感

学生需要感到安全，尤其是情感上的安全。这意味着学生信任教师，相信教师愿意尊重他们的观点。他们知道教师虽然不总是和他们的观点一致，但是站在他们的角度理解他们，并且愿意与他们合作共处而不是彼此对立。

总之，有温度的课堂就是充满善意和人性的课堂，在这样的课堂中，学生能够有充分的安全感，抵达安全的彼岸，学生能够无所顾忌地发表自己的见解，而不用担心被讥讽、被指责、被批评；学生能积极主动地参与自我探究、小组合作、交流分享，而不会感觉到紧张、自卑、孤独；学生感到师生、生生关系和谐，而没有任何沟通交流的心理障碍；学生感觉到时常被尊重、被重视，而没有被伤害、被冷落、被歧视的感觉；学生真切感受到学习的乐趣和生命的意义，而没有痛苦感、乏味感；学生敢于尝试、敢于冒险，而不怕失败、无所畏惧，在竞争面前不逃避。

四、有力度的教学

有力度的教学就是课堂充满活力的教学，这个活力是由教师的感召力、学科的魅力、学生的潜力共同组成的。

教师的感召力来自哪里？马克思·范梅南说过："老师就是他所教授的知识。一个数学教师不仅仅是碰巧教授数学的某个人。一个真正的数学教师体现了数学，生活在数学中，从一个很强的意义上说他就是数学的某个人。""体现了数学，生活在数学中"的境界，至少包含了数学教师对于数学的痴迷与深爱，以及数学天赋。实践中最优秀的教育者，基本上都是体现学科知识、生活在学科知识中的人。这样的教育者，已经不简单地是言教者，而成为身教者，他的教学效率和效果可想而知。[1]

自古以来，优秀教师都表现出对所教学科和内容的热爱。正如有学者

---

[1]　刘庆昌. 教育家必先具有教育精神（下）[N]. 教育时报，2010 – 4 – 14.

所指出的："所有优秀教师似乎都有共同之处——热爱自己的学科、在唤起学生对学科的热爱中获得满足、有能力使人信服他所教的东西非常重要。"教师对学科的爱和投入会显著地影响学生对学科的态度。实践证明，那些在学科教学中体验到意义、价值、激动和欢乐的教师，会向学生传达出一种强有力的邀请，邀请学生也来分享这种体验，这样可以使学生相信学习的内在价值。

判断一位教师是否真的喜欢自己所教的学科，主要看他对学科教学的投入程度，特别是投入的感情和激情。严济慈先生在谈及教师上课的艺术时强调指出："上课要像演戏一样，进入角色。"教师上课时，应全身心投入课堂，进入角色，把自己的整个心灵都融入教材、融入课堂之中，该激扬时昂奋动情，令人动容；该悲壮时沉郁顿挫，令人肃然；该温婉时细雨绵绵，令人感怀。一词一句，牵动学生情思；一举一动，点燃学生心灵之火；一篇一章，引发学生感情共鸣，整个身心融入教学情景中。"正如杜威所说："一个合格的教师，就是能把自己对艺术和知识追求的渴望传导给学生，使他们产生理智的兴趣和好奇心。"

上课像过节①

敬爱的孔老师：说来不怕您笑话，我们每周都伸长脖子等着历史课的到来，有历史课那天像过节一样。因为历史课是一段可以畅叙的时光。您或许会奇怪：只您一人在课上说话，何以我们畅叙呢？道理很简单，您直言我们心中所想，您和我们之间没有代沟，足见您多么年轻！年轻是很美好的，因为年轻人有激情，历史不是纯粹的理性。

所以我们试着去理解我们的父辈，去体会他们年轻时的那段特殊时光所召唤起的激情以及冲动。原来以为可笑或不可理喻的行为举动这下也有了说服自己承认、尊重的理由。您机智的话语为我们打开了时间的大门，您有时的幽默调侃又常常发人深省，我们切实感受到的是一颗教书育人、诲人不倦的苦心。衷心地希望孔老师永远年轻，永远洒脱！

---

① 孔繁刚. 教师的价值存在于学生心目中［J］. 人民教育，2004（11）.

挖掘学科知识的内在魅力，让学生对知识本身发生兴趣，以此激发学生学习的内在动机，这是让课堂充满活力的内在因素。每门学科的知识都有其内在的情趣，有它特有的神奇、美妙或富有疑问的一面。"以高中物理《互感和自感》为例，如果老师先讲互感再讲自感，照本宣科，就会索然寡味。但是，如果老师能创造性地使用教材，一开始就大胆地引入'千人感'实验，就能很快地让学生的思维与感官凝聚到课堂内容上来。给学生一个线圈，摸一摸，没任何感觉；给学生两节电池，串联起来，摸一摸正、负两极，也没有任何感觉；把线圈、电池用导线串联起来，当两手分别拿住导线的两端连接导通并断开的瞬间，学生能够感受到一股强大的电流而受到猛烈的电击！实验器材简单，每一个学生都能有此体验，不能不引起学生的好奇，不会不引起学生的认知冲突：为什么会这样?"①

数学其实很美很酷②

中国人民大学附属中学的王金战老师是一位有着30多年教学经验的数学老师。"30年来，我一直在教数学、教初中、教高中、教竞赛，越教越觉得数学好玩、好学，越教越觉得数学很美、很酷。我常常被数学的波澜之势、高瞻远瞩之能、对称和谐之美、茅塞顿开之境所陶醉。"王金战告诉记者，他一直有个愿望，"就是从数学全局入手，用深入浅出的语言把数学讲得浅显易懂，用诗情画意的语言把数学讲得异常精彩，用风趣幽默的语言把数学讲得生动有趣。"

他说，现在很多中小学生讨厌数学到了想放弃的地步，害怕数学到了恐惧的程度，这绝不是数学本身的原因。兴趣是最好的老师，学生一旦对数学的兴趣得到激发，那么学好数学就很容易。王金战很骄傲地说，每接一届学生，前半个月他都不讲课本，而是以"大话数学"为题来挖掘数学的内涵，提炼数学的规律，揭示数学的特点，深化数学的应用，张扬数学的魅力，直把学生讲得神情激昂，也就再没有对数学的恐惧和拒绝，有的

① 何蓁. 中学物理高效课堂的思考［J］. 当代教育论坛，2012（4）.
② 却咏梅. 数学其实很美很酷［N］. 中国教育报，2010－5－20.

只是学好数学的信心和激情。"所以我虽然不用布置太多的作业，他们却能轻松学好数学"。

数学是思维的体操，诚如科学家克莱因所说：唱歌能使你焕发激情，美术能使你赏心悦目，诗歌能使你拨动心弦，哲学能使你增长智慧，科学能使你改善物质生活，但数学能给你以上的这一切！谁说数学是枯燥乏味的？只要你真正走进了数学，就会发觉数学有令人惊艳之美！如果中学生领略了数学之美，数学就不再是学习路上的绊脚石，而是妙趣横生的智力游戏。

课堂的活力还来自学生的潜力和思考，让每个学生都能把自己的潜能充分激发和展示出来，让每个学生都进行深度的思考，这是课堂教学的最高境界。对此，我们强调以下三点：（1）挖掘学生的潜力，能学的坚持让学生自己学，有所教有所不教。（2）培养学生的学力，注重培养学生学会学习，让学生对方法保持兴趣。（3）发挥学生的能力（展示学生的智慧）：课堂一定要让学生出彩（出彩一定要出在学生身上）。

孩子们的精彩①

春天，我和孩子们一起读了首写春天的诗。诗很精彩，孩子们更精彩。这首诗是这样写的：

五月的雨滴
像熟透了的葡萄
一颗，一颗
落进大地的怀里
到处是蜜的气息
到处是酒的气息

我没有把诗句一下子都展现给他们，而是让孩子们逐句品味，或者故意留有空白，让他们猜猜诗人会怎么写。

---

① 杨明明. 孩子们的精彩［J］. 家庭教育（幼儿家长），2000（10）.

诗中说：五月的雨滴，像熟透了的葡萄。

孩子们说：是啊！是啊！熟透了的葡萄才会掉下来，熟透了的葡萄水分才多呢！

诗中写"一颗，一颗"，我问：一颗，一颗，落下来的是什么呀？

甲孩子说：落下来的是雨滴。

乙孩子说：不，落下来的是葡萄。

丙孩子说：你们说得不对，落下来的是像葡萄一样的雨滴。

丁孩子说：应该说，像雨滴一样的葡萄。

多么执著的讨论啊！何必去追究他们谁说得对呢？只需读读他们一脸的认真，我便满足了。

接下去的争论更精彩了，诗中写道"落进……"，还没等我念完后半句，他们又接腔了，而且直言不讳：落进我的嘴巴里！

反唇相讥：你的嘴巴盛得下吗？

争先恐后：应该落进池塘里！

"不，落进干旱的土地里！"

"落进沙漠里！"

"落进果园里！"

"落进庄稼地里！"

最后是一个伟大的总结："落进大自然的怀里！"

我亮出了诗人的原话："落进大地的怀里！"

"哦！"孩子们欢呼了！他们欢呼什么？是欢呼猜对了吗？不是！他们是欢呼自己也有诗人的水平。

最后两句，我让孩子们填空。"到处是（ ）的气息，到处是（ ）的气息。"

他们对这个括号有兴趣极了，答案五彩纷呈：写葡萄的，写香的，写糖的，写丰收的，写喜悦的，居然也有孩子写出了与原诗一模一样的文句："到处是蜜的气息！"

真惊讶孩子的能力！他们不仅会读诗，会体味诗，同样也会创作诗。

五、有高度的教学

教学的最高目的是培养人，人的生成、成长和发展是教学的真正落脚点。教学如果没有在人上下功夫，只是在知识、技能、能力上做文章，这样的教学就是没有灵魂、没有高度的教学。"知识是指向人本身的，即使是关于客观世界的知识，也在最终目的上指向人的精神世界的形成和改造……人的所有认识都是围绕人本身而展开的。知识本身没有目的，学习知识也不是最终的目的。求知的目的永远是对人的关切，对知识的追求本身是为了了解人所在的处境，拓展人的精神世界，丰富人的内在品质。"所以，必须"将知识的表层与人的生活、人本身联系起来，将知识回归到人身上，回归到人的德性与精神世界的建构上，知识才能够获得自己的深层结构，即意义结构，人也才能同时凭借知识的意义而深化生命的意义。"①"教育的正当目的就是要促进意义的生长"（费尼克斯）。"从语文教学的角度来看，语文知识的意义就是指它对学生的意义，而不是知识本身或作为其形式的词语和命题的意义，它总是属于学生的，也只有与学生的生成关联的时候才能真正产生。从知识的内在价值来看，语文知识的意义获得，'实际上是人在精神上得以教化，教化的结果不是人对知识的服从，而是人的精神的成长以及知识的再生，是个体的经验世界与社会共有的精神文化世界的沟通和富有创造性的转化。'② 这实质上强调的是语文知识对学生精神成长、个性形成、品格提升等的功能和价值，体现了知识由'公共性'向'个体性'的转化。事实上，属于人文知识的语文知识，相对于其他学科知识，具有更为丰富的意义。文以载道、诗以言志，语文知识所具有的丰富人文内涵使其对学生思想的碰撞、情感的交流、心灵的净化功能是其他学科知识所没有的。"③ 实际上，每个学科都不仅具有自己的符号表达、知识体系和思维方式，也都有自己内含的价值性和道德意义，同样是学科知识的一种内在属性，是与学科知识相伴随的内在特征，是人

---

① 孙彩平，蒋海晖.知识的道德意义［J］.中小学道德，2012（10）.
② 郭晓明.课程知识与个体精神自由［M］.北京：教育科学出版社，2005：81.
③ 姚林群.论语文教学中的知识问题［J］.语文建设，2009（4）.

的世界观、人生观和价值观的构成性因素。所以，学科教学的最大道德资源就是学科知识本身。①

从教学实践的角度来讲，我们要强调以下几点：

第一，要充分挖掘学科知识特有的道德教育资源。如上所述，"每门学科都蕴藏有丰富的道德教育资源，教师和学生要对学科教学内容中具有道德教育价值的素材进行发掘，把德育渗透融合在课程教与学的活动中。如语文学科，在学科内容上的字词句章、人类文化、人物、情感、伦理等等，在学科方法上的榜样示范、阅读、审美、情感、伦理等等，这些都蕴涵了伦理、正义、同情等道德价值在其中。如历史学科，通过典籍、人物、事件、价值观等，培养学生批判性、历史感、独立思考、辩证思维等，这过程就蕴涵着正义、宽容、理解等道德价值。外语学科通过语言文字、文化风俗的内容，采用情景、交流、对话等方式，传递出尊重、倾听、宽容及国际理解等价值观。再如数学、物理、化学等自然学科在内容上强调的是公理、定律、原理、公式、计算、科学家、发明、发现等，通过推理、演绎、归纳、计算、实验等学科方法，培养学生严谨、理性、坚韧、求实等品质……"②

第二，学科教学要进入学生的生活和行为之中。课堂教学要转化为学生课外的成长行为，延伸到他的日常生活当中，并逐步变成他的成长自觉。如果你教过《林黛玉进贾府》，学生课外喜欢读《红楼梦》；你上过《烛之武退秦师》，学生课外喜欢读《左传》；你指导过作文，学生会自己喜欢写作并养成练笔的习惯。这样，教学就进入了学生的生活和成长。"真正的自由教育意味着对学生的整个生活产生重大的影响，他所学的东西将会影响他的行为、兴趣与选择；意味着他过去的一切都受到审视和重新估价。"③

第三，学科教学要进入学生道德和心灵世界之中。"如果一个人赢得

---

① 孙彩平，蒋海晖. 知识的道德意义［J］. 中小学道德，2012（10）.

② 朱小蔓，苏丹兰. 重视情感与价值观教育　加强和改善学校德育［J］. 课程·教材·教法（"2011年版义教课标解读与教学建议"专辑），2012（Z1）：23.

③ 沈文钦. 自由教育与美好生活［J］. 北京大学教育评论，2006（1）.

整个世界，却丧失了自己的灵魂，对他又有何益？"心灵是人之根本，更是教育教学之本。苏霍姆林斯基说过："教育技巧的特点就在于使教育的整个过程成为教师过问人的精神生活的整个过程。"① 提出"生命语文"教学主张的熊芳芳老师这样阐释生命语文："即以生命为出发点，遵循生命的本质属性，与生活牵手，让生命发言，让语文进入生命，唤醒生命，并内化为深厚的文化底蕴和丰富的人格内涵，是为帮助我们认识生命的美丽与宝贵，探索生命的方向与意义，提升生命的质量与品位，使生命变得更加美好、更有力量、更有意义而进行的语文教育。"② 的确，"语文课不但是读写能力培养课，更是使学生变成健康文明大写的'人'，变得更高尚，更聪明的课。良好的语文教育应该是为学生提供一方高雅的人文浸染的环境，因势利导，把学生培养成一个有文化、有健全人格、有智慧的勇于创新的人。"③ 总之，唯有进入学生情感、生命、灵魂深处的教学，才能成为学生高尚的道德生活和丰富的人生体验，这样，学科知识增长的过程也就成为人格的健全与发展过程，伴随着学科知识的获得，学生变得越来越有爱心，越来越有同情心，越来越有责任感，越来越有教养。

　　总之，卓越教学不是一般意义上的有效、有收获、有进步、有提高，而是一种让学生有生成、有成长、有发展、有顿悟、有感悟、有生产（创新）、有价值、有意义、有尊严感和幸福感的教学。

---

　　① 蔡汀，王义高，祖晶．苏霍姆林斯基选集（第2卷）［M］．北京：教育科学出版社，2001：381．
　　② 熊少严．以生命的形式提升教学之美［J］．人民教育，2013（23）．
　　③ 张超．语文：从教学到教育［J］．课程教学研究，2012（8）．

第三章

从机械学习走向有意义学习

　　教学的落脚点是学生的学习。在教育心理学里，学生的学习被划分为有意义学习和机械学习。机械学习以传递知识、强迫接受为基本特征，在特定的情境中会取得一定的教学效果。但这种学习从根本上背离了学习的本性，丧失了学习的意义。卓越教学是一种追求意义的教学，必然要求从机械学习走向有意义学习。

第一节　有意义学习的理论基础

　　在教育心理学里，学习被划分为有意义学习和机械学习。美国认知教育心理学家奥苏伯尔认为，有意义学习与机械学习两者在心理机制和条件上有本质的不同。机械学习的心理机制是联想，其产生的条件是刺激与反应接近、重复和强化等。有意义学习的心理机制是同化。其产生的条件在客观上，学习材料本身要有逻辑意义，在主观上，学习者本人应具有有意义学习的心向，即有学习活动的内部动机和心理倾向，它是社会的、个人的、主观的、客观的学习需求在个体心理上的直接反映。同时，其认知结构中应有可以用来同化新知识的原有观念（包括原有的概念、命题、表象和已经有意义的符号）。这样，新旧知识才能建立起非人为性和实质性的联系。所谓非人为性亦称"非任意性"，指个人的新旧知识的联系合乎人们能理解的逻辑关系（尽管同一语言符号在不同的个体身上所引起的认知内容千差万别，但这些认知内容仍然具有足够的共同性，正是这种共同性使运用符号传递信息和传授知识成为可能）；所谓实质性亦称"非字面性"，指能用同义词或其他等值符号替代而不改变意义或内容（同样的内容可以用不同的但等值的语言文字表达，教学中常要求学生用自己的话讲，也是这个道理）。非人为性和实质性是奥苏伯尔用以作为划分有意义学习与机械学习的两条标准。据此，奥苏伯尔把有意义学习的实质概括为："语言文字符号所代表的新知识与学习者认知结构中已有的适当观念，建立非人为性和实质性的联系。"①

有意义学习过程即新旧知识相互联系、相互作用的过程（即同化的过程），这种相互联系、相互作用是怎样实现的呢？同化论的创立者把它解释为学习者头脑中原有知识固定点的作用。所谓固定（anchor）就是"拴住"的意思，固定点就是"锚桩"的意思，它起着接收并拴住新知识的作用（新知识好比一条船）。那么，原有知识为什么能起到固定（拴住）新知识的作用呢？因为它们之间存在相似因素。说到底，同化机制就是主体认知结构中原有知识与新学习内容之间存在相似性效应。一般说来，人们学习效果的好坏，主要取决于学习者认知结构中有没有与当前新学习内容相似的原有观念，以及相似的角度和程度如何。奥苏伯尔据此提出以下著名的命题："如果我不得不将所有的教育心理学原理还原为一句话的话，我将会说，影响学习的最重要因素是学生已经知道了什么。根据学生的原有知识状况进行教学。"② 值得强调的是，所谓相似并不等同于相同，"相似是客观事物发展过程中存在的相同与变异矛盾的统一。"新知识就是"相同"与"变异"构成的一个有机整体，同化过程正是借助新旧知识相同点的"混合"，而联接或固定住了相异点。这样，通过同化，新知识被纳入学习者的认知结构中，获得了心理意义，从而丰富了原有的认知结

---

① 邵瑞珍. 教育心理学［M］. 上海：上海教育出版社，1988：6.
② 张春兴. 教育心理学［M］. 杭州：浙江教育出版社，1998：219.

构；而原有的认知结构经过吸收新知识，自身也得到了改造和重新组织，正因为如此，奥苏伯尔也把有意义学习看成认知结构的组织和重新组织。

奥苏伯尔依新旧知识的不同类型和不同关系，把基于同化的有意义学习区分为以下几种模式：

1. 下位关系和类属学习

当学习者认知结构中的原有观念在包摄和概括的水平上高于新学习的知识时，新旧知识便构成下位关系（新观念是原有观念的下位观念），相应的学习便称为类属学习。类属，也就是将新材料纳入并整合到认知结构中的适当部位的过程，其结果是导致认知结构进一步按层次组织和分化。类属学习按上下位观念关系的性质的不同，又可分为派生类属学习和相关类属学习两种。

第一，派生类属学习。其特征是，通过新旧知识相互作用，新观念获得意义，但认知结构中的原有观念不发生实质性变化（这是因为新观念完全可以从原有的观念中派生出来，新观念只对原有观念起支持或证实作用）。例如，学生通过学习直角三角形、锐角三角形、钝角三角形，头脑中已经有了三角形内角和等于180°的观念（上位观念）。在学习等腰或等边三角形时，其内角和为180°的命题（下位观念）就类属于原有上位观念（三角形的内角和等于180°），新命题很快就获得意义，原有观念得到充实或证实。这种学习，由于新旧知识实质性内容相同，非实质性的特殊细节或现象即使不同（相异），也很容易进行，新知识很容易被固定，学习效果既快又好。

第二，相关类属学习。其特征是，通过新旧知识相互作用，新观念获得意义，原有观念被扩充、精确分化、修改或限制（这是因为新旧观念虽有类属关系，但新观念不能单纯从原有观念中派生出来），例如，学生已通过三角形、四边形等的学习，掌握了几何图形高的概念（上位观念）；现在要学习圆锥的高（下位观念），两者虽有上下类属关系，但高的概念却有本质上的不同，所以新观念不能直接从原有观念中派生出来。与派生类属学习相比，相关类属学习要普遍得多，但效果却要差。这是因为相关类属学习中上下位观念的相似程度较低：首先表现为上位观念不能完全代表下位观念的意义，下位观念也不能完全蕴含上位观念的全部意义；其次表现为上位观念所类属的各个下位观念之间，其涵义的差别也较大。

2. 上位关系与总括学习

当学习者认知结构中的原有观念在包摄和概括的水平上低于新学习的知识时，新旧知识便构成上位关系。在有意义学习中，当学习者认知结构中已经形成了几个观念，要在其基础上学习一个抽象程度更高的观念时，便产生总括学习。总括学习实际是一种常见的由特殊到一般、由具体到抽象的归纳式学习。儿童在形成概念或被要求通过发现学习或解决问题的活动获得概括性的观念时，都要进行这种学习。在总括学习中，新旧知识之间的相似表现在，上位观念寓于各个下位观念之中，是对下位观念实质意义的概括和抽象，下位观念则是上位观念的具体的特殊的例证和派生事实。所以，总括学习与派生类属学习的相似性性质是一样的，两者都是实质意义上的相同，只是学习的方向相反。

3. 并列结合学习

当新的观念与认知结构中原有的观念既不能产生类属关系，也不能产生总括关系，而只是具有某些非从属或上下关系的相似性时，两者便可能形成并列结合关系，从而出现并列结合学习。这种学习又可分为同类别并列结合和不同类别并列结合两种。如鲁班发明锯，是从草叶上的一排尖齿拉破手指，联想到用铁制的一排尖齿来拉断木头，这就是利用不同类别的事物具有某方面的相似特征，进行并列结合学习的例证。而像数学教学中同一单元的不同章节之间以及同一单元的例题与习题之间、语文教学中的范文与习作之间等等，则属同类相似。显然，同类相似的学习较之不同类相似的学习，要容易得多。但相对于类属学习和总括学习，不管同类别还是不同类别，并列结合学习都由于缺乏上下观念的固定作用，而进行得很困难，且不易保持。

应该强调的是，以上三种同化模式只是凭借理论抽象来净化新旧知识相互作用过程的分析结果。实际上，在有意义学习中，它们总是处于错综复杂的状态，不能截然分开，而是相互包含、你中有我、我中有你。但是，奥苏伯尔提出的这几种同化模式却使我们更具体、更明确地了解了有意义学习过程的内在机制。

　　人本主义心理学家罗杰斯也提倡和强调有意义学习，但他更侧重从"人"的角度来理解有意义学习，认为有意义学习主要包括四个要素：第一，学习具有个人参与的性质，学生在学习过程中是具有情感态度价值观的完整的人，学生的认识与情感都会参与到学习之中。有意义的学习包含了价值和情绪的色彩，涉及学习者的全部生命状态，而不单单是认知成分的参与。第二，学习是自发的，即便推动力或刺激来自外界，也要求发现、获得、掌握和领会的感觉是来自内部的。显然，这里强调的是学习要有个体内在需要作为原动力。无论外界刺激多么吸引和诱惑人，也不管有多大的外在压力的控制，如果学习主体的学习需要没有引发出来，就不会有主动学习，对学习的发现、掌握及领会等等内在感觉也就不会产生。第三，学习是渗透性的，换言之，学习使学生的行为、态度以及个性都将发生变化，会对一个人产生全面影响。学生在获得知识的同时，意志行为、学习兴趣与学习态度都将会受到影响。第四，学习是由学生自我评价的，因为学生最清楚这种学习是否满足自己的需要，是否有助于获得想要的东西，是否明了自己原来不太清楚的某些方面。一句话，学生真正获得了什么，只有他自己是最清楚的。无论别人怎样看待或评价自己的学习，最终都要转换成学生的自我评价，进一步调整学习行为。① 从一定程度上看，自我评价表明学习是一种负责的行为，即学生真正学会了对自己负责。研究成果表明，涉及学习者整个人（包括情感与理智）的自我发起的学习，是最持久、最深刻的；而学生负责任地参与学习过程，就会促进学习；当学生以自我批判和自我评价为主要依据，把他人评价放在次要地位时，独立性、创造性和自主性就会得到促进。为此，罗杰斯提出了"以学生为中心"的课堂教学模式，并在实际教学中试行"以学生为中心"的课堂教学。他的教学注重培养个人的主动性、创造性和责任感，希望学生成为自由的、负责的人，充分体现了学习是学生自我、主动学习的观点。显然，罗杰斯所讲的意义学习与奥苏伯尔的意义学习存在不同。罗杰斯更关注学

---

　　① 王希华. 现代学习理论评析［M］. 北京：开明出版社，2003：172.

习内容与个人的关系，而奥苏伯尔更强调新旧知识之间的联系。进一步说，奥苏伯尔强调的是知识的客观意义和外在意义，罗杰斯强调的是知识的主观意义和内在意义；从意义的层次讲，奥苏伯尔的意义只停留在文本意义和心理意义层面，而罗杰斯的意义则提升到精神意义的层面，从而实现了知识由"物"向"人"、由"公共性"向"个体性"的转化。在罗杰斯看来，当知识和充满生命活力的儿童相遇时，课程知识就不再是仅仅供儿童死记硬背的"知识点"，也不仅仅是只关涉儿童的思维、认识活动，在更广泛、更潜在也更具体、更微妙的层面上，它直接构成了教育活动中儿童真实而具体的生存境域，与儿童活生生的存在紧密相连、息息相关。①这实际上是存在主义和后现代主义的知识观和学习观。正如费尼克斯所说："教育的正当目的就是要促进意义的生长。"罗杰斯的意义学习有助于我们从学生成长和发展的角度理解知识教学的意义，挖掘知识内在的丰富价值，从而实现知识对学生个体生活和人生意义的指导功能。

根据奥苏伯尔和罗杰斯对意义学习的界定和阐述，我们可把意义学习的意义概括为以下四点：

第一，文本本义，即文本符号本身具有的"意义"，它是作者赋予文本的原意。文本是作者思想感情的投射，复制、还原文本的本义，是文本解读和教学的必要前提。但是，文本一旦进入社会，成为"公共知识（作品）"，就会产生社会意义，对读者而言，这两种意义都是客观存在的。

第二，潜在意义，潜在意义是由文本本义与读者（学生）的关系（距离）确定的。文本与读者的关系（距离）可以分为以下四种：（1）文本远低于读者水平。（2）文本远高于读者水平。（3）文本平行于读者水平。（4）文本略高于读者水平。只有当文本意义（难度）与读者（学生）的原有知识（知识背景）（认识水平）比较接近时，即文本略高于读者（学生）水平时，文本意义才会转化为潜在意义。显然，潜在意义具有对象性，对有些人有意义，对另一些人可能没有意义。

第三，心理意义。心理意义是相对于客观意义而言的，由文本本义转化

---

① 李召存. 课程知识观当代重构的方法论思考［J］. 全球教育展望, 2009（10）.

而来，体现在以下四个维度：外在→内在，客观→主观，公共→个体，潜在→现实，即知识由外在转化为内在，由客观转化为主观，由公共转化为个人，由潜在意义变成现实意义。按照奥苏伯尔的观点，心理意义是在新旧知识（经验）相互作用的过程中产生的。显然，心理意义主要局限于认知方面，但是，知识及其学习还应该有更深层的意义，即精神意义。

第四，精神意义。这是指知识及其学习内具的促进人的思想、精神发展的力量，或者说"知识所具有的能够对人的精神生活和意义世界给予关照、护持、滋养的本性"①。知识及其学习绝不仅仅只关涉儿童的认知活动，它与儿童的整个生活、整个生命紧密相连、息息相关，对儿童的精神成长和人格发展都具有实质性的作用。当然，就其来源来说，精神意义是从心理意义转化和升华而来的。教学过程中强调的"转识成智"就是强调把知识及其理解转化为智慧和方法（论）；教学过程中强调的"教书育人"就是强调要挖掘和展现知识及其学习过程中的情感、道德、态度、品行，让知识升华为精神。

总之，我们认为，机械学习是一种死记硬背的记忆性学习，其特点是学生以听代思、机械模仿、不求甚解，唯师和唯书是上；其结果是学生只得到一大堆机械的、孤立的知识，没有内化，心理学称之为"假知"，它没有"活性"，既不能迁移，更不能应用。"简单、机械的教学方法，呆板、枯燥的学习过程，把本应通过师生对话，开放交流的动态化知识生成、发展的过程变成了单向、封闭、静态化的知识传授过程，而传授的也只是一些均质化、剥离了情感与思想，丧失了完整性与独创性的知识。"②从应试教育观的角度来看，机械学习是学生在考试逼迫状态下的一种被动的学习，学生不仅在精神上有负担，情绪上感觉苦闷，智力活动也变得死板。这就是机械学习不能促进学生素质发展的根本原因。有意义学习则是一种以思维为核心的理解性学习，其特点是学生全身心的投入，身体的、心理的，认知的、情感的，逻辑的、直觉的，都和谐统一起来；其结果既

---

① 李召存. 走向意义关照的课程知识观 [J]. 全球教育展望，2005（5）：23.

② 金惠. 从"快学习"到"慢学习"：尽享营养的学习盛宴.《教学与管理》（中学版），2013（2）.

有认识和能力的发展，又有情感和人格的完善。这也是有意义学习能够促进学生素质发展的根本原因。

第二节　有意义学习的实践要点（一）

根据有意义学习的原理和多年实践的探索，我们总结了课堂教学促进学生有意义学习的四个基本点，即认知停靠点、情感激发点、思维展开点和心灵交流点。本节阐述认知停靠点和情感激发点。下一节阐述思维展开点和心灵交流点。

一、认知停靠点

如上所述，有意义学习的第一个条件就是学习者头脑中应具有可以用来同化新知识的适当观念。如果我们把学习的头脑比做一片港湾，新知识比做一条轮船，所谓的适当观念就是固定和"拴住"轮船的"锚桩"，我们称之为认知停靠点。认知停靠点主要有以下几种类型：

（一）直观停靠点

奥苏伯尔认为，学生在课堂里主要是学习前人积累的文化科学知识。什么叫知识？知识是人类从实践活动中得来的，对实际事物及其运动和变化发展规律的反映。也就是说，知识本身是具有丰富生动的实际内容的，而表征它的语言文字（包括符号图表）则是抽象和简约的，学生学的正是语言文字汇集而成的书本知识即教材。这就要求学生不论学习什么知识，都要通过语言文字、符号图表把它们所代表的实际事物想清楚，以至于想"活"，从而真正将两者统一，这样的学习就是有意义学习。相反，如果学生只记住一大堆干巴巴的文字符号，而没有理解实际内容，这样的学习便是机械学习。

从有意义学习的角度来说，"实际事物"就是"文字符号"的停靠点。从哲学角度讲，这一停靠点解决的是形象与抽象、实际与理论的矛盾。捷克教育家夸美纽斯曾说："一切知识都是从感官开始的"。"在可能的范围内，一切事物应尽量地放在感官的跟前，一切看得见的东西应尽量地放在视官的跟前，一切听得见的东西应尽量地放到听官的跟前。……假如有一个东西能够同时在几个感官上面留下印象，它便应当用几个感官去接触。"并认为这是教学中的"金科玉律"。这种论述未免有绝对化之嫌，但的确反映了教学过程中学生认识规律的一个重要方面：直观可以使抽象的知识具体化、形象化，有助于学生感性认识的形成，并促进理性认识的发展。特别是在小学阶段，学生形象思维占优势，更应该注重创设直观停靠点。

直观停靠点种类很多，我们简要阐述以下几种：

1. 实物直观

实物直观义可以分为：（1）实物、模型、标本；（2）实地考察（旅行、参观）；（3）实际生活（实际问题、现实生活、个人经历）等。如一位教师在教《珊瑚》一文时，展示了"像鹿角""像菊花""像树枝"的三种珊瑚，使学生对珊瑚有了真切感知，这便是典型的实物直观。苏联著名教育家苏霍姆林斯基十分重视实地考察的教育作用，他经常带领孩子们到大自然中去，细心观察、体验大自然的美，从而使学生在轻松愉快的气氛中学习知识，激发学习兴趣，发展想象力和审美能力。他说："我力求做到在整个童年时期内，使周围世界和大自然始终都以鲜明的形象、画面、概念和印象来给学生的思想意识提供养料……"

实际生活对于促进学生的有意义学习有特别重要的教学价值。有一次，著名小学数学教学法专家邱学华与一位小学教师交谈时，这位教师不停地埋怨学生"笨得像石头"。邱学华让他请个这样的学生来。学生来了，邱学华笑眯眯地说："今天不让你做题，你能帮我办件事吗？"说着拿出两角钱，请他去买两本作业本、两支铅笔，而且要便宜的。孩子高高兴兴地跑开了，一会儿就买来了本子和铅笔，还找回了4分钱。谁知，邱老师说少了一分钱，孩子着急地申辩："本子一本5分，二五得十；铅笔一支3分，二三得六；两角减去一角6分，还剩4分，怎么不对呢？"不料，他刚说完，邱老师高兴地笑了。学生走后，邱老师对那位教师说："你看他多聪明呀！在实际生活中能解答复杂的多步计算应用题，而且还带着小括号呢！"这个"笨"学生之所以能解答这种复杂的多步计算应用题，正是因为有实际生活作为认知停靠点。

2. 图像直观

图像直观包括图片、图表、绘画、摄影、幻灯、电影、电视、计算机等。借助图像直观可把课文中所描写的景色，具体直观地呈现在儿童面前，使他们获得生动的形象，为理解课文奠定基础。这里我们要特别强调教师自绘图画的教学价值。一位小学语文教师在教学古诗《所见》时，通过自绘图画创设直观情境，展现课文内容。一上课，她就对学生说："今天，我们要学习一首古诗。为了能更好地了解这首古诗，请同学们看黑板上老师画的图。"她边画边娓娓动听地描述："夏天，牧童骑在黄牛背上，不知不觉地来到了树林里。树林里的树长得真茂盛！密密的枝叶遮住了蓝蓝的天，挡住了炎炎的夏日。牧童一边放牛，一边大声地唱着歌，歌声在林间回荡着。这时，牧童听见了知了的鸣叫声，他很想捉一只，于是忽然停止了歌唱，在地上搜索着、寻找着……"随着动人的描述，一幅妙趣横生的黑板画展现在同学们面前。接着，教师引导学生观察、议论并评价画面，最后得出结论：景色美丽，牧童可爱。这时，教师话锋一转："这么美丽的景色，这么可爱的牧童，古代诗人仅用了二十个字来表达。这首诗的题目叫《所见》，请同学们翻开书。"一位教师在教古诗《宿新市徐公店》时，则引导学生根据诗意自行作画，并当堂完成。有学生这样画：篱笆松散（"篱落疏疏"），小路细长（"一径深"），树上片片小叶，树下点点落花（"树头花落未成荫"），蝴蝶藏在菜花丛中，若隐若现（"飞入菜花无处寻"）。自行变文字为画面，学生对课文的理解更深刻了。一般来说，教学活动中图画情境的创设是靠幻灯进行的。

3. 动作直观

动作直观可分为表演直观、演示直观、活动直观等。

表演能够活灵活现地展示课本内容。如教学《董存瑞舍身炸暗堡》，一位教师讲到董存瑞昂首挺胸，站在桥底中央，左手托起炸药包，顶住桥底时，面色严峻，刚劲有力地举起左手，好像托起了沉重的炸药包，同时"两眼射出坚毅的光芒"。这一雄壮的造型，把董存瑞誓歼顽敌的万丈豪情表露得淋漓尽致，使英雄的光辉形象深深地刻在学生的脑海里。实践证明，对于形象思维占优势的儿童来说，生动、直观的模拟性动作，最易触及他们的精神世界，并使其产生积极的情绪体验。教学中除了教师表演，也可让学生表演，特别是教学童话、寓言时，让学生戴上各种动物头饰表演，有助于学生更直观更深刻地理解教材内容。一位教师在教《黄河象》时，就采用让学生表演的方法来促进对课文的理解。他首先让大家选身材高大的同学演老年公象，让比较矮小的同学演一群黄河象。孩子们非常投入，表演得惟妙惟肖。老年公象被疲劳和干渴折磨得有气无力，看到前面有条小河时，就高兴得跑起来，因为在小河边吸水够不着，又往前一步，踩到了椭圆形的石头，因而掉进河里，深深地陷进了淤泥中，紧跟在老年公象后面的其他象吓得四散逃跑，逃跑时的狼狈相惹得同学们捧腹大笑。在笑声中，同学们既理解了课文，又学到了知识。

演示模型也能创设直观情境。一位数学教师在讲授"数学归纳法"时，便是通过演示模型引入归纳法的。一上课，教师演示袋子，从袋子里摸出来的第一个是红玻璃球，第二、三、四、五个均是红玻璃球，问："这个袋子里是否全是红玻璃球？"学生："是。"继续摸，摸出一个白玻璃球，问："是否全是玻璃球？"学生相互争论，高度兴奋（少部分）："是。"再摸，摸出一个乒乓球，（大笑）教师问："是否全是球？"学生："不一定。"小结："这个猜想对不对：若知道袋里的东西是有限的，则迟早可以摸完，当把袋里的东西全摸出来时，当然可以得到一个肯定的结论。但东西的数量是无穷的时候，又怎么办？"（静）"如果我约定，你这一次摸出的是红玻璃球，下一次摸出的也肯定是红玻璃球，那么袋子里是否全是红玻璃球？"学生："是。"……这种直观有助于学生理解数学归纳法的实质。

学生活动所产生的直观情境也有其教学意义。一位数学教师在教行程问题时，发现学生对"同时""不同地""相遇""相遇时间"等概念难以理解，于是组织活动：两队学生分别在操场两边竞走，老师哨子一吹，两人同时从两地对走，这时，让学生理解"同时""相向"的含义。要求两人碰上时停止，告诉学生这是"相遇"。然后让学生们看相遇时谁走的路程多，让学生理解在同一时间内两位同学各自走的距离。活动后，老师再讲授这部分知识时，学生联系活动情景，以活动中获得的感性材料为支柱，进一步分析思考，便掌握了相遇问题的知识。

值得强调的是，教师在设置直观停靠点时，一定要在"停靠"上做文章，要与教学内容紧密相关，直接为教学服务，帮助学生理解课文。

（二）旧知停靠点

学生在学校里学到的不是零散的、片面的知识，而是"提炼浓缩"又"易于消化"的系统的、整体的知识。任何知识都是整体网络上的一个点或一个结，离开了网络，也就丧失了生存的基础。奥苏伯尔强烈反对把有意义的材料以机械的方式来教，就是出于这个原因。知识只有在整体联系中才能真正被理解、被掌握，从而体现其有意义的价值。这也就是说，学生对新知识的学习是以旧知识为基础的，新知要么是在旧知的基础上引申和发展起来的，要么是在旧知的基础上增加新的内容，或由旧知重新组织或转化而成的，所以，旧知是学习新知最直接、最常用的认知停靠点。

奥苏伯尔的研究进一步指出，旧知通过它的可利用性、可辨别性、稳定性和清晰性几个特性（统称为认知结构变量）来具体影响有意义学习的行程和效果。所谓可利用性是指：学生原有认知结构中具有用来对新知识起固定作用的旧知识，没有这种旧知识，新旧知识的相互作用（同化）就失去了落脚点，学习只能是机械的。例如，学生没有"商不变性质""除数是整数的除法法则"等旧知识，对"除数是小数的除法"这一新知识的学习只能是机械的。所谓可辨别性是指：旧知识与新知识之间的可分离程度和差异程度，只有当新旧知识能够清晰地分辨时，学生才可能进行有意义的学习。例如，只有当学生清晰地意识到"除数是小数的除法"与"除数是整数的除法"两者之间的差异时，他们对前者的学习才是有意义的，否则就会导致学习上的负迁移，从而产生机械学习。所谓稳定性和清晰性是指：原有起固定作用的旧知本身的牢固度和清晰度。稳定性为学习新知提供同化的固定点，清晰性则为学习新知提供同化的方位点。显然，如果学生对"除数是整数的除法"这一旧知的掌握是模糊和不牢固的，那么对"除数是小数的除法"这一新知的学习就不可能是有意义的、顺利的。

关于新旧知识的相互作用、相互联系，我们还可以从纵横两个维度进一步剖析：一是理清新知识在知识结构中的纵向联系，分析学生原有认知结构中是否含有同化新知识的制高点（在概括性、抽象性、包容性水平上高于新知识），现在的新知又是后继学习哪些知识的制高点。所谓制高点就是上位观念，新知识是原有观念的下位观念，这样，新旧知识便构成上下位关系，相应的学习便为类属学习。奥苏伯尔认为，这种学习最符合有意义学习的同化机制。为此，他甚至主张，学习者头脑中缺乏上位观念时，可采用先行组织者的教学策略。二是理清知识在知识结构中的横向联系，分析新知与原有认知结构中哪些旧知有横向关联，连接它们的知识纽带是什么。如平行四边形与梯形两者就属于横向联系，而连接两者的知识纽带便是平行线。对于具有横向关联的知识，教师一定要引导学生比较它们之间的相似、相同、差异、不同等意义，这样会帮助学生消除知识间的混淆和矛盾冲突，并使知识间真正相互配合和重新组织，从而融会贯通、触类旁通。

我们认为，创设旧知停靠点，第一要找准旧知。课堂教学中的复习往往被看作例行公事，不得要领的复习不仅浪费课堂时间，而且影响了学生有意义学习的进程。复习一定要有针对性，要准确把握新旧知识的联系，为学习新知找到最直接的旧知。例如，有位教师在教两位数乘多位数时，一开始出示口算题：$12 \times 4 = ?$ $12 \times 30 = ?$ 学生答出 $12 \times 4 = 48$，$12 \times 30 = 360$ 后，又出示 $48 + 360 = ?$ 一名学生回答 $48 + 360 = 408$。教师高兴地说："我们要学的例题，你们已经把结果口算出来了。"学生们很惊喜，情绪格外高昂。然后教师板书：$12 \times 34 = ?$ 问学生："你们看 12×34 与我们口算 12×4，12×30 以及 $48 + 360$ 有什么关系？"学生纷纷议论，最后一致认为：12×4 是求 4 个 12 是多少；12×30 是求 30 个 12 是多少；4 个 12 再加上 30 个 12 恰好是 34 个 12，求 34 个 12 是多少。列成乘法算式是：$12 \times 34 = 408$。这样复习旧知，抓得准，引得妙，旧知过渡到新知直接、自然，从而为学生的有意义学习创造了很好的条件。第二要温故知新。温故的目的是为了知新，但简单地复习已有知识，并不能自然而然地获得新的知识。所以导入新课复习旧知，不能机械地重复，而要从不同角度，增添一些新的"信息"或"问题"，使学生获得新的知识。有意义学习过程就是新旧知识相互作用的过程。每堂课都要合理安排复习已有知识和教学新知识的比重。如果完全复习已有知识，不教学新的知识，学生感到厌倦，就失去了教学的意义；如果全部是教学新的知识，而且教师不是从学生已有知识中引出新的知识，学生便不易接受，也很难进行有意义学习，收不到良好的教学效果。因此，要把复习已有知识和教学新的知识有机结合起来。苏霍姆林斯基说得好："教给学生能借助已有的知识去获取新的知识，这是最高的教学技巧之所在。"

（三）背景停靠点

所谓背景知识是指与教材课文内容相关联的知识的总称。背景知识与新知的关系不如旧知与新知的关系密切、直接，没有必然的逻辑联系，但背景知识同样是学生学习和理解课文的一种重要的认知停靠点。没有必要的背景知识，阅读思考往往无法进行的，背景知识越丰富，阅读理解水平就越高。

课堂教学的背景知识主要包括：

1. 作者介绍

语文教学中的作者介绍往往被作为一种例行的教学程式，泛泛而谈。有意义学习则要求教师利用作者介绍创设教学氛围，将学生引入与教材相吻合的情景中。文如其人，对作者的介绍有助于促进对作品的理解。因为作者要"想写出雄伟的风格，他也就要有雄伟的人格"（歌德）。作者介绍最重要的一点，便是让学生了解作者的人格，从而更好地观照、鉴赏作品的风格。这样不仅有助于促进学生的有意义学习，而且有助于对学生进行品德教育。我们简要举几个例子加以说明。《同志的信任》的作者唐搜是一位自学成才的学者，出身穷苦农家，勉强念了两年初中后辍学，挤时间顽强刻苦自学，终于在新中国成立后成为上海复旦大学等校的文学教授。《筑路》的作者奥斯特洛夫斯基，在全身瘫痪的情况下，以惊人的毅力和坚强的意志创作了《钢铁是怎样炼成的》，塑造的保尔成为广大革命青年学习的榜样。此类例子还有司马迁、曹雪芹、马克·吐温等。这些作者的成长经历和成就都能激发学生的学习热情。《给青年们的一封信》的作者巴甫洛夫，在研究"条件反射"的过程中，经受了无数次失败的考验，终于取得成功，获得诺贝尔奖。他对科学的热爱和他对祖国的热爱是分不开的，他曾说："我愿用全部的生命，从事研究科学，来贡献给生育我栽培我的祖国和人民。"其他如茅以升、竺可桢、高士其、钱学森、华罗庚等，他们对科学的无私奉献精神，可以激发学生的求知欲，树立为国而学的思想。

2. 时代背景

时代背景有助于学生深入理解课文的内在含义。例如，教学《一分试验田》一文，让学生了解1958—1959年那股虚报成绩的风气和影响，才能让学生理解彭老总坚持真理，以实践批判这股歪风的可贵品质。值得强调的是，时代背景的介绍一定要根据具体课文的需要，旨在帮助学生理解课文。它的形式应灵活多样，可以放在开头，也可以放在中间或结尾。如《绿色的办公室》导入新课时，可告诉学生故事发生在十月革命前几个月，由于俄国反动阶级到处搜捕列宁，列宁不得不化装隐蔽在拉兹里夫湖畔继续工作。教《我的伯父鲁迅先生》，则可在讲解"你想，四周黑洞洞的，还不容易碰壁吗"这句话时，再介绍当时社会的黑暗，国民党反动派对革命文艺运动和鲁迅先生的种种迫害。教《凡卡》一文，可在课文分析结束时请学生谈谈：凡卡受了哪些苦？为什么这么小的年纪受那么多苦？通过教师引导——讲解文章时代背景，使学生从领会小凡卡的悲惨学徒生活，看到受尽摧残的旧俄罗斯人民生活的缩影，等等。

3. 历史典故

课堂教学中恰当地引入趣味横生的文学典故、数学史趣闻、科学家轶事等，对促进学生的有意义学习是很有益处的。一位小学语文教师在教学古诗《草》时，通过一则文学故事导入新课。一上课，教师对学生说："今天我们要学习一首古诗，老师先给同学们讲讲这首诗的作者白居易的故事。"教师边板书诗作者白居易边娓娓道来：白居易是唐朝人，他出身贫寒，但从小爱学习，特别喜欢写诗。16岁那年，白居易离开家乡到京都长安后，仍不断写诗。为提高写诗的水平，他到处求名师指点。有一次，他去拜访当时的老诗人顾况。顾况是个爱开玩笑的人，得知眼前这个年轻人叫白居易，他摸着胡须说："哎呀！你这个名字可起得不妙啊。你的名字叫居易。现在长安城里米价昂贵，租屋困难，要想在这里住下来，可不太容易啊。"白居易听了这句话，想想自己到长安后经常愁衣少食，四处借债的情景，深有感触："你说得好，在京都居住可真不容易啊！"顾况见眼前的年轻人谦虚好学，就说："好吧，把你写的诗念给我听听。"白居易开始读诗了。（放录音《草》朗诵）白居易刚读完，顾况便连声赞道："好诗好诗，你能写出这样的好诗，前程无量。居易这名字取得真好哇！"白居易不解地问："老先生，刚才您还说我的名字取得不妙，现在又说我的名字取得好，这不是自相矛盾了吗？"顾况笑着说："刚才不知道你会写诗，所以才说你居住在长安不容易，名字取得不妙。现在看你能写出这么好的诗，所以说你居住长安很容易，名字取得真好。"说完就热情地指点起来。从那以后，白居易更加勤奋，终于成为唐朝三大诗人之一（其他两位是李白和杜甫）。故事讲完后，教师接着说："下面我们就来学习这首诗，看看白居易写的诗到底好在哪里。"教师开始讲解新课，学生兴趣盎然地投入新课的学习。这则故事巧妙地介绍了诗人及诗歌创作的时代背景，既自然地揭示了教学内容，使学生对新课人意有初步的感知，又缩小了时空差，解决了学习古诗由于年代相隔久远而无法产生共鸣感的障碍，让学生轻松、愉快地进入诗人创设的意境中。

一位数学教师在等比数列前 n 项和公式的教学中，也通过一则数学史趣闻引入课题：卡克发明国际象棋后，国王为了嘉奖他的功绩，向他许允要什么给什么，全国金银财宝任他挑，但卡克却提出了这样一个请求：在他发明的国际象棋的方格上放上粮食，第一格一粒，第二格两粒，第三格四粒，……，国际象棋有 64 格，国王听了，觉得轻而易举，令手下一算，结果却大得惊人，全国所有的粮食都不够，若铺在地面上可以把地球表面铺上三厘米厚的一层。令人惊奇的故事情境像磁石吸引了学生的思维，好奇心的驱使，使他们迫不及待地想知道怎样算出的，由此水到渠成为学生引入了等比数列的求和问题，使学生愉快学习。

（四）思想方法停靠点

作为人类的精神财富，任何一门学科不仅是知识，而且具有丰富的思想和方法。从生成的角度来说，学科思想是人们通过学科认识活动对学科知识形成的根本看法或基本观点，是对学科知识上升到理性层次的认识，具有本质性、概括性和指导性（决定性）的意义，是人们学习和运用学科知识过程中思维活动的导航器；学科方法指的是学科研究本身的方法，它是人们学习和运用学科知识的思维策略或模式。可以认为，学科思想是学科思维的"软件"，学科方法是学科思维的"硬件"。就两者关系而言，思想是相应方法的理论依据，方法是相应思想的技术实施。因此，我们可将思想方法看成一个整体概念——对知识的本质反映。它们都基于知识又高于知识，与知识具有不可分割的辩证统一性。学科知识反映和蕴载学科思想方法，学科思想方法又产生和发展学科知识。这便是设置思想方法停靠点的理论依据。由于思想方法高于知识，设置思想方法停靠点，能使学生对知识的理解和掌握是自觉的、高层次的。

小学数学教学中，有一个重要的思想方法：整体由部分组成的思想，即整体可以分割成若干部分，若干部分又可以组成一个整体，整体概念具有相对性等。在小学低年级认识 10 以内的数时，对数进行"分解和组成"；低年级整数加、减法；数学上对概念进行分类；解答应用题；中高年级学习平面图形的面积和立体图形的体积的计算；图形的割拼等等；都要运用这种思想。学生一旦掌握了这种思想，就可以作为停靠点学习相应内容。

语文教学中也常通过创设思想方法停靠点来导入新课。有位教师在教朱自清的散文《绿》时，先讲了一个小故事：欧洲有个叫摩根的商人，长得高大魁梧，他的夫人却小巧玲珑，他们夫妇俩运了一大批鸡蛋到非洲去卖。男的一连三天也卖不出去，他的夫人接过篮子到街上，不多时蛋就卖完了。同学们想想，这是什么原因呢？这引起学生的诸多猜想，但多不得要领。老师便托出谜底：摩根人大手大，鸡蛋在他手中便显得小，他的夫人人小手小，同样一个鸡蛋在她手中就显得大了，所以人们争着买。这就体现了衬托的道理。同学们听了恍然大悟。老师接着说："文学家经过对生活现象的长期观察、体验，有意识地对生活现象进行加工提炼，运用于文学写作，这就是我们常说的衬托手法。同学们看看，《绿》这篇文章在哪些方面使用了衬托手法？这样写表达了作者怎样的思想感情？"笔者曾听一位教师讲《白杨》一文，老师先从课文的写作特点入手，引导学生复习回忆"借物喻人"写法的意义和特点，然后提出问题：这篇文章借什么物，喻什么人？借物的哪些特性，喻人的哪些品格？要求学生带着问题阅读课文。思想方法停靠点同时也是新知识的组织方式，善于创设思想方法停靠点不仅有助于学生的有意义学习，而且有助于知识系统的整体构建。

上面四种停靠点，有的是属于隐形的，有的是属于显形的；有的是属于直接形的，有的是属于间接形的。这里我们要强调的，是没有停靠点的学习只能是机械的学习，停靠点越多，越能促进学生的有意义学习。

二、情感激发点

有意义学习的第二个条件是学生必须具备有意义学习的心向，在课堂教学中，有意义学习心向的激发和培养，可从以下三个方面着手：

1. 教师方面

德国教育家第斯多惠说得好："我们认为，教学的艺术不在于传授的本领，而在于激励、唤醒、鼓舞，而没有兴奋的情绪怎么能激励人，没有主动性怎么能唤醒沉睡的人，没有生气勃勃的神怎么能鼓舞人呢?"[①] 总之，教师必须用自己的情感激励、唤醒、鼓舞学生有意义学习的心向。

教学中教师的情感，首先源于教师对学生真挚无私的神圣之爱。正如有的学者所指出的，从血管里流出来的是血，从山泉里流出来的是水，从一位充满爱心的教师的教学里，涌腾出来的是一股股极大的感染力。它可以使学生产生同样的或与之相联系的情感。相反，"如果照着教学法的指示办事，做得冷冰冰的，干巴巴的，缺乏激昂的热情，那是未必会有什么效果的"（赞科夫）。这是因为"未经人的积极情感强化和加温的知识，将使人变得冷漠"。在教学中，如果教师上课冷漠，那么学生听课也必然冷漠。教师无激情讲课，学生必然无激情听课；教师无真情讲课，学生必然无真情听课。没有激情，课堂教学就像一潭死水；没有真情，师生即使面对面，也犹如背对背。只有激情和真情才会在师生间产生一种互相感染的

---

① 张焕庭. 西方资产阶级教育论著选［M］. 北京：人民教育出版社，1964：377.

效应，从而使教师发出的一切信息都畅通无阻地流向学生心田。

教师的情感还源于对所授学科的热爱。教师对自己所教学科要有兴趣和迷恋，要沉浸陶醉在自己所教的学科中，有兴致、有快感地在该领域游历、探奇。因为正如苏霍姆林斯基所说："学生对知识的兴趣的第一个源泉、第一颗火星，就在于教师对上课时所要讲的教材和要分析的事实所抱的态度。"只有教师是"热爱自己学科的人"，才能"点燃起"学生对自己所教学科"热爱的火花"。值得强调的是，教师对自己所教学科本身的热爱、迷恋、神往，实乃高品位的科学情感。没有这种情感，教师就不可能唤起学生的求知欲，诱发学生进入教材的欲望。

教师的情感还源于教师对教育事业的执著追求，只有把教书育人工作当作事业来追求，而不仅仅当作职业来从事，教师才会全身心地投入教学，就像演员全身心地进入角色一样。正如戏剧大师斯坦尼斯拉夫基所说："当演员来到剧院的时候，他应把个人的不快和隐私都留在剧院门外。因为在剧院里，他整个人是属于艺术的。"课堂教学活动也是一门艺术活动，教师本身也是演员。不管遇到什么情况，教师都必须精力充沛、满腔热情地登上讲台。教师对每节课都应该有神圣感和隆重感——好像自己是第一次来到学生中间，第一次登上讲台。实践证明，教师对课堂教学的全身心投入会极大地调动学生对课堂的心理投入。

总之，教师想教、爱教是学生想学、爱学的前提和关键。教师的情感是激发和培养学生有意义学习心向的最有力的因素。

2. 教材方面

教材知识本身是激发和培养学生有意义学习心向的潜在因素，教师可通过以下两种途径把这种潜在因素转化为现实因素。

第一，把教材知识内容巧妙地转化为具有潜在意义的问题，即设置问题情境。"问题是开启任何一门科学的钥匙。"（巴尔扎克）现代教学论研究指出，从本质上讲，感知不是学习产生的根本原因（尽管学生学习是需要感知的），产生学习的根本原因是问题，没有问题难以诱发和激起求知欲。设置问题情境，能使学生在迫切要求的心理状态下进入学习。

第二，要致力于揭示教材知识的价值。教师可通过列举典型、说明意义，让学生明确课堂所学知识对今后的进一步学习、自己的未来发展以及在实践应用中的价值，使学生产生不学好就会后患无穷的"忧患意识"，从而提高学习的自觉性并增强学习的责任感。

3. 学生方面

学生什么时候更具有意义学习的心向呢？实践证明，当学生感觉到学习不是外在强加的，而是自己选择的结果时，他们就会更乐于参与到课堂教学中。一位语文教师经常在讲授新课前，让学生提出自己感兴趣的问题，然后由学生的问题引入教学。这样，学生就会保持积极主动的学习态度。苏联合作教育学的著名代表人物阿莫纳什维利坚持从儿童的立场出发来设计教学活动，把学生置于自由选择、独立作出决定的教学情境中，并强调指出，这并不是"儿童中心主义"，也不是"自由教育"，而是一种"后方的教育教学策略"，其实质是要使学生在积极的动机作用的基础上接受教育要求所必需的学习——认识任务。当然，要使学生自由选择的学习内容就是教学要求的任务，是他们所必须掌握的知识体系，这需要教师高度娴熟的教学技巧和艺术。

情感激发的目的在于为课堂教学提供良好的情绪背景，学生兴致勃勃甚至兴高采烈，这是教学的最佳精神状态。英国教育家洛克说得好："儿童学习任何事情的最合适的时机是当他们兴致高、心里想做的时候"。①

第三节　有意义学习的实践要点（二）

一、思维展开点

新旧知识的相互同化、相互作用，只能是在学生的思维活动中才能实现。正因为如此，我们才说，有意义学习是一种以思维为核心的理解性学习，没有思维，就谈不上理解。所以，课堂教学一定要引导学生展开充分

① 转引自《福建师大学报·哲学版》1996 年第 4 期。

的思维，这是实现有意义学习的关键所在。但是，应该承认，我们在以往的教学中对"思维展开"重视不够，表现有二：一是以学生认识的特殊性为理由，抹煞知识形成的思维过程。让学生走成功的捷径，直接地消极接受现成的结论，这是导致学生机械学习的一大原因。二是片面夸大教师的主导作用，教师把应由学生独立思考和解决的难点、疑点和关键点全部代替包办了。这种课堂教学活动看似顺顺当当、"平平安安"，学生听起来好像什么都明白，事后却又说不清，一遇到新问题，必然昏昏懵懵，这是导致学生机械学习的另一大原因。

教学中展开学生的思维，主要包括：

第一，引导学生通过展开充分的思维来获得知识，了解结论的来龙去脉。在课堂教学中，教师要努力创设条件和设置各种问题情境，让学生充分参与到学习活动中去，即参与到概念、判断、推理的形成过程，法则、定律、性质的推导过程，问题的解决过程中。展示如何经历学习的全部过程，并对过程的每一环节进行剖析。

一位中学数学教师在教"锥体体积"一课时，是这样一步步引导学生展开思维的：

（1）回想。柱体体积公式的推导思路：①先求一个特殊的柱体——长方体的体积；②再由"等底面积等高的两个柱体的体积相等"推出一般柱体的体积公式。

（2）类比猜想。探求锥体体积公式也可以仿照以上思路，但要着力解决两个问题：①等底面积等高的两个锥体的体积相等；②找一个能求体积的特殊锥体。对②，学生由小学知识很快选用三棱锥；继而，又满怀信心地证明了①的正确性。至此，问题获得"概略性解决"。接着，思维向深层次发展。

（3）如何证明三棱锥的体积公式呢？解决未知的问题，当然要用到已有的知识，用什么呢？启发学生从已有的知识中找到与"锥体体积"关系最密切的知识。自然，学生不难想到柱体体积公式。（至此，引导学生逐渐步入"最近发现区"）那么，又怎样把它用到三棱锥中去呢？

（4）联想。从平面几何中三角形面积的推导方法，获得类比猜想：三棱锥的体积也可用补形法来求，即把三棱锥补成与之同底同高的三棱柱。

（5）思维回归。最终我们要回归三棱锥的体积，辩证地有：直觉猜想，将三棱柱再分割成三个体积相等的三棱锥。

至此，已进入课堂教学高潮，学生纷纷动手动脑，提出了两种分割方案（教材中只有一种）。

这样，在教学中对数学结论发现过程中的思维进展层次进行"模拟"，作出"慢镜头"的剖析，从而使学生对公式是怎么被"发现"的又是如何证明的问题有了切身的感受。

实践证明，这种让学生充分经历学习过程的教学，不仅是学生主动获得真知的过程，而且是学生思维品质和思维能力真正有效地发展的过程。而传统教学让学生死背概念、背性质、背公式，把形成结论的生动过程变成了单调刻板的条文背诵，这样做显然是没有什么好结果的。

第二，暴露学生学习过程中的困难、障碍、错误和疑问。一般说来，学生在独立学习的过程中必然要遇到各种各样的疑难，它们既是学习的障碍，又是学习的动力。古人云："学贵知疑，小疑获小进，大疑获大进。"但是，对于这些疑难的解答，教师不能越俎代庖，简单地把结论告诉学生，而应该引导学生自己分析、自己解决。一位教师在教学《将相和》一文时，有些学生碰到了问题：蔺相如是个勇敢的人，对秦王都敢以死相逼，为什么对廉颇避而不见，怕得"像老鼠见了猫似的"，他是不是有什么把柄在廉颇手里？教师没有正面释难，而是作了巧妙的疏导："这个问题，先不要任意猜想，最好请蔺相如自己来回答，课文中有这样的内容吗？"于是学生找出了蔺相如与手下人的一段谈话，仔细默读思考后纷纷说："蔺相如避廉颇是为了赵国的利益，而不是怕他。""要说'怕'也可以，不过蔺相如'怕'的不是廉颇，'怕'的是将相不团结，危害国家利益。"学生经过自己的阅读思考，不仅加深了对课文的理解，而且懂得了结合上下文读懂课文的重要方法。值得强调的是，学生学习过程中的有些疑难带有很强的主观性，也是深层次的，常常连学生自己也说不清楚。这就要求教师想学生所想，设身处地探明学生疑在哪里，然后在课堂上巧妙地把它们"挖"出来，暴露出来，加以研究和解决。这不仅对帮助学生解决当时的疑难有积极意义，对培养学生的思维能力也有深远影响。如一位教师在教用量角器画角时，首先让学生用量角器量出几个角，重温用量角器量角的关键。然后让学生根据量角的关键，动手用量角器试画了一个角（和上述最后量的一角的度数相同）。这里教师先从旧知——量角开始引导，然后让学生进行发散性思维，发表意见。一个学生说："我觉得量角时强调的是量角器的中心和角的顶点重合，同时使零度刻度线与角的一边重合，在画角时也要做到这'两个同时重合'。"另一个学生说："我发现量角实际是把画在纸上的角搬到量角器上，画角时反过来，要把量角器上的角搬到纸上。可是角的一边画好后，另一边总是搬不准。"又一个学生深有同感："搬另一条边时，我试了好几遍，总是搬不准。"至此学生的疑难暴露无遗，最后，教师做了"两点确定一条直线位置"的点拨，学生恍然大悟。

我们认为，学生的学习和科学家的探索在本质上是一样的，都是一个发现矛盾、分析矛盾、解决矛盾的过程。这个过程必然要遇到各种各样的疑难、困难和障碍。一些优秀教师甚至主张，即使新旧知识的相互同化是可以顺畅进行的，教师也应该"人为"地设置一点"障碍"，使学生在获取新知识时，出现一点"问题"，从而把问题真正弄清楚。如一位教师在教学勾股定理这一节后，为了使学生深刻理解勾股理定理用于解决直角三角形的问题，设计了这样一道习题：

教师（板书）：已知△ABC 三边长为 a、b、c，其中 $a^2 = 36$，$b^2 = 64$，求 c 边 ＝？

学生解答，根据勾股定理：

$c^2 = a^2 + b^2 = 36 + 64 = 100$

故 $c = 10$。（这部分学生失误了）

老师说：请同学们再审一下已知条件。

学生思考后省悟了：此三角形不一定是直角三角形，不能用勾股定理确定 $c = 10$。

老师接着说：如果增加"直角三角形"这个条件呢？

学生答：当然 $c = 10$（学生又再次失误了）

老师问：∠C 一定是直角吗？

学生经过思考又一次省悟了：如果∠C 为直角，则 $c = \sqrt{a^2 + b^2} = \sqrt{36 + 64} = 10$；如果∠B 为直角，则 $c = \sqrt{b^2 - a^2} = \sqrt{64 - 36} = 2\sqrt{7}$。

这时，仍有少数学生回答：还有∠A 可为直角嘛！（这些学生再一次失误了）不过，另一部分学生立即提出：

$\because a < b$

$\therefore \angle A < \angle B$，

根据三角形内角和定理推断：$\angle A \neq 90°$。

故∠A 不可能为直角。

通过这道题目的练习，学生的思维得到培养，容易出现的错误被挖掘出来，并得到及时的纠正。

总之，教师一定要让学生有机会暴露自己在思维过程中碰到的各种疑问、困难、障碍，同时给予时间加以解决，切不可贪图方便，以讲解乃至直接的灌输代替了引导和启迪，否则会导致学生以听讲代替思维，结果听起来什么都明白，事后自己做却什么都不明白。

第三，寻找学生思维的闪光点（创造性思维的火花）。学生在展开充分的独立的思考过程中，常常能提出许多创造性的见解，这些见解如能得到及时的赞扬和鼓励，学生就会感受到莫大的成功感和自豪感，这些积极情感反过来又会增强学生的自我意识和自信心，从而进一步激发他们的创造性。从这个角度来说，展开思维实际上也就是提供给学生自我探索、自我思考、自我创造、自我表现和自我实现的机会，充分展现学生的聪明才智，并把将其转化为班集体的智慧。一位数学教师在讲完分数应用题之后，出示以下思考题：

> 学生们参加野营活动。一名学生到负责后勤的老师那里去领碗，老师问他领多少，他说领 55 个。又问："多少人吃饭？"他说："一人一个饭碗，两人一个菜碗，三人一个汤碗。"算一算，吃饭的是多少人？

课上，大部分学生都用分数除法列式解答：

"$55 \div \left(1 + \dfrac{1}{2} + \dfrac{1}{3}\right)$。"

但有一位学生站起来说："我还有一种解法：$6 \times (55 \div 11) = 30$。"顿时，全班学生哗然，惊奇地睁大双眼等待老师评断。这时，老师不急于让这位学生讲算理，而是让学生展开讨论，待大部分学生认为这样列式有一定的道理时，老师再请那位学生讲一讲是怎样想的，为什么算得这么快。他说："假若 6 个人一桌，5 桌就是 30 人。"他的回答乍听起来有些莫名其妙，其实，他的思维是跳跃的、简约的，有不少过程被"跳"过去了。于是，老师说："你能不能讲得详细些？"他想了想，说："我想起了上学期春游时，同学们一堆堆围坐在·起野餐的情景。我想，1、2、3 的最小公倍数是 6，假定 6 人一桌，那么，每桌就需要 6 个饭碗、3 个菜碗、2 个汤碗，合起来共 11 个碗。然后求出 55 个碗里有几个 11 即几桌，也就是有几个 6，最后，只要用每桌人数乘以桌数就可以了。"

全班学生因此受到启发，思维闸门打开了，思路开阔了，他们接着得出了许多种解法。教师笑了，他既看到了那位学生凭借切身体验和对数量关系的领悟，思维产生了跃进，具有一定的创新精神；又看到了全班学生经过对这道思考题的练习，人人都得到了一次极好的思维训练，由衷地感到欣慰。

课堂教学中除展开学生的思维，还要展开教材的思维。我们知道，教材的编写受到书面形式等的限制，总有一定的局限性。这种局限性突出表现在：当教材以定型化、规范化的形式把学科知识内容固定下来时，它必然省略了隐含在其中的丰富的思维过程，这就带来一个矛盾，即内容上包含着深刻的思维和丰富的智慧，而形式上是简单、呆板、现成的结论和论证，也就是说，以书本（教材）形式出现的知识，它的思维和智力价值是潜在的。这就要求教师在传授教材知识内容时，不能只停留在对教材表面的结论和说明的表述上，而要深入挖掘和揭示这些表面结论和说明的产生与形成的思维过程，并在教学中引导学生的思维深入到知识的发现或再发现的过程中去。如数学公式是怎样被提出来的，又是怎样加以证明的；语文课文的中心思想，作者是怎样体现的，为什么要选择这些材料来表达中心思想，作者在课文中为什么要用这个词，而不用其他同义词？这些在教材中往往不容易直接看到，但又常常是创造性思维的典范，是学生最需吸收的精神养料。

如一位语文教师教《梅雨潭》一课时，对"瀑布从上面冲下，仿佛已被扯成大小的几绺儿，不再是一幅整齐而平滑的布"中的"扯"字，引导学生讨论，让学生懂得作者用"扯"字的匠心：这里的"扯"字用来描写水从上而下，撞击在岩面的石头上，被分成了几绺的情景。这个"扯"字用得极为准确传神，与"绺"搭配用以体现瀑布冲泻下来的巨大力量，极形象地表现了瀑布被山岩石块分割后的壮观景象。显然，只有展开作者这一潜在的思维过程，学生才能理解并欣赏作者用词的匠心。有人说，阅读是读者和作者一起去思考。阅读教学要求教师善于引导学生理解作者并和作者一起思考，在具体的语言环境中领悟关键字词句的含义和文句的言外之意。如《孔乙己》最后一句"大约孔乙己的确死了"，"大约"和"的确"词意矛盾，要引导学生理解这两个词的隐含意义。像孔乙己这样身份低微的人，死于何时何地何因，无人关心，无人知晓，所以说"大约"死了。又从他最后一次来酒店的情形和掌柜后来不再提起他，"我"也没有看见他，推断他"的确"死了。特别是因他欠十九个钱，而唯一记住他的掌柜最后一次把记帐的粉板取下，把他的名字擦掉后再也不提起他，更是表明这个无足轻重的人物已经消失，文句的言外之意无穷。这样理解，"大约"和"的确"不仅不矛盾，而且合情合理，耐人寻味。

数学教学不仅要展示教材中省略了的思维过程，还要立足教材，适度再现和引入数学家思维活动的过程，让学生"追踪"当年数学家的思路，重复当年数学家发现的过程体验，把"发现过程中的数学"返璞归真地交给学生。

例如，"函数"概念是中学数学重要内容之一，追溯起来，原始的函数概念几乎与数学自身同时产生，为此，一位教师曾以"函数定义的历史发展"为题来组织材料，现将其主要内容述之如下：

1692年，莱布尼兹首次使用"function"一词，指出"象曲线上点的横坐标、纵坐标、切线的长度等，所有与曲线上的点有关的量，即称为函数"。

1718 年，丁·贝努里的函数定义："由变量 x 和常数所成的式子，叫做 x 的函数。"

1734 年，欧拉首次使用函数记号 $f_{(x)}$，f 即 function 的第一个字母。

1748 年，欧拉的函数定义："函数是指某种可随意描画的曲线。"

1755 年，欧拉又给出定义："如果某个量以这样一种方式依赖于另一些变量，即当后面这些变量变化时，前面一些变量也跟着发生变化，则称前面的那些变量是后面这些变量的函数。"

1834 年，罗巴切夫斯基的函数定义："x 的函数是由每个 x 所决定，且随 x 而不断变化，函数值可用解析表达式给定，也可用法则给定，这个条件提供了一种全部对应值的寻求方法，函数的这种依赖关系可以存在但仍然是未知的。"

1837 年，狄里克莱的函数定义："如果对于 x 的每一个值，y 总有完全确定的值与之对应，则称 y 是 x 的函数。"

1934—1936 年，索伯列夫引入了广义函数，由是，函数的定义摆脱了"数集"的约束，而拓宽为一般元素集合到一般元素集合的一种对应关系了，即中学课本上所使用的映射定义。（不过，中学的函数概念是狭义的，即数集之对应）

据此，引导学生力所能及地"追踪"函数概念的修正、扩展、形成过程，其中，每一次修正的内容，又正是师生在理解函数概念时常感模糊不清的问题。这样，不仅有助于学生了解函数概念的来龙去脉，而且有利于打消学生对"科学发现"的神秘感，缩短学生与科学家的心理距离；又为学生构建了能登上"科学巨人肩膀"的"脚手架"，使其体验到登上"科学巨人肩膀"后的快慰；还有利于学生以辩证唯物史观来正确认识数学科学。

值得强调的是，展开教材的思维过程一定要选好"点"。一般来说，教材的重点、难点和关键点，容易混淆的知识点，容易出现错误的知识点，有助于智能开发的知识点，是思维的展开点。以数学概念教学为例，概念所反映对象的范围，概念定义中的关键词语，概念定义中词语的严密性，概念的语言表达方法，概念中的"特例"与"一般"，概念间的相互联系等等，应是思维的展开点。教师只有引导学生在这些地方展开充分的思维，学生才能真正理解概念，掌握概念。以阅读教学为例，思想的展开点有：教材的重点（教材重点往往是文章重点，又是训练重点，于此处设置展开点，要求教师不仅要准确地理解课文，而且要紧扣教学目的，巧妙地处理教材），结构的纽结点（结构的纽结点往往是承前启后的段落，于这些地方设置展开点，可收到牵一发而动全篇的效果），文章的点睛点（文章的点睛之笔往往有统率全篇的艺术功用，于点睛处设置展开点，有助于把握意旨，理解主题），作者的动情点（动情点就是作者感情的爆发点，情与景的焊接点，同时也是意境的落脚点，于动情点处设置展开点，有助于准确把握作者的感情脉络，体会作者的一腔真情）。此外，教材中的疑难点、模糊点、含蓄点等，同样是思维的展开点。

一般来说，在实际的教学活动中，广大教师知道要展开思维，但由于对教材理解的深刻性、准确性、全面性不够，从而在选择展开点时，出现定位不准的情况。以阅读教学为例，定位不准具体表现在：（1）盲目定点，无的放矢。如教《囚歌》第一、二行："为人进出的门紧锁着/为狗爬出的洞敞开着。"有的教师把点定在"进"和"爬"字上，而不是根据诗的主题来展开"人""狗""紧锁""敞开"关键词。问其原因，答曰："'进出'与'爬出'意思不相同，要比较。"仅从字面，不从文理，仅从教学内容，不从教学目标来确定，是这一失误的症结所在。（2）满地开花，无处着果。如教《黄河象》"失足落水"一段，把"踩""陷""踏""收""侧""栽"等十多个动词提出来，一一换词比较，结果面面俱到，却无一处深入。其实，这里众多词语都是由"陷"字来统领的，可以此为突破口，深掘一处，涉及多面。（3）表面所惑，咬嚼错位。如教《花潮》，不少教师认为，课文先写花，再写看花，应抓住"花"字来体会全文，从而忽视了全篇的文眼"潮"，因为课文尽管写花，其目的是赞扬"春光""盛世"，由此可知课文写花潮、人潮，是为了突出春潮，抓"潮"字品味更深刻。更多的情况是，点抓准了，却没有展开。如常听一些教师说："请同学们注意这个词！"这个词用得好不好？怎么注意？好在哪里？不加分析，只咬不嚼，徒劳无益。有的则是展开不力：如教《宿建德江》，抓住了"愁"字，提问：诗人为什么产生忧愁？接着却简单处理，学生回答是因为作者一个人在野外停船露宿，便算完事，没按层次一步步引导学生玩味；一是时令（日暮）使人愁，二是环境（烟渚）使人愁，三是景物（与月孤对）使人愁，四是处境（远离家乡）使人愁。

最后，展开思维必然也包括展开教师自己的思维。其一是展开教师独立钻研教材和分析、解决问题的过程，使学生不仅理解讲授的内容，也掌握教师讲授的思路以及分析问题、解决问题的方法和途径。其二是展现教师的真知灼见，使学生得到远比教材多得多的东西。遗憾的是，现在不少教师既缺乏独立钻研和批判创新的精神，也缺乏像蚕、蜂"食桑而吐丝""采花而酿蜜"的韧劲，这样的教学无异于录像重播，根本就谈不上什么思维。

就教师思维、教材思维、学生思维三者的关系而言，教师思维是关键，缺乏智慧的教师无法展开教材和学生的思维，教材思维是凭借和手段，是学生思维发展的主要源泉；学生思维是出发点和归宿，教师思维和教材思维都是为学生思维服务的。在实际教学活动中，教师思维、教材思维、学生思维三者往往相互交叉、相互包含，三者融为一体时，课堂教学的思维场最强烈，思维活动和水平就达到了最高境界。

二、心灵交流点

有意义学习过程"是一个涉及教师和学生在理性和情绪两方面的动态的人际过程"，为此，教师不仅要在认识上引导学生展开充分的思维，而且要在情感上与学生不断进行心与心的交流。师生之间只有保持心灵上的交流，才能创设和谐、祥和、友爱和宽松的课堂气氛，从而使学生处于无拘无束、心情舒畅和振奋的心理状态中。实际上，也只有在这种心理状态中，学生的思维活动才能真正充分地、深刻地、创造性地展开。

（一）心灵交流的前提——理解学生

鲁迅先生对于儿童的教育曾说："开宗第一，便是理解。"只有理解，才能洞悉儿童的内心世界，从而才有心灵上的交流。常言说：心细如针。理解学生，洞悉其内心世界，常常"于细微处见功夫"。一位小学生曾给报社写信说，她上课最喜欢老师提问，又最害怕老师提问。喜欢老师提问是因为每个孩子都有强烈的表现欲。为什么又害怕呢？原来，她一旦回答卡了壳，教师便很不高兴地让她坐下，使她感到非常难堪。这位小学生的心里话，反映了学校教学中普遍存在的现象。一些教师在让学生回答问题时，只要学生稍一卡壳，或者没有按照教师的思路，就会被强制坐下，接着由其他学生回答，直到教师满意为止。这种做法从表面上看无可非议，既节省了时间，又使得课堂教学能顺利进行。可是，只要站到学生的角度来设身处地感受，便会发现，教师这种不经意的行为带给学生的是心灵的伤害。而学生一旦感到自己受到了伤害，尤其是在同学面前，便会觉得抬不起头来，从而情绪低落，影响学习。

理解是连接师生心灵的桥梁，教师要下工夫深入了解"每个学生的精神世界和他特有的个人品质"，爱护、细心、周到地关注学生的兴趣、爱好和需求，使教学能真正深入到儿童的心坎里去。

（二）心灵交流的原则——真实、接受、理解

1. 真实

真实也称"表里一致"或"真诚"，意指师生之间坦诚如实，彼此都尽情地表露瞬间的感情和态度，美国心理学家曾调查指出，学生们对教师评价最高的性格品质是"真诚"。实践证明，一个教师若能真诚地对待学生，坦率地表达自己的真实思想、情感，真诚地承认自己的缺点和不足，做到言行一致，表里如一，学生就会向教师敞开心灵的大门，愿和教师保持心心相印的关系，向教师说出自己真实的思想和感受。师生之间这种真诚相待是彼此进行多方面、深层次的心灵沟通和交流的基础。

2. 接受

接受也称"信任"和"奖赏"，意指师生之间无条件地喜欢或珍视对方表露出来的真情实意，特别是教师，对学生表露出来的任何感情，不管是令人满意的，还是使人不快的，都应表示善意。我们认为，接受的实质是尊重和宽容。教师不仅要尊重每个学生，欣赏每个学生的存在及其优点；还要宽容每个学生的缺点、短处和错误，维护他们各自独特的生活方式和处世态度。教学实践证明，学生感到自己被教师尊重、欣赏、接纳时，就会全心全意地与教师配合。

3. 理解

这里的所谓理解是设身处地，从他人的角度来理解他人，它要求教师从学生的角度和立场理解学生的思想、情感以及对客观事物的态度，体验学生的感受。人本主义心理学家罗杰斯称这种理解为"移情性理解"并指出，这种理解是促进学生有意义学习的一种理性深层的、自发的、经验的心理因素。理解是心灵交流的核心，唯有理解，将心比心，才能有真正的交流。

（三）心灵交流的方式——语言、动作、眼神

1. 语言

言为心声，不同的语言表达不同的思想感情，教师应该善于用语言与学生进行心灵交流。如请学生回答问题时，应该用鼓励性、期望性的语言；学生回答正确时，应该用肯定性、赞扬性的语言；学生回答不对时，应该用谅解性、引导性的语言。这样的语言就比较容易产生心灵上的共鸣。著名的语文特级教师钱梦龙特别善于利用赞美语言和委婉语言与学生进行交流。"说得好""说得很有道理"是他在课堂上常赞美学生的话。但课堂上也有学生的发言说错了，说不到要害处，说不清楚的，遇到这种情况，钱老师也格外重视。他从不漠然置之，而总是想方设法减轻学生因发言不好而带来的心理压力，不使学生感到难堪，而要使学生继续保持愉快的心境。他很有耐心地让学生把话讲完，有的学生因为发言中停顿，不想再说什么了，钱老师却在耐心地等待他继续讲，于是学生努力思考并讲下去。有的学生思考有结果，但语言表达不清楚，钱老师就把学生表达不清楚的意思给他（她）表达清楚，并问学生："你是这个意思吗？"学生回答"是"，钱老师说："这就对了。"有的学生发言说得清楚，但说错了，钱老师总是用这样一句话："你说的有个地方要纠正一下。"用这样很委婉的话，既表达了"说错了"的意思，又不伤害学生的自尊心和积极性，还包含有鼓励学生的感情。即使学生的意思全部错了，钱老师还是说："你说的有个地方要纠正一下。"他运用委婉语言的艺术，既把学生的思维引向正确的方向，又可以起到良好的安慰、鼓励学生的作用。

2. 动作

"情动于中而形于外"。一个人的感情往往有意无意地通过外部的表情动作而流露出来。教师应有意识地借助表情动作表达对学生的情感，达到与学生心灵交流的目的，如赞许的点头、会心的微笑、亲切的抚摸、赞美的手势等都可表达教师对学生的爱心，使学生有被重视感和被关怀感。这里要特别强调微笑的价值。微笑是最能表情达意的面部表情动作，能表达友好态度，使学生感到轻松。借助微笑可以表达出教师对学生的积极态度，发自内心的微笑意味着："我喜欢你们""对你们的回答我很感兴趣""和你们在一起我很愉快"以及"我相信你们也会喜欢我"。相反，如果一个教师不懂得微笑，那么学生可能会认为这个教师对他们并无好感，或者认为这个教师冷漠无情，不好接近。如此，师生心灵交流也就不可能发生了。

3. 眼神

眼睛是心灵的窗户。"眼睛会说话"，就是指不用有声语言时，眼神也能传递情感和意向。从有意义学习的角度来说，课堂教学中的眼神交流要求教师积极地关注班上的每个学生，教师讲课时，眼睛应该与学生保持对流，使连坐在角落的学生都能感受到："老师看见我了，老师在跟我点头呢！"请同学起来回答时，教师更应全神贯注、亲切地注视着他（她）。有些教师讲课时，眼睛往往只看着他最得意的几个学生而忽视其他学生，使这些学生感到受了冷落；还有些教师往往只习惯看着前排的学生，不注意看后排或角落的学生，使这些学生产生了自己不受重视的感觉。

师生之间心灵交流的最高境界是"以心换心，以爱换爱"。

实际上，教学中的心灵交流除了师生，更多的还是教师、学生与作者（编者）以及文章中人物之间心灵撞击所产生的情感共鸣。当然，这里的关键依然是教师。教师要善于把握教材中的情感因素，并把它转化为自己的真情实感，从而做到像列夫·托尔斯泰所说的那样，"把自己体验过的感情传达给别人，使别人也为这些感染，也体验到这些。"一次，一位语文教师教《凡卡》一文时，讲到凡卡给爷爷投出求助信后，满怀希望进入了幸福的美梦之中，然而这位天真的孩子不知道爷爷是收不到这封信的，因为他连地址也没写上。即使收到了，这位穷苦的守夜人也不可能让凡卡跳出火坑。对于这位九岁的孩子来说，属于他的幸福只有在梦中！讲到这儿，这位教师再也控制不住自己，眼泪涌了出来，甚至无法讲下去，全班学生在寂静中伴坐了很久，连平时管不住自己的学生，也在这无意创设的情景中被无声的语言"管住了"。教师入境入情，带来了学生的心动情发，起到了见作者之所见、思作者之所思、与作者的情感产生心灵共鸣的作用。可见，在语文教学中，教师的入情往往能唤起儿童的注意，打开儿童心灵的闸门，激起他们"对善良美好事物的钦佩的感情和对邪恶势力的不可容忍的态度"。

那么，如何选定教材中的心灵交流点呢？我们认为，作者的动情点，既是思维展开点，又是心灵交流点。如一位教师在引导学生学习《刘胡兰》一文中"刘胡兰光荣地牺牲了，那年她才15岁"这句话时，曾出示两个句子：

（1）那年她15岁。（2）那年她才15岁。

老师问学生："为什么作者要用有'才'的这个句子？"

学生纷纷发言："用了'才'字，说明刘胡兰牺牲时年纪很小，只有15岁。""刘胡兰那么小就牺牲了，她不怕死，真勇敢。""这个句子可以看出'有志不在年高'，还可以看出敌人很凶残，连十多岁的小孩也不放过。"

老师进一步问："你们读到这句话时，心里有什么感受呢？"

有的学生说："我感到惋惜，心情很沉痛。"有的学生说："我敬佩刘胡兰。"还有的学生说："我感到愤恨，敌人太凶残了。"

这样的教学也就把思维展开和心灵交流和谐地统一起来了。《手术台就是阵地》这篇课文最后写道："白求恩就这样连续工作了69个小时。"如果教师将这句话匆匆放过，学生将一无所获。如果教师引导学生推算并想象："这69个小时究竟有多长？换算成我们上课的时间、看电影的时间、父母工作的时间，合多少节课、多少场电影、多少个工作日？这69个小时白求恩做了些什么？又是在什么环境下做的？"通过换算、想象，使学生对白求恩工作时间之长、之苦产生巨大的惊异感，并迅速上升为对白求恩的敬佩感，从而使教学进入了学生心灵的领域。

从教学艺术的角度来说，思维展开点和心灵交流点的结合点便是课堂教学的高潮点，此时，学生的感知、想象、思维等心理过程异常活跃，并达到协调状态，产生了一种既轻松自由、又深沉凝重的审美体验。教学高潮带来的愉悦，不是纯粹视觉、听觉等生理上的快感，而是精神上、智力上实现希望得到满足的高层次的快乐，是自我实现的激动人心的时刻。

与心灵交流相对立的是"心灵施暴"或"心理虐待"。施暴和虐待有的是有形的，有的则是无形的。所谓有形的是指教师直接用语言、手势、强烈的脸部表情等，来嘲笑、侮辱学生，使之受到伤害，既然是有形的，自然可以捕捉。而无形的则更可怕、更隐蔽。国外有的心理学家称之为"看不见的灾难"。其主要形式有：①支配。教师在教学中不尊重学生的独立人格，随意支配、吆喝学生，从而使学生的自尊心、自信心受到伤害，心理得不到健康的发展，甚至生理发育也会受到阻碍。②冷漠。教师对学生缺乏热情，不为学生的成绩和进步而高兴，也不为学生的失败而难过。学生感到与教师形同路人，这种陌生感大大减低了学生的学习热情和乐趣。③贬低。这是一种糟糕透顶的心灵施暴，它大大地抹煞了学生的存在价值。对于性格外向的学生，这是尤其残酷的打击。

心灵施暴和心理虐待使得传授知识和发展智力这一工作变得毫无意义。因为知识和智慧一旦与人格脱节，其后果是不堪设想的。正因为如此，我们才特别强调情感激发和心灵交流在有意义学习中的重要性，这是实现知识、智慧、人格和谐统一发展的关键。

可以说，认知停靠点解决了学会的问题，情感激发点解决了想学的问题，思维展开点解决了会学的问题；心灵交流点解决了乐学的问题。所以，有意义学习是一种真正发展人的学习。这是我们多年的实践探索得出的基本结论。

第四章

走在发展前面的教学

学生发展是教育教学的宗旨、目的和归宿，教学与发展因此成为教育教学的一个永恒主题。究竟什么样的教学能够有效地促进学生的发展？本主题在介绍相关理论的基础上，着重阐述我们近 20 年的实践成果和研究心得。我们的基本认识是，只有走在发展前面，并能够有效地促进学生发展的教学，才是优秀的教学、卓越的教学。

第一节　发展性教学的理论

历史上，对"教学与发展"问题的认识和讨论可以追溯至形式教育论和实质教育论。"形式教育"和"实质教育"是外国教育史上两种相对立的教学理论。总的说来，前者认为教学的任务重在发展学生的智力，后者认为教学的任务重在向学生传授实际知识。两者在知识教学与能力发展两方面各执一端，都有片面性。一般认为，形式教育论作为一种学说，是在 17 世纪后才出现的，实质教育论则出现得更晚些。19 世纪上半期，形式教育论和实质教育论进行过极为激烈的争论。

形式教育论的先驱、英国教育家洛克（1632—1704）认为，学习的根本目的"是增进人的活动与能力，而不是扩大心的所有物"。他说："要使所有的人都成为深奥的数学家，并无必要，我只认为研究数学一定会使人心获得推理的方法，当他们有机会时，就会把推理的方法移用到知识的其他部分去。"这一论点被奉为形式教育的圭臬。

一般认为，形式教育的哲学认识论基础是唯理论，它的心理学基础是官能心理学。其主要观点有：

第一，教育的任务在于训练心灵的官能。身体上的各种器官，只有用操练才能使他们发展起来；心智的能力，也只有用练习使它们发展起来。因此，教学的主要任务就是发现那些能够最有效地训练学生各种官能的心智练习。

第二，教育应该以形式为目的。在教育中灌输知识远不如训练官能来得重要。学生受教育的时间是有限的，不可能把所有的知识都灌输给他们。如果他们的官能由于训练而发展了，任何知识随时都可以去吸收。所以知识的掌握在教育上是次要的，重要的是能力的发展。知识的价值在于作为训练的材料，就是学习的东西被遗忘了，却仍留有一种永久的、更有价值的效果。

第三，学习的迁移是心灵官能得到训练而自动产生的结果。形式教育论是一种早期的学习迁移理论。认为通过一定的训练，使心灵的官能或某种官能得到发展，就能转移到其他学习上去。学生学习拉丁文、希腊文和数学，会对学习其他的课程有很大的好处。

实质教育论的著名代表人物、英国教育家斯宾塞（1820—1903）认为，真正的教育目的与任务应该在实际需要的基础上，使教育为人的完善生活做准备。

一般认为，实质教育论的哲学认识论基础是经验论，它的心理学基础是联想心理学。其主要观点有：

第一，教育在于提供适当的观念来建设心灵。心灵在初生时一无所有。心灵的官能不是现成存在的；心灵有赖于观念的联合，它是经验的产物。因此，主要的任务就是以观念充实心灵的内容。

第二，教育应该以实质为目的。建设心灵的原料是各种观念。因此，教育不在于重视课程和教材的训练作用，或知识教学促进学生能力发展的作用，而是重视课程、教材的具体内容本身及其实用价值，使学生获得丰富的知识。

第三，必须重视课程和教材的组织。心灵要靠观念的联合以组成概念和范畴。课程和教材的组织和程序，直接影响心灵的组织和程序。①

被誉为"德国教师的教师"的第斯多惠（1790—1866），受裴斯泰洛齐、赫尔巴特等人提出并强调的教学心理学化观点的影响，在教育史上首次明确提出"发展性的教学"这一概念。所谓"发展"，就是在教学中让儿童的自然本性得以符合自然规律的发展，即注重在教学过程中发展儿童的心智。他把心智理解为思维、意志与性格的全面心理发展的内容。他提出，发展性的教学不仅要发展学生的能力，同时也要培养他们具有坚定的信念、崇高的道德情感、坚强的性格，形成他们的整个个性。"任何真正的教学不仅是提供知识，而且是予学生以教育。"

不仅如此，第斯多惠在教育史上第一次比较全面和令人信服地论述了形式教育与实质教育的关系问题。他首先认为教学的形式目的和实质目的并不是彼此排斥的，在通常的情况下，往往要求努力达到这两种目的。所以形式教育和实质教育应该是统一的。他正确地提示了掌握知识和发展能力的关系。他写道："一般的精神能力是不存在的；精神能力只有在研究一定的教材中产生出来。正因为如此，为了发展心智，必须有一定数量的各种各样的材料。这种材料必须能掌握住。……没有教材的形式教育是不存在的。"知识必须和技能联系起来，"如果学生的头脑充满了或多或少的知识而没有学会去运用，那是可悲的现象"。

然而，尽管第斯多惠强调教学的形式目的和实质目的应是统一的，但他又认为，在"两个目的之中毕竟只有一个始终是比较重要、高级，因而应当占优势和统治的地位。在教育少年学习时，特别是小学教学时，显然应当是形式的目的"。在第斯多惠看来，学生年龄愈小，心智愈不成熟，必须对他的能力加以发展的意义也愈大。只有在较高级的学校中，由于学生已经获得加强能力的基础教育，实质的目的才逐渐占优势。因此，他强

---

① 中国大百科全书总编辑委员会《教育》编辑委员会．中国大百科全书（教育）[M]．北京：中国大百科全书出版社，1985：330，430．

调指出："一切学校教学的发展性的（锻炼性的）目的永远也不应忽视"，"我们深信教学的最高目的，不是广度的实质的目的，而是深度的形式的目的"。由此可见，第斯多惠对通过教学发展学生的能力是多么的重视![1]

那么，教学是怎样促进学生的发展的？什么样的教学最能促进学生的发展？在教育史上，对这个问题进行比较系统的理论研究和实验研究的是苏联心理学家维果茨基和教育学家赞科夫。

苏联著名心理学家维果茨基（1896—1934）就教学与发展问题，提出了"最近发展区"之说，即儿童发展可能性的思想，以及"教学应当走在发展的前面"的论断。到19世纪末和20世纪初，出现了一些心理学学说，各自以这样或那样的观点阐述了教学与发展的关系问题。维果茨基概括了当时一些著名心理学家提出的原理以及在教育界广泛流传的观念，指出在教学与发展的关系方面有三种观点。他写道："第一种，也是至今在我们这里最为流行的观点，……是把教学与发展看作两种互不依赖的过程……。教学……似乎是架设在成熟上面的，……教学被理解为纯粹从外部利用发展过程中所出现的可能性。"持第二种观点的作者们"把教学与发展混为一谈，把两种过程等同起来"（詹姆斯、桑代克）。第三种理论（考夫卡等人）把上述两种观点结合起来，但是又以某种全新的东西补充它们："……教学不仅可以跟在发展的后面走，不仅可以和发展齐步并进，而且可以走在发展的前面，推动发展前进，并在它里面引起新的构成物。"[2] 维果茨基在对儿童的智力发展进行实验研究的过程中发现，通常儿童具有两种水平的发展，一是儿童现有的发展水平，它表现为儿童现在就能够独立完成教师或成人所提出的智力任务。另一种水平就是所谓的"最近发展区"，即指那些尚处于形成状态、正在进行的发展水平，这一水平表现为：儿童还不能独立地解决智力任务，但在教师的启发、帮助下，在集体活动中，通过模仿，经过一番努力，就能够解决某些智力任务。

维果茨基强调，教学与其说是依靠已经成熟了的机能，不如说是依靠

---

① 王天一，等．外国教育史（上）［M］．北京：北京师范大学出版社，1984：第5章第5节．

② 赞科夫．教学与发展［M］．杜殿坤，等译．北京：文化教育出版社，1980：13．

那些正在成熟的机能，才能推动发展前进。教学创造最近发展区，然后最近发展区则转化到现有发展水平的范围之中。维果茨基这样总结了他的关于教学与发展问题的思想：只有当教学走在发展前面的时候，这才是好的教学。"教育学不应当以儿童发展的昨天，而应当以儿童发展的明天作为方向。"① 由此可见，维果茨基已经非常接近对教学与发展的问题做出这样的教育学解释，这种解释的一个关键问题就是：在什么样的教学论体系下才能在学生的发展上达到理想的效果？

苏联著名的教学论专家赞科夫（1901—1977）以维果茨基的理论为指导，在教育史上首次对教学与发展的关系进行了长达二十多年的实验研究，创建了"教学与发展"的教学论理论体系（发展性教学理论体系），在教学与发展问题的研究上做出了卓越的贡献，受到全世界的关注和赞赏。

发展性教学的核心思想即宗旨是："以尽可能大的教学效果，来促进学生的一般发展。"② 赞科夫认为，教学应该走在发展前面，教师的任务在于努力探求新的教学途径或教学方式来促进学生的一般发展。③ 赞科夫所谓的"一般发展"有其特定的含义，也是理解发展性教学体系的关键。关于"一般发展"的含义和内容，赞科夫作了以下几点解释：

第一，"一般发展……指的是个性的所有方面（包括道德感、观察力、思维、记忆、言语、意志）的进步。一般发展包括整个个性"。④ "我们所理解的一般发展，是指儿童个性的发展，他的所有方面的发展。因此，一般发展也和全面发展一样，是和单方面的、片面的发展相对立的。"⑤

第二，"一般发展"不同于"特殊发展"（即某门学科或某组学科上的发展，如数学才能、语言学才能的发展），"一般发展是特殊发展的牢固基础并在特殊发展中表现出来，而特殊发展又再促进一般发展"。⑥

第三，"一般发展"本应包括身体发展和心理发展，但是，"我们所研

① 赞科夫. 教学与发展［M］. 杜殿坤，等译. 北京：人民教育出版社，1985：14.
② 同上：41.
③ 赞科夫. 和教师的谈话［M］. 杜殿坤，等译. 北京：教育科学出版社，1980：200.
④ 俞翔辉，等. 赞科夫新教学体系及其讨论［M］. 北京：教育科学出版社，1984：45—46.
⑤ 赞科夫. 论小学教学［M］. 俞翔辉，等译. 北京：教育科学出版社，1982：20.
⑥ 赞科夫. 教学论与生活［M］. 俞翔辉，等译. 北京：教育科学出版社，1982：25.

究的教学与发展问题是有一定局限的：我们研究的是教学与儿童心理一般发展的关系。"① 这表明，赞科夫认为"一般发展"还应该包括身体发展。

第四，"一般发展"同众所周知的德、智、体、美"全面发展"既有联系又有区别。"当谈到一般发展的时候，人们所指的是人的发展问题的心理学和教育学方面……当谈到全面发展的时候，首先而且主要是指该问题的社会方面或者广泛的社会和教育方面"。②

第五，"一般发展"不是"唯智主义"的，即它不仅包括"发展学生的智力，而且发展情感、意志品质、性格和集体主义思想。"③

由此可见，赞科夫实验性教学体系中的所谓"一般发展"，既不同于智力发展，也有别于特殊发展，又不同于全面发展。"一般发展"指的是从心理学角度出发的完整的人的深刻全面发展，是既包括智力因素，也包括非智力因素的整个身心的全面和谐发展。总之，"一般发展"这个范畴的提出及其内涵和外延的明确化，并切实在一般发展上下功夫，是赞科夫对教学与发展问题的独到见解和独特贡献。

新课程继承和吸收了传统发展性教学思想内涵，同时提出了独特的发展观。发展就其内涵而言，指的是知识、技能，过程、方法与情感、态度、价值观三维目标的整合。即相对于人的发展这一总目标，任一维度的目标都不能脱离整体而单独优质服务，缺失任一维度都无法实现真正意义上的发展。其中，"知识和技能目标只有在学习者的积极反思、大胆批判和实践运用的履历过程中，才能实现经验性的意义建构；情感态度和价值观目标只有伴随着学习者对学科知识技能的反思、批判与运用，才能得到提升；而过程与方法，只有学习者以积极的情感态度和价值观为动力，以知识和技能目标为适用对象，才能体现它本身存在的价值。"④ 总之，人的发展是三维目标的整合，缺乏任一维度，都会使发展受损，但这并不意味着三维目标对人的发展的贡献是等值的。因而，着眼于人的发展的教学要

① 赞科夫. 教学与发展［M］. 杜殿坤，等译. 北京：人民教育出版社，1985：23.
② 赞科夫. 论小学教学［M］. 俞翔辉，等译. 北京：教育科学出版社，1982：20.
③ 赞科夫. 和教师的谈话［M］. 杜殿坤，等译. 北京：教育科学出版社，1980：148.
④ 张华. 我国基础教育新课程的价值转型与目标重建［J］. 语文建设，2002（1）.

根据各学科的特殊性和学生原有基础有所侧重。就教学而言，一方面要注重挖掘学科教材中蕴含的知识、技能，过程、方法、情感、态度与价值观（静态、凝固、共性），另一方面要注重开发课堂教学中生成的知识、技能，过程、方法，情感、态度与价值观（动态、流动、个性）。

根据上述内容，我们认为，教学要促进学生发展必须处理好以下几对关系：第一，最近发展区与现有发展区的关系。学生发展的过程就是不断把最近发展区转化为现有发展区的过程，即把未知转化为已知、把不会转化为会、把不能转化为能的过程。教学走在发展的前面就是要求教学要不断地创造、生成最近发展区，并把最近发展区转化为新的现有发展区，从而促进两种发展水平的良性循环。第二，一般发展与特殊发展的关系。每门学科的教学都应坚持以人为本，遵循教学的发展性规律和教育性规律，在促进学生一般发展特别是智慧发展和品德发展上下功夫。同时每门学科的教学都要反映学科的特色，挖掘和体现学科特有的内涵，完成本学科教学的独特任务。一般发展和特殊发展都要立足于新课程的三维目标，在实现三维目标过程中求得统一。第三，共同发展与差异发展的关系。共同发展是共性的要求，指的是每个学生都必须具备的基础和达到的水准，这是教学的首要任务。差异发展是个性的体现，指的是学生在共同基础上的多样化的发展。它包括两个方面的内容：一是学生的发展潜力、速度和水平方面的差异；二是指学生的兴趣、爱好、特长方面的差异。实现学生在共同基础上的个性化发展是教学的核心任务。

第二节　发展性教学的实践探索

究竟什么样的教学能有效地促进学生的发展？从 1995 年开始，我们在福建省中小学所开展的"指导——自主学习"教改实验一直致力于这一课题的研究。简单地说，"指导——自主学习"是教师指导和学生自主学习的统称，其本意是通过教师指导去实现学生的自主学习，教师由讲转向导，学生由他主学习转向自主学习，这是"指导——自主学习"教改区别于传统教学的基本特征。当然，指导学生自主学习还只是我们教改实验的一个切入点，这项教改实验更深远的意义在于革新课堂教学，我们的思路是把自主学习引进教学过程，把课堂教学建立在自主学习的基础上，从而使教学结构和教学活动发生根本性的变革，这种变革引发出崭新的教学功能，即最大限度地促进学生发展的功能。这种新的教学结构和教学活动的特点是：教师指导学生进行自主性的超前学习，让学生充分发挥自学潜能，解决各自的现有发展区的问题；师生展开发展性的教学活动，让课堂充分焕发生命活力，解决最近发展区的问题。这样，两种发展水平互相转化、互相更替、互相推动。我们的研究证明，这种新的课堂结构和体系是实现教学发展功能的内在机制和根本保证。

一、"指导——自主学习"的实践基础和理论基础

（一）"指导——自主学习"教改实验的直接实践基础

1995 年 3 月，在一次福建省中小学教学理论专题培训会议上，我们意外地发现了一位初中数学教师纪秀卿，她的教改探索深深吸引了我们。1995 年 5 月，我们曾对纪秀卿的教改个案进行实地调查。她是从 1986 年开始从事培养学生自学能力的教学改革探索的，到 1994 年先后带了三届初中学生，中考成绩在她所在的漳州地区均名列前茅。在学生座谈会上，有个学生说："哪有老师不教让学生自己学的？开头有些抵触。但后来才知道，要不是纪老师这样教，我不可能发现自己在没有老师教的情况下，也能学到七八成。"有的说："上纪老师的数学课，每天都像上复习课。"学生家长说："能遇到纪老师是孩子的福份，我们很放心。"教同班的英语老师说："纪秀卿数学教得很轻松，很潇洒，而我教英语总觉得时间不够。有时就向她要两课时，她也给我。"让我们感到纳闷的是：在各种座谈会上，对纪秀卿的教学都赞许有加，好评如潮，可是至今为什么还是一枝独秀，学校不推广呢？一位副校长坦言："预习并不是纪秀卿的首创，除了预习还要推广什么，我们不知道。难道能推广她不布置课后作业吗？"言下之意，纪秀卿很优秀，她能做到的事情，其他人未必可以仿效。

实际上，纪秀卿不仅教学成效突出，而且创造了数学教学的"神话"，

即不留课后作业、不用加班加点、不靠课外练习册。难道真的没有课后作业？其实，她把传统的课后作业变成了课前作业。大胆打破了传统"先教后学"的教学关系，确立了"先学后教"的教学结构：课前，学生超前"先学"，解决各自能够解决的问题；课堂，立足于解决学生独立学习不能解决的问题，促进学生达到他们潜在的发展水平；课后，又是明天的课前，主要为积极参与明天的课堂学习做准备。我们把纪秀卿的教学方式概括为八个字："先学后教，超前断后。"把它作为初中数学教改的基本特征，所谓"断后"，就是不再留课后作业。

纪秀卿初中数学的教学改革还有几个鲜明的特点：一是不用导学提纲，学生直接用教材预习。二是学生可以按自己的进度预习，有的学生学得快，有的学生学得慢，进度不一，但要求至少比教师的教学进度超前一节，多不封顶；预习的基本要求不仅有读教材，还要尝试去做教材中相应的练习题或习题（每人都用活页的作业纸装订一本预习作业本）。三是预习作业要求学生根据教学进度自行订正，教师只做定期检查。四是利用寒暑假培养学生的自学能力，她允许学生可以不做学校统一发放的寒暑假作业，但必须自学下学期教材中第一章的教学内容；学习能力强的学生往往超额完成，很快便脱颖而出，大多数都成为教师的得力助手和乐于助人的小老师。

很多人都问纪秀卿：初中一年级新生从不会预习到会预习，到放手让他们课前按各自的速度预习，是怎么培养的？大约要花多长的时间培养？纪秀卿的做法是首先要"教读"，即解读教材：正文怎么读？应该提出哪些问题进行思考？例题该怎样学？怎样做眉批脚注和读书记号？写习题有什么规范或要求？这样的"教读"大约需要一周到十天的时间。接着，让学生在课内进行"自读"训练，教师针对学生自读中提出和存在的问题进行教学。其实，纪秀卿从"教读"到"自读"的训练，就是学生经历完全依靠教师和基本依靠教师的学习阶段。让学生初步掌握代数或几何课程的基本语言、基本思路与基本结构，才可以把学习的主动权和责任交给学生，放手让他们课前按各自的速度进行预习。从"教读"到放手，初一新生大约需要两个月，至多不会超过半学期；初二开始培养需要一个多月；

初三开始则只需要两周时间。

在考察和分析纪秀卿教改个案的基础上，我们形成了一份"指导——自主学习"的实验方案，并开始在全省中小学传播和实践。

（二）"指导——自主学习"教改实验的直接理论基础

我国著名教学论专家江山野先生指出："在教学过程中，学生学习能力的发展也是有一个必然的客观进程和一定的客观规律的。掌握并按照这个客观进程和客观规律进行教学，学生的学习能力就发展得快，教学效果也好；不按照这个客观进程和客观规律进行教学，教学效果就差，学生学习能力的发展就要受到阻碍。"① 那么，这个教学过程究竟是怎样的过程呢？

从教与学的关系来说，整个教学过程也就是一个"从教到学"的转化过程。在这个过程中，教师的作用不断转化为学生的学习能力；随着学生学习能力由小到大的增长，教师的作用在量上也就发生了相反的变化。最后是学生完全的独立，教师的作用告终。根据这一基本思想和思路，江山野先生把教学过程划分为以下五个阶段：第一阶段是完全依靠教师的阶段。在这个阶段，学生所要学习的每一点知识都要靠教师来教，在学习中每前进一步都要靠教师引领。第二阶段是基本上依靠教师的阶段。在这一阶段学生的学习已经可以不完全依靠教师了，他们已经获得了一些自己学习的能力，可以在教师的逐步引导下自己获取一些新的知识。第三阶段是学生可以相对独立地进行学习的阶段。这一阶段的主要特点和标志就是学生基本已经能够自己阅读教材，大略明白所要学习的内容；但并不一定能够理解得确切、全面、透彻，也不一定能够抓住要领，并且常常会感到学习上有许多困难。第四阶段是学生在教师指导下可以基本上独立学习的阶段。第五阶段是学生完全独立地进行系统学习的阶段。学生在校学习全过程可以划分为这五个阶段，学生学习一门课程（乃至课程中的一章一个单元）往往也要经历这五个阶段。从大的过程来说，每个教学阶段学生的学习能力不同，因而对教学方式方法也有不同的质的规定性。第一阶段的基

---

① 江山野．论教学过程和教学方式［J］．教育研究，1983（9—10）．

本教学方式是，教一点，学一点，练一点；第二阶段的基本教学方式是，问答、阅读、演示、讲解相结合，逐步启发引导学生自己探求未知；第三阶段的基本教学方式是，首先让学生预习，然后根据学生预习中提出的问题教学；第四阶段的基本教学方式是学生在教师指导下自学；第五阶段的基本教学方式是完全由学生自学。① 江山野先生强调指出："学生学习能力的发展与教学过程的发展直接关联。教学，要适合学生的学习能力，以学生的学习能力为基础；同时，教学过程也就是发展学生学习能力的过程。"但是，他也认为："在实际教学工作中，教学方式常常落后于学生学习能力的发展。在学生已经具备相对独立学习能力的阶段，仍然采取由教师牵着鼻子走的教学方式，是一种很常见的现象。为克服这种落后现象，有必要强调指出：应该把第三种教学方式（先学后教）当作适合于学生相对独立学习阶段的基本教学方式确立起来，使之成为这一阶段的教学常规。"② 即当学生已经能够自己阅读教材和自己思考的时候，就要先让他们自己去阅读和思考，然后根据学生阅读和思考提出和存在的问题进行教学，即这个阶段的教学必须采取先学后教的方式，这是教学的规律。我们认为，这条规律具有普遍性，它的核心思想是要尊重、依靠和发展学生的独立学习能力（自主学习能力）。江山野的这一思想是我们开展"指导——自主学习"教改实验的直接理论依据。

二、"指导——自主学习"课堂的基本理念与基本性质

1. 以学为基础

学是本源的存在，以学为基础的核心思想在于强调学的独立性，不是独立的东西是不可能称其为基础的。学习是自主的（独立学习），而非他主的（教下学习），即由教师支配的学习，这是现代学习观和传统学习观的分水岭。"指导——自主学习"课堂要求学生凭自己的力量，自觉、主动、独立地进行学习，自主阅读、思考、质疑；自主发现、提出、解决问

---

① 江山野. 论教学过程和教学方式 [J]. 教育研究，1983（9—10）.
② 同上.

题；自主总结、概括、纠正、反思，解决问题，掌握知识，发展能力。教师的教要建立在学生自主学习的基础上，凡是学生自主学习能够掌握的内容和解决的问题，都应让学生独立完成。学生由"被教"转变为"自己学"，这是"指导——自主学习"课堂的首要特征。

强调学的基础性、独立性，必然要求课堂教学以学生的学习为主线（明线）。学生文本阅读和个人解读的全过程，学生观察、操作的全过程，学生问题生成、提出、解决的全过程，学生由浅到深、由片面到全面、由表及里、由不知到知、由不会到会的认知特别是思维发展的全过程，应该成为贯穿课堂的主线，教师的教学及其设计要以学生的学习及其活动作为线索。"教学的根本目的、出发点和归宿都要体现、落实于学的状态，教的必要性建基于学的必要性，教的现实性取决于学的可能性，教的准备依存于学的准备。整个教学的着眼点在于学的态势。教的目的、任务、内容依存于学的目的、任务、内容，教的过程符合、适应于学的过程的内在逻辑，教的任务是否完成要看教学目标是否达到，而后者则落实、体现在学的终态上。"① 钟启泉教授也强调指出："课堂教学应以学生的自主活动为中心展开。教学目标的设定、教材教法的选择、班级的集体交互作用等，所有的构成要素都应当为形成学生的自主活动而加以统整，都必须服从于学生自主活动的组织。"② 学生的学习应该是系统的、完整的，是看得见的，这是"指导——自主学习"课堂的核心特征，也是提高教学质量的根本保障。

2. 以教为导向

教学乃有教之学，我们所倡导的自主学习也是指教学情境中的自主学习。所以，无论我们如何突显学的地位，教学中的学都是在教的干预和影响下进行的，没有教的参与，没有教师的组织、指引、调控、激励、评价，教学就不成其为教学了。进一步说，"在教学过程中，没有教师有效的教，就很难有学生有效的学，教学就不可能有效地进行，甚至根本不能进行。显然，在教学系统中，教师的教本身即意味着对学生的发展状态的

---

① 张广君. 多维视野中的教学关系［J］. 教育研究，2003（6）.
② 钟启泉. 课堂互动研究：意蕴与课题［J］. 教育研究，2010（10）.

某种干预，教学中教师富有成效的教是学生富有成效的学的前提条件和必要保证，也是教学得以生成的逻辑条件。"① 当然，教本身不是目的，教师要通过自己的教将教学的进程进而将学生的发展引向高一层次，使学的态势保持符合于教学的需要并得到发展，终至教学目的的达成，即教师的教要立足于使学生学得更多、更好、更深、更有意义。总之，教学是教与学、教师与学生双方的相互作用，自主学习强调学生的主体性，但不能因此而否定教师的主导性。这是因为，"人在自我发展中的主体性，是处于发展和提高中的不成熟的、不完全的、开始甚至是很微弱的主体性，在教育过程中需要调整、培养和提高。"② 我们强调，教学过程是学生自主建构和教师价值引领相统一的过程。就算学生具备一定的自主学习能力，教师的引领仍然是必要的。"当学生遇到疑难时，教师要引导他们去想；当学生的思路狭窄时，教师要启发他们拓宽；当学生迷途时，教师要把他们引上正路；当学生无路时，教师要引导他们铺路架桥；当学生山重水复疑无路时，教师要引导他们步入柳暗花明又一村的佳境。"③ 一位语文教育专家也建议教师在课堂上"该出手时就出手"：当学生读得提不起精神的时候，教师应该调动学生读的欲望和兴趣；当学生读得印象浅薄、形象模糊的时候，教师要引领学生读得充分、读得细腻；当学生读不出文本的理趣、情味的时候，教师得点拨学生的思路，启迪学生的智慧，激活学生的想象。④教师的正确引领是保证学生学习方向性和有效性的重要前提。强调以教为导向，教师要勇于教，善于教，这是"指导——自主学习"课堂区别于其他自主课堂的一个重要特征。

3. 以发展为目的

课堂教学的根本目的是促进人的发展，那么发展指什么？

首先，发展就其内涵而言，指的是知识和技能，过程和方法，情感、态度、价值观三维目标的整合。即相对于人的发展这一总目标，任何一个

---

① 张广君. 多维视野中的教学关系 [J]. 教育研究，2003（6）.
② 王道俊. 对主体教育思想的思考 [J]. 教育研究，1992（12）.
③ 朱瑛. 对新课标实施中几个问题的思考 [J]. 中小学管理，2003（10）.
④ 傅道春. 让学生充分地读 [J]. 语文建设，2002（11）.

维度的目标都不能脱离整体而单独存在，缺失任何一个维度都无法实现真正意义上的发展。它要求我们用整合和统一的思想处理三维目标的关系，使彼此互相包含、互相渗透、互相促进，有机融合。

第二，发展就其层次而言，包括现有发展区和最近发展区。实践证明，只有针对最近发展区的教学，才能促进学生的发展，而停留在现有发展区的教学，只能阻碍学生的发展。发展的过程就是不断把最近发展区转化为现有发展区的过程，即把未知转化为已知、把不会转化为会、把不能转化为能的过程。

第三，发展就其形式而言，分为"内在发展"与"外在发展"。内在发展是一种着重追求以知识的鉴赏力、判断力与批判力为标志的发展。外在发展是一种以追求知识的记忆、掌握、理解与应用为标志的发展。可持续的发展要求把外在发展不断转化为内在发展，使知识和智慧共生。

第四，发展就其机制而言，有预设性发展和生成性发展。所谓预设性发展是指可预知的发展，即从已知推出未知，从已有的经验推出未来的发展。所谓生成性发展是指不可预知的发展，也即这种发展不是靠逻辑可以推演出来的。人的生动活泼的发展需要这两种发展的交替、转化和整合。

第五，发展就其时间而言，有眼前发展和终身发展。所谓眼前发展是指即时发展，它要求立竿见影，注重可测性和量化。所谓终身发展是指面向未来的发展，它着眼于可持续性，注重发展的后劲和潜力。显然，眼前发展注重教学的短效，终身发展注重教学的长效。每节课的教学既要考虑短效，让学生有实实在在的收获和提高，又要着眼长效，让学生真正拥有发展的后劲。

第六，发展就其主体而言，有教师发展和学生发展。教师的教要立足于促进学生在知识、能力以及智慧、精神、人格的成长与发展；学生的发展是"教"追求的目的、效果和价值的集中体现，而学生的发展又会促进教师不断提高，进而促进教师的成长和发展，从而使两者发展形成良性循环。这是教学相长规律的体现，"学"因"教"而日进，"教"因"学"而益深。师生主体之间的交往互动、相互影响、相互作用的过程，就是师生共同的发展过程。任何课堂教学改革都必须以促进人的发展为宗旨，我们通过强化学的自主性和教的指导性以及变革师生互动方式和课堂教学结构，致力于最大限度地促进人的发展，反过来说，我们的改革旨在构建发展功能显著的课堂教学新体系，这是"指导——自主学习"课堂的核心理念。

三、"指导——自主学习"课堂的基本结构与主要特性

1. 教师指导学生进行自主性的超前学习，让学生充分发挥自学潜能，解决现有发展区的问题

学生自主性超前学习具有以下特性：

一是超前性。超前学习即学生的学习在前，教师的教学在后，超前性使教与学的关系发生了根本性的变化，即变"学跟着教走"为"教为学服务"。

二是独立性。"指导——自主学习"课堂强调的是学生要摆脱对教师的依赖，独立开展阅读、思考乃至作业活动，自行解决能够解决的问题。教师教学是对学生独立学习后的深化、拓展和延伸。

三是差异性。从时间上讲，"指导——自主学习"课堂要求每个学生按自己的进度和方式进行超前学习；从效果上讲，每个学生由于基础和能力不一样，同样的内容，自主性超前学习的效果和理解的深浅也不一样，这种差异是课堂开展合作学习的宝贵资源。

2. 师生展开发展性的教学活动，让课堂充分焕发生命活力，解决最近发展区的问题

师生发展性教学活动具有以下特性：

一是针对性。发展性教学区别于传统课堂教学的第一个显著特征就是针对性，即必须根据学生自主性超前学习中提出和存在的问题进行教学。针对性是有效教学的法宝，只有针对性的教学才能实现由教向学的转化，最终实现教师少教、学生多学，实现并完成"教是为了不教"。

二是参与性。自主学习为学生的参与提供了基础，学生通过超前学习，带着自己的问题、困惑、思考、见解和意见进课堂，课堂真正成了学

生求知和展示的舞台。在这样的舞台上，学生不仅参与学也参与教，师生真正成了互教互学的学习共同体，这是使课堂具有内在动力和充满生命活力的根本机制。

三是发展性。"指导——自主学习"课堂具有使每个学生都得到发展的功能。其一，自主性超前学习解决现有发展区的问题，师生发展性教学解决最近发展区的问题，"指导——自主学习"课堂使教学走在发展的前面，并因此引导和推动发展，从而不断地创造最近发展区，并把最近发展区转化为新的现有发展区。其二，"指导——自主学习"课堂为教师关注每个学生提供了空间和时间、机会和平台，从而保证每个学生都在课堂上学有所得。

四、"指导——自主学习"课堂的一般模式与活动要求

1. 先学环节（"自学"环节）

在所有的教学环节中，最具本质意义的就是学生先学（自读）教材（课文），这个环节是任何成功（有效）的课堂都不可缺少的。离开了学生对教材的先学（自读），任何讲解、提问和讨论都失去了针对性，都是没有实质意义的。

我们建议：先学尽可能放在课内并给予时间保证，让学生充分地、独立地先学，并完成必要的练习。先学可以是在教师的"教"下进行的，也可以是按"导读提纲"的要求进行，还可以是完全独立地进行。

在先学环节中，教师的任务是：①对学生先学给予必要指导（提供导学案或设置导学问题和目标要求），指导要具体、明确、到位但不越位；②对个别小组和个别学生进行有针对性帮助；③对全班先学活动的状况进行组织调控。学生的任务是：①根据老师的要求，积极主动、独立紧张地进行阅读和思考或操作；②总结学会的内容和解决的问题；③概括不会的内容和未决的问题。通过先学，学生要达成以下目标：①读懂教材基本的内容并完成相应的任务；②独立解决现有发展区的问题；③提出最近发展区的问题。

2. 后教环节

让学生在先学的基础上提出学习中存在或发现的问题和困惑，然后在这个基础上进行交流展示（深化和拓展）。

我们建议：分同桌、小组（4~6人）和全班三种形式（或根据需要选择其中一至二种形式）进行交流展示，教师一定要让学生明确交流展示的内容和任务，要保证让所有学生在交流展示中都学有所得。在全班交流时要特别注重交流不同点和创新点。这个环节也是教师进行有针对性教学和提高性教学的过程。

在后教环节中，教师的任务是：①针对性的讲解；②对课堂教学中的各种信息和问题进行筛选和提炼；③对后教活动的整体状况进行组织调控。学生的任务是：①主动展示（表现）（教），内容包括先学学懂的内容、个人的见解（即兴感受）以及小组的讨论（小组的共识和汇总）；②认真倾听，对同伴的发言，首先要"接受地听"，其次要作出积极的回应；③积极互动，包括小组互动、师生互动和全班互动。通过后教，学生要达成以下目标：①对教材（知识）获得提高性和深刻性的认识；②解决未知和未决的问题；③生成并探索有意义的新问题。

3. 练习环节（"精练"环节）

学生在课堂上的学习既包括学也包括习。课堂练习一方面能使学生对刚刚理解的知识加以应用，在应用中加深对新知识的理解；另一方面能及时暴露学生对新知识理解应用的不足。总之，练习和反馈是有效课堂教学的重要环节，是提高课堂教学质量的重要保证。

我们建议：作业特别是基本的重要作业在课堂上进行，教师当场反馈订正，每次课堂作业就像考试一样，这是提高课堂教学效率、减轻课业负担的灵丹妙药。

在练习环节中，教师的任务是：①设计具有适切性和价值性的作业和问题；②进行及时和有针对性的反馈、讲评；③对全班练习活动的状况进行整体组织调控。学生的任务是：①在规定时间内练习（作业）；②进行自我批改、订正和反思；③小结（本课的学习收获和问题）。通过练习环节，学生要达成以下目标：①知识转化为技能；②对知识进行拓展或应用；③巩固并活化所学知识。

五、"指导——自主学习"课堂教学要处理好的几对关系

恰似所有改革都要处理好新与旧、继承与创新的关系，我们在"指导——自主学习"中要特别注重处理好以下几对关系。

1. 要解决好学生个体独立学习与小组合作学习的关系

学生个体独立学习和小组合作学习是自主学习的两种基本形态。自主学习可以是个体独立进行的，也可以是小组合作进行的。从学习的职能来说，个体学习解决基础的问题，合作学习解决提高的问题，这也是对合作学习内容的要求。没有个体学习为基础的合作学习犹如空中楼阁，没有经过个体独立思考而展开的交流讨论如无源之水。对合作学习的认知功能一定要有明确的定位，合作学习旨在解决个体无法解决的疑难，通过小组讨论，互相启发，达到优势互补，共同解疑，个体通过独立学习能解决的问题就不必在小组里讨论。离开学生个体的独立学习和深入思考，相互间的交流和讨论就不可能有深度，不可能有真正的互动和启示，对小组内的不同见解、观点也根本无法提出真正意义上的赞同或反对，也无法做到吸取有效的成分修正、充实自我观点，这是无效的合作学习，它不但不能相互促进，反而在无形中剥夺了学生独立思考、自主学习的机会。总之，个体学习是基础，没有高质量的个体学习，就没有高质量的合作学习；合作学习是提升，高质量的合作学习使个体学习的困惑得以消解，问题得以解决。在某种意义上，课堂教学就是个体学习与合作学习相互促进的螺旋上升过程。在"指导——自主学习"课堂中，学生小组的合作特别是同伴的交流和互动、互助、互查成了一道亮丽的风景线，这确实是"指导——自主学习"的亮点和成功的秘密武器。但是，在实践中，"指导——自主学习"的课堂的确存在学生因急于展示和互动而忽略了个人对文本的独立、深度解读的现象，这样的合作有形式而无实质。我们认为，任何课堂都需要学生个体独立的静悄悄的阅读和思考，这种阅读和思考越充分、越有深度，小组的交流和互动才会越有质量、越有效果。

2. 要解决好学生自主学习与教师指导教学的关系

在"指导——自主学习"的课堂里，教室变成了学室，课堂变成了学堂，学生成为真正的学习主人，学生在课堂的主要学习方式是个体独立学习和小组合作学习以及大班互动学习，可以说，学习的活动、内容和任务主要依靠学生自己完成。但是，从总体上讲，学生通过自主学习一般只能解决现有发展区的问题和书本的浅层问题，而最近发展区的问题和书本的深层问题却有赖教师的指导教学。指导教学要求教师的教要在学生的发展上下功夫，在文本的理解深度上下功夫，在学生的思维创造性上下功夫，在教学和知识的生成性上下功夫。提高性教学是一种充满智慧的教学，它会使学生在理解、掌握知识的同时，开放知识、质疑知识、批判知识、探究知识、反思知识、创新知识，从而获得智慧的力量。提高性教学是实现知识性课堂转向智慧性课堂的关键。当然，这种基于学生自主学习的课堂模式不仅对教师的教学提出了质的规定性，而且也对教师的专业素养提出了新的要求。它要求教师本身就是一部活生生的教科书，一部非常生动、丰富、深刻的教科书，一个具有巨大教育力量的榜样。教师应努力达到"扬弃"教材、"超越"教材的境界，教材对他来说，只不过是一个善于弹离的跳板，他能够给学生的远比教材多得多。另一方面要求教师成为真正的心理学家，对学生的心理了如指掌，能够真正做到想学生所想，想学生所疑，想学生所难，想学生所错，想学生所忘，想学生所乐，从而以高度娴熟的教育智慧和机智，带领学生在知识的海洋中灵活自如地遨游，用自己的思路引导学生的思路，用自己的知识丰富学生的知识，用自己的智慧启迪学生的智慧，用自己的情感激发学生的情感，用自己的意志调节学生的意志，用自己的个性影响学生的个性，用自己的心灵呼应学生的心灵，用自己的灵魂铸造学生的灵魂，用自己的人格塑造学生的人格，实现真正的以人教人！

3. 要解决好探究学习与接受学习的关系

自主学习中的阅读行为（能力）更多地表现为接受学习，这种学习的特点是知识以结论的形式直接呈现，它的表现形式依学生自主性的强弱可分为讲授法、读书指导法和自学法，相对而言，讲授法是一种他主学习

（教下学习），读书指导法特别是自学法则是自主学习。自主学习的思考行为（能力）更多表现为探究学习，这种学习的特点是知识以问题的形式间接呈现，它的表现形式依学生自主性的强弱可分为发现法—独立探究法—研究法，在发现法中，将问题、方法告诉学生但不告诉结论；在独立探究法中，将问题告诉学生但不告诉方法和结论；在研究法中，问题、方法和结论都不告诉学生，让他们自行提出问题，自行寻求解决问题的方法或设计实验，最后找到问题的答案，得到结论。显然，从发现法到研究法也是一个教师主导作用不断减弱、学生主体地位不断增强的过程。相对而言，独立探究法和研究法更能体现自主学习的性质和特点。总之，接受学习和探究学习都能实现自主学习，都是自主学习的表现形式。就接受学习和探究学习的关系而言，两者各有自身的基本特点和功能，不能彼此取代。接受性学习的基本特点是：（1）以系统掌握学科知识为基本任务；（2）比较关注认识的结果；（3）以知识为中心；（4）注重学生认识活动的指导性、可控性、预设性。因此，其在知识积累方面的高效性受到普遍赞同。探究性学习的基本特点是：（1）以发展学习者的探究能力为主要任务；（2）比较关注认识的过程；（3）以问题为中心；（4）强调学生认识的非指导性、开放性、生成性。探究性学习对培养学生的探究精神和创新能力意义重大。巴班斯基说得好："每种教学法按其本质来说都是相对辩证的，它们都既有优点又有缺点，每种方法都可能有效地解决某一问题，而解决另一些则无效，每种方法都可能有助于达到某种目的，却妨碍达到另一种目的。"① 以学校课堂教学实践来看，接受学习和探究学习各有自己的优势和不足，重要的是要对两者进行有机整合。根据我们的经验，这种整合可分为外在的整合和内在的整合。外在的整合即根据教学内容的特点和教学任务，该接受的接受，该探究的探究；内在的整合是根据两种学习的内在优缺点，相互深透，取长补短，在接受学习中贯穿探究学习的精神，使学生的接受学习成为积极主动地思考和获得知识与方法的活动；在探究学习中

---

① 巴班斯基，波塔什尼克. 教育过程最优化问答［M］. 利兰，译. 北京：北京师范大学出版社，1985：60.

采用接受学习的形式，使学生的探究学习成为快速有效地解决问题、发现知识与方法的过程。

4. 要解决好预设与生成的关系

相对而言，教师指导体现了教学的预设性，而学生自主学习则体现了教学的生成性。我们认为，预设与生成是辩证的对立统一体，课堂教学既需要预设，也需要生成，预设与生成是课堂教学的两翼，缺一不可。预设体现对教师的尊重，生成体现对学生的尊重；预设体现教学的计划性和封闭性，生成体现教学的动态性和开放性：两者具有互补性。教学既要重视知识学习的逻辑和效率，又要注重生命体验的过程和质量。为此，要认真处理预设与生成的关系，使两者相辅相成、相互促进，这是"指导——自主学习"课堂有效运行的内在机制。

预设与生成有统一的一面，也有对立的一面，预设重视和追求的是显性的、结果性的、共性的、可预知的目标，生成重视和追求的是隐性的、过程性的、个性的、不可预知的目标。预设过度必然导致对生成的忽视，挤占生成的时间和空间；生成过多也必然影响预设目标的实现以及教学计划的落实。不少有价值的生成是对预设的背离、反叛、否定，还有一些则是随机的偶发的神来之笔，生成和预设无论从内容还是性质讲都具有反向性。正是基于这一点，我们特别强调，无论是预设还是生成，都要服从于有效的教学、正确的价值导向和学生的健康发展。

相对于学生的发展，预设与生成都只是手段和措施，我们一定要从提高教学质量、立足学生可持续发展的高度，用长远的、动态的观点来认识和处理两者的关系。在实践中，我们不能离开学生的发展机械地讨论在一节课中是预设多了还是生成多了的问题，有价值的生成即使影响了预设的安排，也不应该草草了事；有质量的预设也不应该为了顾及低层次的生成而患得患失。总之，我们一定要以发展的眼光来看待预设与生成的关系问题。首先，课堂教学改革是一个否定之否定的过程，是一个从有序到无序再到有序的过程；其次，某一节课的教学任务的完成与否并不影响学生的整体发展，课堂教学最重要的是培养学生独立学习的能力和创新素质，这是学生发展进而也是教学发展的根本后劲。

"指导——自主学习"是教学领域的一场具有实质意义的变革，"指导——自主学习"的实质就是把学习的主动权还给学生，这是学习方式重建和课堂教学重建的支点。赋予学习者学习的权力和责任，让学习者成为学习活动的真正主体和主人，转变以往外在性、被动性、依赖性的学习状态，把学习变成人的主体性、能动性、独立性不断生成、张扬、发展、提升的过程，这是学习观的根本变革。学习不是一种异己的、外在的、"无动力"的活动，而是一种内在的精神解放运动，即学习是基于个体的权利责任、兴趣爱好和理想追求，独立思考、质疑探究、自主建构和批判创新的活动，学习是相互沟通、积极对话、相互欣赏、共同提高的过程。正是基于学习观的重建，"指导——自主学习"成功地构建了以学为基础、以教为导向、以发展为目的的课堂教学新体系、新结构、新模式，从而在理论与实践两个方面回答和解决了"教学与发展关系"的问题。

第五章

"能力导向"的教学

能力导向（能力本位）是当前世界各国基础教育课程与教学改革发展的共同走向，也是我国新一轮基础教育课程改革的着力点。由知识本位的教学走向能力本位的教学，是有效教学走向卓越教学的一个重要体现。

第一节　能力的意义和特点

一、教育学意义上的能力理解

从心理学角度讲，能力属于个性心理特征，是保证人们成功地进行实际活动的一系列稳定心理特点的综合。能力有广义和狭义之分，狭义的能力指的是认识能力或智力，它是保证人们有效地认识客观事物的稳固心理特点的综合。我们所说的能力往往指狭义的能力，当然，我们现在也强调各种实践能力和实验能力的培养，但是，从基础教育的性质和学生心理发展的规律看，主体、核心和基础应该是认识能力特别是思维能力。能力与学校教育密不可分，能力既是学校教育的基础和前提，又是学校教育的目的和结果。

从学校教育的角度讲，能力有三个特点或意义：

第一，剩下来的东西。"教育无非是将一切已学过（教过）的东西都遗忘后所剩下来的东西。"遗忘掉的东西是所学的具体知识和内容，而剩下来的就是所谓的能力和素质。就像智力与认识过程的关系，智力是人在认识过程中逐步形成和沉淀下来的东西（一系列稳定心理特点），具体的认识过程和任务会被遗忘或过滤掉。就像人吃食物一样，经过人体咀嚼、吞咽、消化，有的被排泄出去，有的被吸收进来，转化为人体的组织，成为身体的一部分。教育中被遗忘的东西就是被排泄出去的东西，而剩下来的东西就是吸收进去的东西，它内化为人的素质，成为精神的一部分。反过来说，教育是允许遗忘的，我们不应该本末倒置，要求学生死记硬背所学的具体知识和内容，而要鼓励学生通过具体知识和内容去把握、洞察、挖掘其所蕴含的思维方式、认识方法和价值观、文化意义。这些东西是最有价值的，是最应该被人吸收的。从学生学习的角度讲，最重要的是要理解和体验知识的意义。正如朱小蔓所说："人们在掌握知识时，如果没有理解意义，那么，在知识被淡忘以后，它就很难留下什么；如果人们在学习知识时理解了它对生命的意义，即使知识已被遗忘，这种意义定可以永远地融合在生命之中。"① 从教师教学的角度讲，最重要的是要把课堂与课外、知识与生活、理论与实践有机统一起来。就像谢先刚先生所言："你的课堂教学，要能转化为学生课外的成长行为，延伸到他们的日常生活当中，并逐步变成他们的成长自觉。"

能力与知识是密切相关的。能力不是无本之木、无源之水，而是由知识转化而来的。但能力又不是知识，它是知识被消化吸收以后，沉淀而成的知识的"结晶体"，是知识的"浓缩液"。没有知识的积累，也就没有能力。知识好比花粉，能力好比蜂蜜。或者说，知识好比化学原料，能力好比化工产品。化学原料可以生成化工产品，但化学原料不是化工产品。化工产品往往具有化学原料所不具备的作用和功能。人们经常抨击的"高分低能"现象，实际上就是只注意知识积累、忽视能力培养的教育现象，即一个人虽然有了一定的知识积累，甚至是大量的知识积累，但他的知识是

① 朱小蔓. 教育的问题与挑战［M］. 南京：南京师范大学出版社，2000：179.

死的甚至机械记忆的知识，只注重了量的积累，而忽视了结构的改造，没有完成对知识的浓缩和结晶等加工制作的工作。这种知识容易遗忘，也不容易被有效地应用，更难以灵活应用。也就是说，他们的知识没有完成向能力的转化过程，是"夹生饭"，没有彻底消化和吸收。所谓有能力的人，就是能够灵活地、创造性地运用知识的人。无论学校和老师注意与否，他们都要培养学生一定的能力，但培养什么能力，培养多高的能力，在不同的学校之间却存在很大的差异。在学校教育结束之后，在学生身上剩下的东西之一，必然包括能力。当然，这是一种存在着很大差异性的、分化了的能力。问题在于，我们给了学生多少能力？是高级的能力，还是初级的能力？是重要的能力，还是次要的能力？是全面的能力，还是片面的能力？华东师范大学第一附属中学数学教师刘定一也提出了一个很有价值的问题："教什么，怎样教，才能使学生遗忘的东西最少？"这可以推导出一些大大提高效益的教学原则，例如：知识易忘，能力永存，所以发展能力比获得知识更为重要。[①]

第二，带得走的东西（可迁移性）。中小学教育是基础教育，其核心任务是为学习者的后续发展打基础，为学习者的终身学习作准备，所以学校所教的应该让学生"带得走"，应该陪伴学生行走一生。"中小学教育要为未来几十年的发展奠基"。总之，"带得走"的东西是可以使学生终身受益的，它并不意味着立即生效，往往在经历漫长的过程后才会显现并产生效果，但这种迟效却是真正有效甚至长效的。在普林斯顿高等研究院里，有一行字被放在醒目的位置上："只有无用的知识，才是最终有用的。"这也正如庄子所言："无用之用，方为大用。"

"带得走"的东西内涵相当丰富，在苏霍姆林斯基看来，它的核心内涵是指让学生掌握进行学习活动不可缺少的最基本的技能技巧。实际上它不仅是现在也是将来进行学习、从事社会生活所必不可少的技能，这种技能是智力劳动须臾不离的，就像钉、锤、锯、刀之于工匠须臾不离一样。凭借这些工具，工匠可以走遍天下，也可以说，工匠带走的是自己运用自

---

① 司成勇. 教育之后"剩下来的是什么"[J]. 教学与管理, 2011（4）.

如、得心应手的工具，而不是自己的作品。工具是带得走的，而作品是带不走的。苏霍姆林斯基把学生进行智力劳动的技能，也称作刀锯或工具。由于认为最主要的基本技能是"阅读""书写""观察""思考"和"表达"这五项，所以他也称它们为学习上的五把"刀锯"，他认为这是一生受用不尽的无价之宝。反之，如果不注意在年幼时打好基础，以后的全部学习乃至生活都将会遇到极大的甚至是无法克服的困难。带得走的显然是学习的技能、能力，而带不走或无需带走的则是学习的内容和结果。不要给学生背不动的书包，要给他们带得走的礼物。

第三，可再生的东西（有附加值的东西）。能力指能增值的东西，即能力会生产和创造出其他的知识、技能和能力。如果说，知识是一棵大树的树叶，那么，能力就是树根，树叶的生命不会长久，会在某些季节落下来，但如果树根扎得深厚，苗壮有力，树叶落了之后，新的树叶会在合适的季节生长出来。树根不深，很难生长为栋梁。也可以说，知识就像看得见的房屋，而能力就像埋在地下的地基，地基的深浅和稳固度决定房屋的高度和质量。能力和树根一样具有生长性和可持续的发展性，有了能力就有了根，能够随时生长出知识。以前我们错误地认为，知识是能力的基础。把知识当成树根，而把能力当成树叶。拼命地在知识上做文章，以为知识掌握好了，能力自然就有了。实践证明，就知识教知识，就知识学知识，只能造就书呆子和"高分低能"。在基础教育阶段，重点究竟应该放在能力上，还是放在知识上？曾经有人这样比较中美的基础教育：

"美国小学是知识的吝啬鬼，严格限制孩子得到知识的数量，一个月只允许孩子得到一个知识，孩子每得到一个知识都需要付出很多的汗水和辛苦；在这个过程中，动手、思考和感悟比知识本身更重要；孩子对知识总是有渴望的感觉。

"而中国的小学教育是一个贪婪鬼，把知识当成了免费的黄金珠宝。中国教育者不知道知识与智慧的关系，总是让孩子直接得到越来越多的知识。

"美国教育一个月的知识量只相当于中国教育一天的知识量。相差29天，这29天就是感悟的时间。美国教育通过让孩子感悟比中国教育多产生了一个东西：智慧。美国学生比中国学生多产生了一个东西：创新能力。"①

能力在学习中的突出表现就是举一反三、闻一知十。能力就像一根有灵性的红线，能够把散落的知识珍珠串起来；能力就像一块大磁铁，会把点点知识铁屑吸引过去。有能力的学习能够达到事半功倍的效果。

为了使能力的概念更加清晰化、具体化和可操作化，我们从学习过程（认知加工）的角度，把能力分为阅读能力（输入）、思考能力（加工）、表达能力（输出）三种。这三种能力是学生学习的基本能力、核心能力。

二、三大核心能力的特性

阅读、思考、表达能力指的是学生学习的一般能力，是所有学科学习的通用能力。它们与学科特殊能力的关系是一般与特殊、工具与内容的关系。就能力自身发展而言，它们是基础能力，是其他能力的基础。

（1）一般性（普适性）：学习能力与学科能力是一般与特殊的关系。正如赞科夫所阐述的一般发展与特殊发展两者的关系："一般发展指的是这样一些个性属性的形成和质变，这些个性属性是学生顺利地掌握任何一门学科的教材的基础，而在从学校毕业以后，又是在人类活动的任何一种领域里从事创造性劳动的基础。"② "一般发展"不同于"特殊发展"（即某门学科或某组学科上的发展，如数学才能、语言学才能的发展，音乐领域里的音乐听觉、音调感的发展等），二者间的关系应当是，"一般发展是特殊发展的牢固基础并在特殊发展中表现出来，而特殊发展又在促进一般发展。"③

（2）工具性（通用性）：按照能力对象（指向）分，可以把能力分为工具性能力和内容性能力，工具性能力意味着学生掌握了学习的基本工具和技能（如"阅读""思考"和"表达"），学会了学习，它是一种普适性的能力，是学生在各学科学习过程中表现出来的普遍存在的共同能力（跨学科能力）；内容性能力表现为学生掌握了所学学科独特的思想和思维方法，

---

① 李帆. 寻找教育独特的灵魂——写在 2011 年岁末的思考［J］. 人民教育，2012（1）：18.
② 赞科夫. 论小学教学［M］. 俞翔耀，等译. 北京：教育科学出版社，1982：22—23.
③ 赞科夫. 教学论与生活［M］. 俞翔辉，杜殿坤，译. 北京：教育科学出版社，1982：25.

能够以学科独特的视角提出问题、分析问题和解决问题，它是工具性能力与特定学科的结合体，是一种特殊性的能力，表现在特定学科的学习活动中。总之，工具性能力是学生学习任何学科都会用到的通用的能力，它构成了学生学习能力的公共项。

（3）基础性（奠基性）：阅读、思考、表达能力是最基础性的学习能力，它们就像房屋的地基，其他能力如解题能力、实践能力、创新能力、作文能力、研究能力以及新课程所倡导的自主、合作、探究能力都是建立在它们之上的。这三种能力的基础打得牢固、扎实，其他能力的发展就是水到渠成的事情。

第二节　三大核心能力的内涵和培养

一、阅读能力——不会阅读的学生是潜在的差生

1. 阅读能力的意义

何谓阅读？阅读是看书（读书），但不是一般意义上的浏览（获得信息而已），"看并领会其内容"才是阅读，"领会"意味着把看到的东西纳入自己已有的知识和经验中去，连成一体。从方式角度讲，集中精力和专注是阅读的特点和表现。

我们知道，阅读（读书）是学生获得新知识的主要手段，是发展学生智力的重要途径。苏霍姆林斯基在所著《给教师的建议》（下）一书中说：必须教会少年阅读！凡是没有学会流利地、有理解地阅读的人，就不可能顺利地掌握知识；在小学就应该使阅读达到完善的程度，否则就谈不上让学生自觉地掌握知识。[①] 为什么有些学生在童年时期聪明伶俐、理解力强，勤学好问，而到了少年时期，却变得智力下降，对知识的态度冷淡，头脑不灵活了呢？就是因为他们不会阅读。总之，读书、阅读，对学生的发展

---

① 苏霍姆林斯基. 给教师的建议［M］. 杜殿坤，编译. 北京：教育科学出版社，1984：52.

是至关重要的。不会阅读的学生是潜在的差生，阅读能力是最基础、最关键的学习能力，它直接决定学生学习效果的好坏、学习效率的高低。从教学角度讲，所谓的阅读能力也就是叶圣陶先生所讲的"自能读书"，自己能够读懂教科书（课文）。它的教学意义在于，教科书上的知识主要是通过学生自己阅读而获得，当然，这个阅读可能是反复多次的过程，依学生的阅读水准和教材难度而定。也就是说，课堂教学必须从以"听讲"为基础走向以"阅读"为基础（即从依靠教师讲转向依靠学生自己读），这是其一。其二，从教师的角度来讲，凡是学生自己能看懂、读懂的内容，坚决不讲、不教，教师讲的、教的必须是学生读不懂、看不懂的知识。知识是自己学会还是教师教会，这对学生的发展具有截然不同的价值和意义。

阅读，才是最好的"补课"[①]

王瑞芳

前几天，朋友给女儿推荐了一位数学辅导老师。

"您孩子数学学习是什么情况？"在电话里简单交流了几句后，老师问我。

"如果题不难，成绩还不错。但是一遇到难题，就好像深入不进去，也不愿意思考。"提起女儿的数学，我还真有点头疼。

"那她平时喜欢读书吗？"老师的问题让我一愣，读书不都是语文老师的事吗？难道跟数学还有什么直接关系？

"不是特别喜欢，但也不是一点不读。平时喜欢看《淘气包马小跳》系列，还有一些校园小说。但是经典读得并不多。"我想了想说。

"哦，那《水浒》《三国演义》还有《十万个为什么》等科普读物读过吗？"老师接着问。"没有，她对历史、科普类的书都不太感兴趣。"我有些不好意思地回答。

---

① 参考链接：http://www.deyi.com/forum.php? mod = viewthread&tid = 5387138&page = 1.

要想提高孩子的数学成绩，必须养成读书的习惯。

"是有些问题。"老师顿了顿说，"孩子到了初中要想学好数理化，必须得多读书，特别是一些历史、地理、自然科学类的书。多读书的孩子思维活跃，视野也开阔，到了初二更能明显地显示出优势。如果您想提高孩子的数学成绩，必须让她现在就养成读书的习惯。否则，我再怎么辅导，孩子的数学成绩也不会有太大的提高。"

"阅读是对'学习困难的'学生进行智育的重要手段。学生学习越感到困难、在脑力劳动中遇到的困难越多，他就越需要多阅读。正像敏感度差的照相底片需要较长时间的曝光一样，学习成绩差的学生的头脑也需要科学知识之光给予更鲜明、更长久的照耀。不要靠补课，也不要靠没完没了的'拉一把'，而要靠阅读、阅读、再阅读——正是这一点在'学习困难的'学生的脑力劳动中起着决定性的作用。阅读不仅能使某些学生免于考试不及格，而且还会发展学生的智力。'学习困难的'学生读书越多，他的思维就越清晰，他的智慧力量就越活跃。"当时读到苏霍姆林斯基的这些观点，我很认同，但总觉得读书所带来的改变是一件很缓慢的事情，而考试就摆在面前，所以还是觉得不如补课来得直接，效果更显著。

当孩子学习困难时，不要靠补课，而要靠阅读。

今天，经这位年轻的数学老师提醒，我忽然有种顿悟的感觉。阅读的功效绝不仅仅是丰厚学生的文化积淀，提高学生的写作能力，提升学生的语文素养，而是帮助点燃思维的火花，发展学生的智力。

所以，阅读不仅仅是语文的事情，它对于任何一个学科来说都是必要的。同样，阅读也不仅仅是语文老师的事情，需要各科老师都重视起来。一旦学生的思维版图被打开，那么它就会很自然地建构起事物、知识之间的联系，从而提高学习能力。这远远要比最简单最直接的教育方式——"补课"更能促进学生的整体发展。

所以，正像苏霍姆林斯基所说的，当孩子学习困难时——不要靠补课，也不要靠没完没了的"拉一把"，而要靠阅读、阅读、再阅读。

2. 阅读能力的培养

为了真正培养学生的阅读能力，必须倡导裸读，即学生直接面向教科书文本进行阅读，可以借助工具书（字典）但不要依赖教参或教辅。遗憾的是，现在学生手头都有不少教辅（这一现象在全国有普遍性），在阅读时直接查看教辅，走了捷径，一下子把书都看懂了。这是以教辅代替教师对学生进行讲授和灌输，它的危害性是很大的：第一，不能真正培养学生的阅读能力。学生读书只是向课本和教辅查找答案和对照解释，没有自我的感悟、理解和发现，这是浅阅读，浅尝辄止，没有深度，没有自我参与的读书不是真正意义上的阅读，这样也就无从培养学生的阅读能力。第二，容易造成"假知"，使教学带有泡沫和虚假成分。"教科书＋教辅"的阅读使人产生一种错觉，似乎学生只要认真看看和查找就可径直获得知识，把学生在独立阅读过程中必然要碰到和解决的各种必要的疑问、障碍和困难隐蔽起来，这样不仅导致阅读表层化，也使思考找不到它的着力点，教学中有价值的思考一定是以在自我阅读过程中产生的问题为对象的。表层化阅读使学生的课堂表现也因此带有泡沫和虚假成分。

具体来说，阅读能力的培养要强调以下几点：

（1）要有目的地读，防止盲读。

所谓盲读，就是目的不明，无的放矢，泛泛而读。盲目阅读，常常事倍功半，得不偿失，甚至事与愿违。阅读一定要有目的，阅读的目的无外乎获得知识、解决问题。获得什么知识、解决什么问题，这是阅读时首先必须明确的问题。只有目的明确，加强阅读的针对性，阅读才能收到事半功倍的功效。

（2）要有思考地读，防止死读。

所谓死读，就是读的同时不动脑筋，不作思考，不加消化。这是一种机械的、被动的、僵死的阅读活动。阅读不思考，等于吃饭而不消化。在听讲中，我们要防止学生以听代思，在阅读当中，我们要防止学生以读代思。英国历史学家黑尔普斯曾说："读书往往是回避思考的一种手段。"学生阅读只是向课本寻找答案，并因此代替了自己的思考，这种读书浅尝辄止，只能培养思维的懒汉。死读有百害而无一利。古人云："学起于思，思源于疑。"没有思考就没有真正的学习，而思考源于质疑。"疑"是一个契机，一把利斧，正是这把利斧劈开书本这块"坚木"，从而让读者深入书的内容中，弄通书本的内涵实质。

（3）要有兴致地读，防止硬读。

所谓硬读，就是在没有阅读兴致的时候，强迫自己读。硬读是一种机械学习，而不是有意义学习。在当前，学生为应付考试而阅读（实际上只是背书），这种阅读是没有读到心里去的，人和书是分离的。真正的阅读是一种出于内心需要的读书，在这样的读书过程中，人和书才有可能融为一体，读书才会真正成为一种精神享受。只有用心读书，才有真正意义上的乐读。

（4）要勤于动手，防止"懒"读。

所谓"懒"读，就是不动手的阅读方法。写阅读笔记是十分必要的，对于巩固记忆、理清思路有很大助益。教师要教会学生选用适宜的阅读笔记形式，或索引式、抄录式、引语式，或批注式、补白式、摘要式，或剪报式、札记式、日记式等，还要教会学生在书上作记号、画重点、提问题、谈见解、写眉批旁批尾批等。俗语说得好，好记性不如烂笔头。阅读一定要养成"眼到、心到、手到"相结合的习惯。

学生阅读需要教师的指导，教师指导主要包括以下四种类型：

（1）导法。指教师引导学生学习本课内容的方法，让他们学会抓题眼，抓重点，抓思维方法，学会边读边思，并且思之有理，思之有序，举一反三。

（2）导路。指教师引导学生理清教材的逻辑顺序，让他们有路可思，遵路识其真，循序见其明。

（3）导疑。指教师引导学生在阅读、自学教材的过程中，学会质疑问难的方法，做到善疑善问，激发学习热情，使其获得小疑小进、大疑大进的效果。

（4）导思。指教师指导学生如何思维，教给他们科学思维的方法，培养思维能力，使其思维具有广阔性、深刻性、敏捷性、灵活性等品质。

课堂上教师在指导学生阅读时一定要做到"四个明确"：明确时间

（用几分钟），明确内容（学习教材的第几页），明确方法（在自学时要运用什么方法），明确要求（在自学时要思考哪些问题，准备教师检查）。只有做到了"四个明确"，学生才能提高学习效率，并养成自学的良好习惯，提高自学能力。

案例展示：

语文（《背影》）：请速读课文，画出你认为重要的句子和自己喜欢的句子（明确内容与方法），五分钟后（明确时间），请同学们回答：文章写了一件什么事，包含怎样的思想情感？（明确要求）提前完成的同学思考：这是一个怎样的背影？为什么让作者感动得流泪？（层级要求）

数学（《平行四边形》）：请阅读教材 130 页的内容（明确内容），用时 4 分钟（明确时间），画出不明白的问题（明确方法），并思考下列问题：

（1）什么叫平行四边形？如何表示？

（2）平行四边形具有四边形的什么性质？（明确要求）

案例反思：

不宜这样"授人以渔"[①]

在一节阅读指导课上，老师用幻灯片出示了如下阅读步骤：

（1）从题目入手。

（2）抓住主题。

（3）中心语段。

（4）精彩品读。

在确认学生都看清了上述步骤后，老师给了学生 3 分钟的阅读时间。

课堂上，学生阅读材料的过程引发了片刻沉寂，在沉寂中学生也许已经展开了自己无尽的想象和思考。然而我们要追问的是：

---

① 英配昌. 提高课堂教学效率必须解决的几个关键问题［J］. 教育发展研究，2006（10）.

（1）老师是否有必要在学生阅读文章之前就提供阅读的程序和步骤？

（2）学生们真的会这样读吗？

（3）上述步骤学生都要一一经历吗？

（4）阅读一定要遵循这样的程序吗？

读一篇文章，最后留给我们的也许并不是教材的文本，而是带给我们的思考，以及由思考引发的思维、情感与行为的变化。

一旦学习过程按照"老师给一种方法——学生依法展开学习"进行，"培养"的真实状态就会偏离学生的自主、生成和个性，将学生导向遵守、接受和统一。

二、思考能力——不会思考的学生是没有潜力的学生

1. 思考能力的意义

何谓思考？思考肯定是一种思维活动，但什么样的思维才能称得上思考？杜威在《我们如何思维》一书中指出，思维具有以下几个层次：首先是一种广泛的、甚至可以说是不严谨的用法，凡是脑子里想到的，都可以说是思维（思维是一种想的活动）。第二种，是指我们对于自己并未直接见到、听到、嗅到、接触的事物的想法（思维是一种间接的认识活动）。第三种含义则更窄一点，指人们根据某种征象或某种证据而得出自己的信念。这种含义又可以再分为两种：在某些情况下，人们并没有多想、甚至完全没有去想根据何在，就得出自己的信念。在另一些情况下，人们则是用心搜寻证据，确信证据充足，才形成信念。这一思维过程就叫思考、思索。杜威强调，只有这种思维才有教育意义。

《现代汉语词典》是这样表述的：思考是比较深刻、周到的思维活动。

据此，我们认为思考具有以下特点：

（1）有根据的思维，思考不是主观妄想（想象），而是以事实、数据和已经得到证实的知识（原理、方法）作为依据来进行推论和思维。

（2）有条理的思维，即周到、系统、有逻辑的思维，其内在是事物（知识）联系、发展、变化的序，逻辑混乱、思考没条理就是没有序。

（3）有深度的思维，即直抵事物本质的思维，思维的表层和深层结

构，事物的深度与思维的深度（思维方式、方法和过程本身的深度）。

以上三点既是思考的特点，又是检验一种思维是否为思考的评判标准。

从教育的角度讲，思考要强调其主体性，即独立性和创造性，思考是学生独立自主的思维（不是被思维），思考是学生个体的独特思维（构建不是复制，个性不是单一性），只有这样，思考才能成为学生的一种思维能力和学科素养，否则可能只是一种思维方式或技能。

当前中小学生思考力不强，在思维上普遍存在以下五种缺陷：[①]

（1）依赖性。书上怎么说，老师怎么讲，就怎么去思维，人云亦云，依葫芦画瓢，缺乏独立思考能力。不敢大胆质疑和推测，不会自己去发现问题、思考问题，更缺乏变通地分析问题和处理问题的能力，形成思维的封闭状态。

（2）单一性。不善于从事物的整体与局部、现象与本质、前因与后果、偶然与必然等诸多方面多层次、多角度地认识事物，处理问题。思路狭窄，思维简单，常常表现出孤立的线型思维，表现出思维的单一性、单向性和片面性，缺乏辩证思维和立体思维能力。多求同思维而少求异思维，多横向思维而少纵向思维。

（3）无序性。不能将所学的知识进行顺应同化，建立自己的认知结构，不善于梳理自己所学的知识，呈无序散乱状态，构不成知识组块，织不成知识网络，理不清知识层次，建不起知识系统。

（4）浅露性。思维表面化，缺乏应有的深度。往往知其一，不知其二；知其然，而不知其所以然。阅读只流于表象的理解，思维达到语言层就浅尝辄止，不能深入意蕴层，领会文章的真谛。

（5）缓慢性。思维迟钝而不敏捷。阅读速度慢，不善于联想和想象，从而不能举一反三，触类旁通。

巴尔扎克说得好："一个能思考的人，才是一个真正的力量无边的人。"不会思考的学生是没有潜力的学生。不会思考的学生只能获得假知，而思考能力才是最核心、最根本的学习能力，它直接决定学生学习的水平

---

① 王必成. 关于提高课堂教学效率的再思考［J］. 课程·教材·教法，1996：2.

和质量。心理学研究告诉我们：在相同的时间内学习相同的内容，自己能进行深入思考的学生比只是记下教师所教内容的学生，能够更好地理解和记忆学习内容。从认知心理学和建构主义观点来看，理解就是新旧知识建立联系，把新知识纳入学生原有认知结构中去，从而形成新的认知结构的过程。显然，学生只有通过思考才能理解知识，把外在的知识转化为内在的知识，从而获得真正的知识。有思考的学习才是有意义的，有价值的学习。没有思考的学习是机械的、被动的、僵死的学习，孔子早就告诉我们："学而不思则罔，思而不学则殆。"习近平同志曾说过："书本上的东西是别人的，要把它变成自己的，离不开思考；书本上的知识是死的，要把它变为活的，为我所用，同样离不开思考。"的确，"人是活的，书是死的。活的人读死书，可以把书读活。死书读活人，也可以把人读死。"（郭沫若）显然，问题的关键在于思考。爱因斯坦强调指出："发展独立思考和独立判断的一般能力，应当始终放在首位，而不应当把获得专业知识放在首位。"在学习中，思考能力主要表现为提问能力（所谓"读出问题""读出自己"），包括提出问题、发现问题、分析问题、解决问题的能力。"不仅要看学生学了多少新课程和新知识，更要看学生是否真正学会了思考，学会了课程外的思考和实践；不仅要看学生接受了多少，更要看学生是否敢于批判和批判了多少；不仅要看老师在课堂上教给了学生多少知识，更要看老师给了学生多少思考的机会，给了学生之间多少辩论的机会。"[1] 张楚廷教授在其《大学里，什么是一堂好课》一文中强调指出："能够带上满口袋问题走进课堂的课，算好课；能够在课堂上唤起学生生问、发问、提问的课，算更好的课；能够唤起学生提问，居然被学生的问题问倒了（教师一时答不出来了）的课，算是最好的课。"[2] 为此，他进一步指出："教学，从根本上说，是思考着的教学引导着学生思考，又让思考着的学生促动教师思考。而在这一过程中，问题是最好的营养剂；在这一过程中，教师的思考和问题意识起着主导的作用。"[3] 联合国教科文组织

---

① 龚波. 课程改革呼唤教学文化的转型：从接受到批判 [J]. 当代教育科学，2005（17）.
② 张楚廷. 大学里，什么是一堂好课 [J]. 高等教育研究，2007（3）.
③ 张楚廷. 教师的四重奏 [J]. 课程·教材·教法，2008（7）.

国际教育委员会在《学会生存》一书中指出："教师的职责已经是越来越少传授知识，而越来越多地激励思考。"①

2. 思考能力的培养

任何思考都源于问题。问题是科学研究的出发点，也是学科教学的心脏，学科教学活动之源泉。从问题与学科思想方法和知识的关系来看，可以认为，学科思想方法是解决学科问题的手段，学科知识是解决学科问题的结果，没有问题就不会有解释问题和解决问题的思想、方法和知识，所以说，问题是思想方法、知识积累和发展的逻辑力量，是生长新思想、新方法、新知识的种子。学生学习一门学科同样必须从问题开始，没有问题难以诱发和激起求知欲，没有问题，感觉不到问题的存在，学生也就不会去深入思考，那么学习也就只能是表层和形式的。为此要求教师要善于巧妙地把学科教学内容（思想、方法、知识）转换成一连串具有潜在意义的问题（设置问题情境）并引导学生进行探究和发现。具体来讲，教师要遵循以下两条原则：

（1）创设问题情境与产生问题意识相结合的原则。

既然思考从问题开始，教师首先必须把学生要学习的内容巧妙地转化成问题情境。一般来说，教师设置的问题要具备目的性、适应性和新异性。目的性指问题总是针对一定的教学目标而提出来的，目标是设问的方向、依据，也是问题的价值所在；适应性指问题的难易程度要适合全班同学的实际水平，以保证使大多数学生在课堂上都处于思维状态；新异性指问题的设计和表述具有新颖性、奇特性和生动性，以使问题有真正吸引学生的力量。这样的问题才会成为感知和思维的对象，从而在学生心里造成一种悬而未决但又必须解决的求知状态，实际上也就是使学生产生问题意识。问题意识会激发学生强烈的学习愿望，从而注意力高度集中，积极主动地投入学习；问题意识还可以激发学生勇于探索、创造和追求真理的科学精神。没有强烈的问题意识，就不可能激发学生认识的冲动性和思维的

---

① 联合国教科文组织教育发展委员会编著. 学会生存：教育世界的今天和明天［M］. 北京：教育科学出版社，1996：259.

活跃性，更不可能开发学生的求异思维和创造性思维，因而无从发现。总之，教师创设问题情境一定要立足于使学生产生问题意识，学生只有意识到问题的存在，才能有真正的思考。值得强调的是，教师除了自己提出问题，还要特别注重引导和启迪学生自己发现问题、提出问题，其本身也是思考的过程。

（2）引导和发现相结合的原则。

在课堂教学中，问题的提出和解决是教师引导和学生探究二者的有机统一。教师的引导能够保证让学生在有意义的思考路线上进行有意义的探究，从而避免学生盲目的瞎猜和无效的活动，这是提高问题教学和学生思考效果、效率的关键。当然，教师的引导不能太具体、太直接，否则就无需学生的自行发现。教师的引导必须含而不露，指而不明，开而不达，引而不发，给学生留下自我选择、判断、联想、开拓、发现、创造的思维空间。要记住，问题解决特别是发现一定要在自己学习的"阵痛"中产生出来，这样的思考活动才有价值，才能给学生留下深刻印象，才能对其智力和创造力的发展起积极的推动作用。

进行专门思考培养——思维是可教的[①]

大量的事实和科学研究已经证明，思维训练与传授知识并不矛盾，前者改善知识获得的心理机制，促进个体产生新的逻辑，后者帮助个体接受新的经验知识，为思维提供加工的原料，两者相辅相成。因此，进行专门的思维方法培养是一种有效且有价值的提高思考力的途径。

对于思考本身，一般的理解就是运用概念进行推理，做出判断，提出见解的过程。对于一种现象或问题的理解，我们可以正反看、前后看、比较地看、假设性地看，等等。这些都可以看作思考的基本"套路"，心理学的研究已经证明，它是可以教的。我们要把学生培养成有主见、有思想的人，首先还是要引导他们掌握基本的思考方法，教他们学会如何思考。思考方法从宏观层面讲，就是要让学生懂得一点唯物辩证法，学会联系

---

① 徐士强，王秀军，等. 引导学生成为会思考的人［N］. 中国教育报，2009－5－15.

地、发展地、辩证地思考问题；从具体层面讲，主要是掌握分析思考法、综合思考法、发散思考法、聚合思考法、逆向思考法、联想思考法、形象思考法、演绎思考法、归纳思考法和推理思考法等。教师要结合教学内容有效地训练学生的思考方法，并注意引导学生自己总结和交流运用科学方法思考问题的经验。

罗素指出，教育就是在教师的指导下让学生学会自主思考。教师成为学生自主思考的指导者，其价值远甚于知识和技能的传授。当然，凡事向来知易行难，教师要做到这一点，需要对学生怀有无尽的爱和对教育事业怀有执著的精神，更要努力培养自己善于思考的行事特征和独立见解的思维品质。用自己的思想点燃学生自主思维的意识，点燃学生独立探索的精神，这是教师的天职。

提问的智慧①

提问，是教师的课堂教学中不可或缺的一个环节，经过精心设计的问题可以更好地促进学生对课堂内容的学习。"学校为学生所能做或需要做的一切，就是培养他们思维的能力。"试问，课堂上那些流于形式和可有可无的提问怎么能启发学生真正思考，使学生的思维得到发展呢？

关于提问，大教育家杜威强调必须区别两种问题，一种是真正的问题，一种是模拟的或虚幻的问题。怎样区别这两种问题呢？他提供的标准也值得我们深深思索，可以用来衡量我们实际教学中的提问有多少"含金量"：第一，除了给学生提出一个问题以外，还有什么别的目的吗？这个问题是从学生个人经验的某种情境内部自然产生的，还是只是为了讲授某一学校课题而提出的一个孤零零的问题呢？它是否能引起学生在校外进行观察和从事实验的某种尝试呢？第二，它是学生自己的问题，还是教师的或教科书上的问题，只是因为如果学生不回答这个问题，就不能得到所求的分数，或者不能升级，或者不能赢得教师的赞许而给学生提出的呢？让我们由这些问题出发，审视一下教师的提问：提问是

---

① 易莎. 提问的智慧——课堂提问反思［J］. 教育科学研究，2011（1）.

否具有启发学生的意义；怎样设计提问才能使课堂中的提问发挥它独特的价值，对知识的传递起穿针引线的作用，对思维的启迪起启发鞭策的作用。归根结底，要看这个问题是否为学生主动思考和增进知识而设计，是否从学生自身经验出发，是否能引导学生进一步推导和检验知识。教学是为了学生思维的发展，所以，问题的提出不是为了满足外部的要求；教师是问题的设计者，但应该站在学生所处的情境和学生的引导者的位置上来设计提问。

教师的提问蕴含着教育的智慧。提问的目的在于启发学生的思考，而思考会促进学生自己发问、希望解答疑惑，从而更加渴求知识。巧妙的提问会促进"学"与"思"的良性循环。因此，课堂上教师要以教学内容为依据，发散出有启发性的提问，开启学生思维的大门，促进知识的扩展和吸收，使学生的学习与思考相伴而行。

提出高质量的问题①

语文科是最能全面训练学生思维能力的一门学科。思维的训练需要借提问来达成。提问具有不同思维水平的坡度，才能训练学生全面的思维能力，才能称得上高质量的提问。教师掌握布鲁姆的六个认知水平，有助于了解并调整提问的难度，以照顾学生的学习差异。

以《愚公移山》为例，通过高质量的提问全面训练学生的思维：作者是谁？分几段？用哪些工具来移山？属记忆水平的思维训练。解词如"智叟""始龀"，解句如"甚矣，汝之不惠""汝心之固，固不可彻"，找每段的段旨，找全文的主旨和寓意等，属理解水平的思维训练。利用所学的字词造句或总结愚公移山的启示等属应用水平的思维训练。移山的原因、过程、结果是什么？课文反映愚公什么性格？小孩参加移山工作有什么意义？属分析水平的思维训练。智叟评愚公，你同意吗？愚公的做法值得学习吗？属于评价水平的思维训练。如果是你，有哪些移山方法？另拟题目等属于创造水平的思维训练。

---

① 何文胜．香港语文教学现状与落实课改理念策略［J］．语文建设，2014（10）：73—74.

三、表达能力——不会表达的学生是没有影响力的学生

1. 表达能力的意义

何谓表达？"所谓'表达'指的是，把自己内化了的知识赋予能够传递给他人的形式来加以表现的过程，或是由于外化而得以表现的内容。"[①] 表达首先意味着学生有自己的想法、观点或思想、感情（由阅读和思考等活动产生的东西），其次意味着学生能够比较准确、清晰地用自己的语言将其表示出来，第三意味着有人倾听并进行互动和反馈（赞扬、补充、纠正等）。简而言之，表达就是用自己的语言说出对问题的认识。学生能用自己的语言从不同角度阐述看法或发表意见，既是理解的重要标志，也是从理解到创新的关键一步。在教学中，学生常常听得懂，就是不能用自己的话说出来，这说明学生没有真正理解，没有想透彻。教师一定要鼓励学生大胆地用自己的语言阐述自己的认识和想法，这样才能促进学生独立思考并把书本知识转化为自己的知识，同时也能暴露学生理解过程中的认知错误，进而及时纠正。

从心理学角度讲：学生表达是表现欲满足的过程，每个人都有表现自我影响他人的需要，表达是一种心理需要。从教学论角度讲，教是最好的学。《学记》指出："学然后知不足，教然后知困。知不足然后能自反也，知困然后能自强也。故曰：教学相长也。"就其本义而言，这段话论述的是一条学习规律。它指出学不能仅限于潜心自得，而应当尝试施教他人，通过施教的知识外化过程强化自己对知识的理解和掌握。陶行知先生也说过："为学而学不如为教而学之亲切。为教而学必须设身处地，努力使人明白，既要努力使人明白，自己便自然而然的格外明白了。"所以他说，教是最好的学。从社会学角度讲：表达即交往、互动（倾听），表达是一种影响、奉献，也是一种反馈和更正，课堂是一个学习共同体，表达强调的就是交往学习、合作学习。学习不仅是一种个体获得知识和发展能力的认识过程，也是一种人与人之间的交往过程。所谓交往，就是共在的主体

---

① 钟启泉. 重视儿童的表达活动 [J]. 基础教育课程，2014（1）.

之间的相互作用、相互交流、相互沟通、相互理解，这是人基本的存在方式。人在交往中、在与他人的互动中生活，并通过交往学习生存所需要的知识、技能、经验等，形成积极的人生观和主动的生存方式，发展人之为人的一切方面，获得人的本质。交往的认识意义表现在：第一，促使知识增值。"知识在对话中生成，在交流中重组，在共享中倍增"。学生通过交往分享彼此的思考、经验和知识，丰富学习内容，求得新的发现。学习过程因此成为课程内容持续生成与转化、课程意义不断建构与提升的过程。第二，活跃学生思维。古人言：独学而无友，则孤陋寡闻。缺少交往的学习很难产生思维的碰撞和创造的火花。一位哲人曾说："一个苹果跟一个苹果交换，得到的是一个；一个思想跟一个思想交换，得到的是两个，甚至更多。"学习中的交往和互动有助于激发灵感，产生新颖的观点、奇特的思路，从而增强思维的灵活性和广阔性。

不会表达的学生是没有影响力的学生，表达能力是学习能力的最高体现和综合反映。学习过程是一个吸收和表达交互作用的过程，吸收是知识内化的过程，表达是知识外化的过程。只有通过表达，知识才能被激活，才能真正转化、升华为能力，否则学生吸收的可能只是惰性的知识、没有活性的知识。从学生个体角度讲，每个学生都有表现欲，教学过程要满足、培养学生的表现欲，给学生表现的舞台、展示的机会，这是推动学生学习的内在永恒动力；从学生团体角度讲，表达的过程同时也是倾听的过程，它体现的是共同体的学习理念，即学习过程是同伴分享彼此思考、经验和见解，交流彼此情感、体验和观念，从而达到共享、共进的过程。这是儿童共同发展的秘诀。

2. 表达能力的培养

第一，鼓励学生参与课堂。

表达的前提是参与：要让学生参与课堂教学的全过程，学生在课堂中的参与不应局限于独立思考和练习阶段，而应体现在教学的各个环节；要让每位学生都有参与教学的机会，体验到参与成功带来的满足，特别是要从不同层次学生的学习基础出发组织学生参与教学活动，使他们在原有学习的基础上通过参与教学都有所发展；要引导学生参与学也参与教，不仅把学的主动权交给学生，而且把教的主动权交给学生，课堂展开师生互教互学活动，要引导学生参与教学也参与评价。

仅仅参与是不够的

余文森

今天在福州八中参加"八闽高中教学校际协作组织06课改论坛——暨福州八中06至07学年第一学期研究观摩课"，不完整地"跑班"听了高一年级的数学、语文、历史、化学、英语五节课。

总体印象：课堂上教师都很关注学生的参与，这与以往教师主宰唱独角戏的课堂教学相比，是很大的进步和解放。但与新课程教学改革深化推进的要求相比，却还很不够。

主要问题表现在：

学生被动参与多，主动参与少，即学生的参与只是对教师要求的应对，而不是自发、自主的表现。这种参与没有带来学习的欢乐和兴奋。

浅层性参与多，深层性参与少，即学生的参与主要基于教材的知识和答案，而不是基于自己深层次的个性化的思考和质疑。这种参与没有带来思考和智慧。

形式性参与多，实质性参与少。形式性参与即动口不动脑（手）的参与，服从服务于教师教学的参与。实质性参与的核心是自主性、探究性学习，以及基于其上的合作性学习。

高中新课程刚刚开始，我们没有必要求全责备，但一定要清晰地认识前进的方向、明确存在的问题。

把课堂的主动权还给学生

陈松泉

前两年，一位刚刚考入某重点大学中文系的学生给我发来短信，问论文该怎么写。这让我陷入了深思：严格地讲，撰写学术论文似乎不属于中学语文的教学范畴。可一个在中学时期语文成绩非常优秀、能升入重点大学中文系的学生，居然不会写论文！我的语文教学大概难逃干系。

我开始思索自己的语文教学，才发现以前自以为成功的语文教学误人子弟：为学生设置好教学目标、教学重点，规划好教学过程，想好切入点，设计好问题，一步步地把学生往里边引，最终"圆满"地完成教学任务。在这个过程中，学生毫无自主权可言。

反思之后，我开始大胆地将课堂的主动权还给学生，经过一段时间的实践、磨合，我和学生都喜欢上了这样的教学方式。

一、把讲解的主动权还给学生

我们学习一些文学、文化常识时总是以教师的讲述为主，其实不少学生对此已经有所了解，此时不如将讲解的主动权交给学生。这不仅对那些能够讲解的学生是一种鼓励，对不能讲解的学生也是一种促进。比如《读〈伊索寓言〉》一课，让学生讲解关于钱锺书先生的文学常识，结果有个钱锺书迷不仅绘声绘色地讲了钱锺书先生的几则轶事，还向大家隆重介绍了《围城》，课后，班上好多学生因此读起了《围城》。此时学生的讲解就比教师的讲解有效得多。一些相对简单的文言片段也可以交给学生讲解，并取得非常好的教学效果。

二、把思考的主动权还给学生

我们每堂课都会给学生思考的时间，但这并不意味着学生就有了思考的主动权。很多教师把学生的思考限定在自己的预设范围之内，不敢让学生有所突破，而这恰恰是对学生思考主动权的扼杀。要保证学生思考的主动权，教师必须敢于让学生放开思考，大胆说出自己的想法。如《采薇》一课，教参所附《归乡悲情——〈采薇〉新释》一文，认为"今我来思，雨雪霏霏"并不是"哀景写乐"，这对教师有较强的暗示作用，有些教师这样问学生："'今我来思，雨雪霏霏'真是'哀景写乐'吗？"于是所有的答案都是一边倒："不是。"如果让学生说出自己的看法，答案就会丰富得多。

三、把预设的主动权还给学生

由于知识、经历等方面的种种差异，对一个文本，学生往往会有不同于教师的看法。教师不能完全代替学生完成课前的预设，应该经常让学生经过自学、讨论提出教学目标、教学重点、教学过程等。教学《念奴娇·赤壁怀古》一课，一个班的学生决定先从上阕写景开始鉴赏，另一个班的学生则倾向于从分析周瑜入手。殊途同归，沿途风景迥异，对教师而言也是一种享受。把课堂预设的主动权交给学生，意味着教师在课前要付出加倍的时间和精力：为了推测课堂上的种种可能，顺利地指导学生完成探索过程，必须仔细研读课文，查阅很多资料。这样的学习方式会给课堂带来极大的乐趣：每堂课前都不知道将会迎接什么样的挑战，每一堂课都将能生成创新，每一堂课都充满了魅力。

当然，还可以将课堂评价等的主动权还给学生。学生拥有更多的主动权，才能真正成为课堂的主人。学生会为拥有主动权而自信和骄傲，教师同样会有巨大的收获：眼前的学生都是那样优秀！那些平时沉默寡言、成绩平平的学生，思维竟然也如此敏捷、深刻！原来他们尚有巨大的潜力可挖！

第二，教师要学会倾听。

如果说，参与式教学是给学生提供表达的机会，那么，教师的倾听则是激发学生表达的欲望。的确，正如美国教学论专家达克沃斯所说："发现有人对他们自己的思想感兴趣，他们便成为如饥似渴的学习者，即使在那些以前并不吸引他们的领域同样如此。"[1] 佐藤学也指出："倾听学生的发言的，如果打一个形象的比喻的话，好比是在和学生玩棒球投球练习。把学生投过来的球准确地接住，投球的学生即便不对你说什么，他的心情也是很愉快的。学生投得很差的球或投偏了的球如果也能准确地接住的话，学生后来就会奋起投出更好的球来。这样的投球般的快感，我认为应当是教师与学生互动的基本。"[2]

遗憾的是，现行的课堂教学中，"教师的声音总是教室中最响亮的，这主要不是指教师的声音分贝最高，而是说许多对话是由教师控制的，教

---

① 爱莉诺·达克沃斯."多多益善"——倾听学习者解释［M］.张华，等译.北京：高等教育出版社，2004：3.

② 佐藤学.静悄悄的革命［M］.李季湄，译.长春：长春出版社，2003：35—36.

师缺乏倾听的意识与能力。"① 不善于倾听的教师无法真正走进学生的内心世界并且与学生互动，教学只能是教师唱独角戏了。李政涛先生在《倾听着的教育——论教师对学生的倾听》一文中的第一段和最后一段写道："教育的过程是教育者与受教育者相互倾听与应答的过程。……倾听受教育者的述说是教师的道德责任。""这样的倾听就是真正的倾听，它有效地改变教师的倾听方式，使他们从外在的听到内在的听，从抽象的听到具体的听，从观念的听到体验的听，作为一个真正的倾听者的教师，必定是这样的：他怀着深深的谦虚和忍耐，以一颗充满柔情的爱心，张开他的耳朵，满怀信心和期待地迎接那些稚嫩的生命之音。这样的倾听由于植根于生命的大地，根深蒂固，顺风摇摆，时常静默沉寂，但又潜藏着创造的活力，它的全部目的无非在于：为了在空中绽放花朵，凝结果实。"② 倾听是最好的教育方式，教师的倾听不仅能够激发学生的表达和学习欲望，还能够激发学生的创意和精彩观念的诞生。

第三，倡导讨论式和辩论式教学。

讨论和辩论是激活学生思维、培养学生表达能力的最佳方式。教师要善于创设有意义的话题，引导学生展开讨论和辩论。真理越辩越明，认识也会在讨论中提高。这样，表达能力自然随之提高。佐藤学说得好："让各种学生的看法和想象相互碰撞激荡，回响共鸣的活动，所以称之为'交响乐团'，如文字所示，好像不同乐器的声音相互协调地鸣响而产生了交响乐那样，在教室里，各种各样的意见、想法相互呼应便产生了如同交响乐一般的教学。"③ "对教师来说，每一个学生的想法和头脑中的表象都相互碰撞、呼应起来的'交响乐'本身，乃是教学的最大妙趣之所在。"④ "在课堂教学中一旦引进了'表达'，儿童就会活跃起来，课堂会变得'热气腾腾'……畏首畏尾的儿童会变得敢于表述自己的主张，不倾听他人话

---

① 波曼. 老师，你在听吗？——幼儿教育活动中的师幼对话［M］. 汪寒鹭，等译. 北京：中国轻工业出版社，2010：3.

② 李政涛. 倾听着的教育——论教师对学生的倾听［J］. 教育理论与实践，2000（7）.

③ 佐藤学. 静悄悄的革命［M］. 李季湄，译. 长春：长春出版社，2003：44.

④ 同上：50.

语的儿童也会变得能够倾听他人的发言了。"①

在多元对话中教语文——《项链》教学实践及反思②

在讲解莫泊桑的短篇小说《项链》时，我就在思考：这篇小说的主人公玛蒂尔德的形象，一直是理论界争论不休的话题，我该如何向中学生们讲解这个问题并在课堂上激发他们主动探究的兴趣呢？

上课后我就对学生们说："今天我们来分析玛蒂尔德的形象，希望大家各抒己见、踊跃发言。你们可以随时站起来发表自己的看法，其他同学也可针对某位同学的观点提出不同意见。我们也来个百花齐放，百家争鸣。"

课堂气氛一下子活跃起来。我趁热打铁，问同学们："读完这篇小说以后，你对玛蒂尔德的印象如何？你喜欢她吗？"

课堂上很快形成针锋相对的两派，有人说"喜欢"，有人说"不喜欢"。抓住这个机会，我把班上的同学分成两大组，要求观点相同的，坐得比较近的同学互相讨论，然后推举代表站起来谈谈自己为什么"喜欢"或为什么"不喜欢"，最后集体评议，看看谁的道理更充分。

几分钟以后，我首先让"不喜欢"玛蒂尔德的同学说说理由。

甲同学说："玛蒂尔德整天奢望得人欢心，被人艳羡，被人追求。说明她不能正确面对现实，想入非非，心中充满了空想，我不喜欢她。"

乙同学说："玛蒂尔德追求奢华生活，幻想挤入上流社会，渴望能过上养尊处优的富裕生活，她贪图享受，虚荣心太强，我不喜欢。"

丙同学说："十年的艰辛就是对她虚荣心的惩罚。活该！"

等到他们再也没有什么补充意见时，我又请"喜欢"玛蒂尔德的同学发言。

A同学说："她诚实守信，当她确信项链的确是再也找不回来时，她想的依然是如何按时还上，从没有想过赖着不还，或是买个假的还上，体现出她高尚的人格。"

---

① 钟启泉. 重视儿童的表达活动 [J]. 基础教育课程，2014（1）.

② 董文. 在多元对话中教语文——《项链》教学实践及反思 [J]. 基础教育课程，2005（3）.

B同学说："她有自尊和自爱，丢失项链后她决定靠自己的劳动来还债，决不出卖自己的灵魂和肉体，比现实生活中那些不劳而获的人不知要强多少倍，在她的身上闪耀着人性的光芒！"

C同学说："她还有坚韧、忍耐、吃苦的精神，丢失项链后，面对巨额债务，勇于向命运抗争，值得尊敬。"

双方争执不下。

此时，我便对同学们说："先撇开自己的观点，想想对方刚才所说的，你觉得有道理吗？"

"好像都有道理啊！"同学们小声地谈论。

"的确如此。"我连忙肯定，"双方说的都言之有理，这也就是我们所说的人物性格的多样性和复杂性。"随后，我又对双方观点作了简评和总结。同时，我不失时机赞扬了双方："这说明大家的确认真阅读了文章，并认真思考了，双方的发言都很精彩。"我看到有些同学脸上露出了笑容，内心更是高兴。因为学生们在自主、合作、探究的过程中既掌握了知识，又体味到学习的乐趣。

这时，又一个同学突然站起来问："老师。像您这样说，我们对人物的分析不是丧失一个标准了吗？"

这也正是我想要说明的问题。作为本节课的结束，我因此向学生们点明了文学鉴赏中的一个重要原则："对文学作品的鉴赏和评价历来是仁者见仁，智者见智，没有统一的标准答案，而具有某种未定性和模糊性，给我们带来无尽的阅读快感和遐想，这也正是文学经典的魅力之所在。我也希望同学们在解读文学经典的过程中，结合自己的独特体验，读出经典新的含义。"

讲到这里，同学们都露出若有所悟的样子。

我又和学生约定，我们都以"我心目中的玛蒂尔德"为题写一篇人物短评，然后一起交流。我从交上来的作文情况中发现，许多同学都写出了论点鲜明、有理有据的好文章。

这节课基本上实现了我所预期的目标，形成多元对话的课堂氛围。靠学生与文本对话、生生对话、师生对话主动探究问题。我不再为学生代言，而仅仅起到了引导的作用。我讲的少，学生讲的多；我教得轻松，学生们也学得轻松。学生们在自主、合作、探究的过程中感受到了文学经典的蕴藉之美，在宽松民主的氛围中领略到了语文学习之乐趣。

对小学生口头表达能力（"说"的能力）的训练的要求可分为三个层级一次：（1）响亮地说。（2）完整地说。（3）准确地说。对小学生"写"的训练可分为三个层次：（1）连词写话。（2）模仿写话。（3）想象写话。[1] 之后，还可以加上生动（形象）地说，有个性（创意）地说。当然，有感情则是共同的要求。

（1）响亮地说。这是说话训练的起步要求，教师应鼓励小学生大胆地说出自己的想法，做到"敢说"与"乐说"。在课上，教师可适当降低提问的难度，有时可以提很简单的问题，或安排很容易的说话练习，让所有的学生都能没有心理障碍、轻轻松松地回答。对于说话声音较低的学生，教师应提醒并鼓励他大声地表达自己的想法，养成说话响亮的表达习惯。

（2）完整地说。即要求学生说完整的话，该有的元素一个都不能缺漏。小学生口语表达时，很难全面地考虑问题，习惯于用一个词语或一个短句，这是不完整的表现。贾志敏老师执教《爸爸的老师》一课时，设计了这样一则说话练习："起先，我以为_____。"他通过不断提醒学生"说完整"，最后终于使学生们达到了训练的要求："起先，我以为爸爸的老师是一个胡子很长、有满肚子学问、比爸爸还要强的老数学家。"

（3）准确地说。指语言表达没有语法错误，而且生动、形象、得体，符合实际语境，揭示事物的本质。这是在语言完整基础上的再提高，是对小学生说话训练提出的更高要求。教学《三顾茅庐》，在品读"又等了一个时辰，诸葛亮才悠然醒来"之后，可以安排一则想象说话："刘备急忙上前说道：'_____'。"引导学生联系上下文揣摩刘备的心理，想象刘备的语言，训练重点是：想象要合理，说话要得体。

---

① 李伟忠．关注文本表达，关注学生表达［J］．语文建设，2014（4）．

第三节 三大能力导向的教学与学习方式

一、三大能力与三种对话

"学校应成为'学习共同体'，在教室中要实现'活动的、合作的、反思的学习'。即让那种与物与教材对话，与学生与教师对话，与自我与自身对话的学习成为教学的中心。"①

阅读是与文本（教材）对话（其实，知识的输入途径还有观察、操作，所以，除了与文本对话，还要与事物对话），实际上就是让学生在自己的头脑中重建文本的过程，它的要求就是准确！重建意味着作为读者的学生要"读进去"，读出意义来，读出趣味来，不能老是被关在文本的大门外，看着作者在文本中述说的一切。

叶圣陶先生曾说："陶不求甚解，疏狂不可循。甚解岂难致？潜心会文本。作者思有路，遵路识斯真。作者胸由境，入境始与亲。一字未宜忽，语语悟其神。惟文通彼此，譬如梁与津。"② 思考是与自我对话，强调自我的参与，把自己也作为认识的对象。学生不仅要以读者的身份，还要以作者的身份与文本对话，这个过程也就是自我对话的过程。叶圣陶先生曾指出："我于读文章的时候，常把我自己放入所读的文章中去两相比较。一边读一边在心中自问：'如果叫我来写将怎样？'对于句中的一个字这样问，对于整篇文章的立意布局等也这样问，经过这样的自问，文章的好坏就显出来了。那些和我想法相等的，我也能写，是平常的东西，写法比我好的就值得注意。我心中早有此意或感想，可是写不出来，现在却由作者替我写出了，这时候我就觉得一种愉快。……我想鉴赏的本体是'我'，我们应把这'我'来努力修养锻炼才好。"③

---

① 佐藤学.静悄悄的革命［M］.李季湄，译.长春：长春出版社，2003：42.

② 叶圣陶.语文教学二十韵［M］//叶圣陶教育文集（第一卷）.北京：人民教育出版社，1994.

③ 夏丏尊.夏丏尊文集（第二卷）［M］.杭州：浙江文艺出版社，1983：531.转引自：孙绍振.以作者身份与文本对话［J］.语文建设，2014（3）：11.

表达既要与他人（同伴）对话，就意味着倾听，没有同伴的倾听，就成了"自说自话"。表达意味着分享，在表达和倾听过程中，同伴们分享彼此的认识、经验、智慧，纠正、更正或补充、丰富彼此的理解和看法。"在学校里的学习既不是学生一个人的孤立活动，也不是没有教师介入而进行的活动。它是在教师的介入下，学生自立地、合作地进行的活动，这才是学校中'学习'的本质。"[1]

二、三大能力与三个教学环节或三个要素

能力只有在需要的活动中才能得到培养和提高。学生学习能力的培养和提高也只能在需要的课堂教学中才能实现。也即只有在需要阅读、思考、表达三种能力的课堂教学活动中，其才能得到培养和提高。为此，我们必须把阅读、思考、表达作为课堂教学运行的三个环节或三个要素。

1. 相对独立的三个教学环节（能力导向的课堂教学范式与变式）（把能力培养落实到各学科教学环节中去）

把阅读、思考、表达作为教学的三个基本环节，三者是递进关系，在阅读的基础上深度思考，在思考的基础上个性化表达。三个环节又有交叉关系，你中有我，我中有你。相对独立不是绝对独立。

阅读环节："作为阅读教学，在一节课里面，能让学生多少次与教科书的语言发生新鲜的接触，这是决定教学成败的事，很有必要返回到阅读教科书去，一节课中若干次反复地阅读。"[2] 在以听讲取代阅读的传统课堂教学中，"教学成了给学生'喂'教师消化好了的知识的过程，学生与原生知识、真实现象之间直接会面、发生挑战的机会被取缔，久而久之，学生失去了对新知识的消化能力、对新现象的透视能力，教学活动沦为地地道道的授受与识记过程。"[3] 这样的教学，能力荡然无存。我们应把"引导学生完整地、全面地、独立地阅读教材（课文）"，看成是课堂教学最具本质意义、最具基础性价值的教学环节。

---

① 佐藤学. 静悄悄的革命［M］. 李季湄，译. 长春：长春出版社，2003：40.
② 同上：33.
③ 龙宝新. 走向核心知识教学：高效课堂教学的时代意蕴［J］. 全球教育展望，2012（3）.

思考环节：对在阅读中产生的问题进行思考，对文本知识不仅知其然，而且知其所以然；不仅弄明白疑难性（理解性）的问题，而且弄明白质疑性（批判性）的问题；不仅得到问题的答案，而且对问题形成自己的看法和见解。传统课堂是回避问题因而无需思考的课堂，教师会讲得清清楚楚、明明白白，学生不仅没有发现和提出问题的机会，就算真的碰到了问题，教师也会有意无意地强制学生按照自己的思维与理解，接受解释和看法，不给学生独立思考的机会，堵塞学生新思维的涌现。这样的教学，也就只有知识了。为此，我们把"引导学生提出有价值的问题并进行深度思考"，看成影响、决定课堂教学质量和水平的最核心的因素。

表达环节：在阅读特别是思考的基础上，发表自己的想法和观点，并与同伴进行交流互动分享，使自己的想法和观点得以完善、补充、更正，使自己学习和认识的水平不断提高。传统课堂是教师表演和唱独角戏的课堂，教师是绝对的主角，学生只能配合教师的教学。这样的教学是为完成教师的教学任务服务的，至于学生是否真的学会了，是否有自己的看法和表达自己观点的欲望，无关紧要。这样的课堂不是学生为主的课堂，因而是不能真正激发学生主动参与并发展学生能力的课堂。为此，我们把表达（鼓励学生发表自己的见解和组织学生讨论）看成课堂的内在要素和不可缺少的构成环节。

阅读—思考—表达，三个环节构成能力导向课堂教学的基本结构或基本范式，但是，不同学科、不同教师、不同的课型和内容、不同的教学阶段和任务，实施起来会有变化，也就是说会有许多具体的变式，如阅读可能变成观察或操作、实验，思考可能变成针对性或提高性的讲解或交流，表达可能变成书面作业或写作，等等。但万变不离其宗的，是阅读—思考—表达三种能力的培养和发挥。如小学语文的读一读，想一想，说一说；小学数学的做一做，想一想，说一说。

2. 相对独立的三个基本要素

把阅读、思考、表达只作为教学的三个基本要素，也即课堂教学有它们就行，至于怎么呈现、在什么时候呈现则不做要求和规定。就像我们需要维生素、蛋白质、碳水化合物三种东西，究竟由什么食物提供或者怎么提供（顺序），则无关紧要。当然，作为教学，我们要研究：课堂上哪些知识适合学生阅读、哪些问题适合学生思考、哪些内容适合于学生表达？学生独立阅读、深度思考和主动表达，在每节课上都要有一定的时间保证。这样，才能把能力培养落实到课堂教学中。

究竟把阅读、思考、表达作为教学的环节还是要素，由教师根据学科性质特点、学生能力基础和教学实际情况而定。比较而言，"环节说"的要求相对刚性，但易于操作，特别是刚开始的时候。"要素说"则相对开放，具有弹性和自由的空间，教师有更多发挥和创造的余地。

阅读教学新模式①

读一读。对于一篇课文，先由学生初读感知，了解大意；继续熟读，读出感情。这个环节的读，体现了自主和个性化，不认识的字认识了，大部分不理解的词也理解了，简单的问题也化解了。这是按每个学生自己的喜好开放地读，开放地理解，开放地感悟。

听一听。学生都是按自己的理解有感情地读书，听听录音，或是听老师范读，就解决了，体现了老师的引领和纠偏。对于学生来说，吸收借鉴自己不会的知识和能力，同样具有开放性。学生听后再读，就能较好地读出感情，读出味道了。

想一想。学生在把课文读熟、读出感情的基础上，思考自己还没有解决的问题。这时候的问题，几乎无一例外都是教学重点。让学生静下心来想一想，绝大多数学生都能够自己解决。不能解决的，在同学的帮助下，也理解了。同时，学生还可以按老师的提醒，思考与自己实际生活的联系，给自己什么启示等等。这里体现了自主、合作、探究的教育思想，开放思维能力也得到培养。

说一说。说有两层意思，一是说对课文主要意思的理解，对文章重点

---

① 路文生，等. 在小学语文教学中培养学生开放思维能力的实践与思考［J］. 教育实践与研究，2010（12A）.

的理解；二是自己的感悟，和生活实际的联系，受到的启示，学到的东西。实现课本—生活、校内—校外的转换，学生的思维活动也随着转换不断开放。

背一背。在熟读、有感情朗读的基础上，要求学生把经典句段、经典名篇背诵下来，做到积累语言，培养记忆力。学生可以选择适合自己的记忆方法。如兴趣记忆、注意记忆、目的记忆、理解记忆等。这个过程也是开放的、自主的。

做一做。依据课文情节和内容做动作、表演。这是学生对课文理解内化的个性化过程，思维极具开放性。有的人如实表演，有的人又非常夸张，有的惟妙惟肖，有的缩手缩脚。每每此时，一堂课的高潮就来了。

写一写。可以写说的，写演的，写感悟的，也可以仿写；写的内容是开放的，写的方式是开放的。每个人都各写所思，每个人都各有所获，千人千面就是比千人一面好。

讲一讲。学生回家，把课文故事、学课文发生的故事、自己学习的收获（不仅是语文一科）、学校发生的故事、路上看见的故事，等等，任选一个讲给父母听。这又是一个开放式思维、表达训练的过程。

第四节　学科能力及其教学的特殊性

一、学科能力（体系）的构建

任何一门学科的能力要求都体现着共性要求和个性要求的辩证统一。从内容上讲，学科能力包含以下两个方面：一是学科的共通能力，即富有学科特色的阅读、思考、表达能力，每门学科都有自己独特的术语系统和表述事物规则，都有对社会与自然事物的独特的观察与分析角度及成果，所以，这三大核心能力在不同学科的表现内容和形式是不同的，语文学科、数学学科、科学学科各自的阅读能力、思考能力、表达能力是不一样的。"数学阅读与语文阅读也有共同之处，都需要认读、理解、鉴赏，都讲究阅读记忆、阅读速度、阅读技巧，但数学阅读不能等同于语文阅读，数学阅读有其自己的特殊性，主要表现在以下几个方面：（1）数学材料主要由数学语言组成，数学语言具有无歧义、简洁、各学科通用的特点，其中文字语言、图形语言、数学符号语言在一般情况下可进行转译；（2）数学材料主要用归纳和演绎的方法来呈现，体现一定的严谨性，如立体几何从平面的 3 个公理和平行线的传递性出发，讨论了直线与直线、直线与平面、平面与平面的位置关系，采用了'公理化'方法，结构比较严谨；（3）数学材料中蕴含着丰富的数学思想。数学阅读就是要领会其中的数学思想，形成自己的数学观念，掌握数学方法，提高自己在数学意识、数学思维、数学技能和问题解决、数学语言与信息交流方面的数学素质。"[1] 二是学科的特殊能力，即每门学科基于自身的性质和任务，而对学习者提出的特殊能力要求以及在学科教学中必须加以重点培养的特殊能力。这里列出新修订的 2011 年版的学科课程标准中关于学科能力培养的部分要求和规定[2]：

语文：语言文字运用能力，思维能力、探究性学习能力、独立阅读能力、书面表达能力、日常口语交际能力、运用语文工具书、新技术和多媒体的能力

英语：听说读写（五级）综合语言运用能力，一、二级阶段表述为听做、说唱、读写、玩演、视听

思想品德：自我调控能力、爱护环境的能力、交往和沟通的能力、参与社会生活的能力、信息获取和处理能力、道德判断和选择能力、维护合法权益的能力

数学：运算能力、推理能力、分析和解决问题的能力

物理：探究能力、实践能力、初步的观察能力及提出问题的能力、初步的信息收集能力、初步的分析能力、初步的信息交流能力、分析问题和

---

① 厉小康. 数学阅读能力的培养研究［J］. 数学教育学报，2004（5）：89.

② 王嘉毅，李孔文. 学生本位的能力培养［J］. 课程·教材·教法（"2011 年版义教课标解读与教学建议"专辑），2012（Z1）：30—31.

解决问题的能力、自学能力

　　化学：科学探究能力、实践能力

　　生物：收集和处理科学信息的能力、获取新知识的能力、分析和解决问题的能力、交流与合作的能力

　　历史：处理历史信息的能力、对历史的理解能力、初步分析和解决历史问题的能力、表达和交流能力

　　地理：使用地球仪和地图的基本技能、获取地理信息与利用文字、图像等形式表达地理信息的基本技能、简单的地理观测、地理实验、地理调查的基本技能

　　不同学科包含的学科能力不一样，同一学科在不同学段，其学科能力培养的层次和核心要素也是发生变化的。学校和教师要结合课程标准的要求和规定，研制每个学科的能力表现标准和指标并提出相应的教学原则要求，要具体挖掘不同学段、不同单元中对应的核心培养能力的内涵和表现，并据此确立具体有效的培养措施和策略方式。

　　从思维的类型和品质来看，语文包含有"言语形象思维""文章逻辑思维"和"语感直觉思维"，等等，都以其独特的方式区别于其他课程的思维培养。语文独特的言语形象思维、文章逻辑思维和语感直觉思维等思维活动的发展、思维水平的提高，是学生语文素养和个性成熟与健全的标志。

二、学科能力导向的学科个性化教学要求

　　中小学教学是按学科进行的，每门学科都有其特殊性。所以，就一门学科而言，能力的要求取决于学科的本质、性质、特点、功能和任务。著名教育家叶澜曾说："每个学科对学生的发展价值，除了一个领域的知识以外，从更深的层次看，至少还可以为学生认识、阐述、感受、体悟、改变这个自己活在其中，并与其不断互动着的、丰富多彩的世界和形成、实现自己的愿望，提供不同的路径和独特的视角、发现的方法和思维的策略、特有的运算符号和逻辑；提供一种唯有在这个学科的学习中才可能获

得的经历和体验；提供独特的学科美的发现、欣赏和表达能力。"① 从教学来说，教师在制定学科教学目标和教学任务时，一定要"考虑所教学科的精神特质是什么，这样的精神特质对于学生的发展来说究竟意味什么。只有抓住所教学科的精神特质，才能真正彰显这门学科对于学生发展的价值。""'学科性'是衡量教师个性化教学的主要标准，无论教师的教学方法多么新颖和富有个性，如果其方法不能反映任教学科的特点和需要，这种教学活动也很难说是真正具有'个性'的。因此，在学科教学个性化理念指导下，教师在教学活动中应充分体现任教学科的特点和需要，教学方法的选择与教学场景的设置等都要围绕并服务于特定学科的特点和需要，并体现特定学科的精气神。如语文学科的教学应强调语文学科的精气神——文学素养的提升和人文精神的熏陶，教学活动安排应更多地让学生感受文学和文字的魅力，陶冶情操；数学学科的教学应强调数学的精气神——逻辑思维的训练和抽象思维的建构等，教学活动安排应体现一种严谨的思维态度和缜密的思维方法。"② 一位物理教研员反映："深入物理课堂听课，你往往会有一种感觉，好像物理课与其他学科没有什么两样：不做实验，或以讲代做，一旦检测学生实验，其实验技能的缺陷便暴露无遗；新授课与习题课一样，题海茫茫苦作舟……物理课的特点在哪里？物理课的特点就在于'物'和'理'。'物'即事实证据，必须以实验为基础；'理'即理性思维，要以思维为中心。通过实验，创设情境，观察表象，通过理性思维抽象出具体的理论，再通过具体的原生态问题，得到建构和升华。……显然，把活生生的物理仅肢解为知识，而又把知识的获得归结为习题的训练，这样的物理是没有魅力的。"③ 这样的物理课背离了物理的本质和特性，不仅没有魅力，而且没有深度。

语文的本质在于培养和提高学生理解和运用祖国语言文字的能力。要培养学生的语文能力，就必须重视课文的语言形式，课文的语言形式成了教学的主要内容。明白了这一点，我们就知道，语文教学应当引导学生认

① 叶澜. 重建课堂教学价值观 [J]. 教育研究, 2003 (5): 6.
② 徐祖胜. 论学科教学的个性化 [J]. 教育科学研究, 2011 (4).
③ 何蓁. 中学物理高效课堂的思考 [J]. 当代教育论坛, 2012 (4).

真学习课文的语言形式，在课文的语言形式中汲取作者的言语智慧，读出课文的思想内容。明白了这一点，我们就会知道什么是假语文。游离了课文的语言形式，没完没了讨论文本内容或文化内涵的语文课背离了语文课程的本质，那样的语文课其实已经不是语文课，而是科技常识课、政治思想课或泛文化课。一名语文教师教学《中国石拱桥》，不教说明文的知识，不培养说明文的阅读和写作能力，而是讲28道拱圈的力学原理，留的作业是"为家乡设计一座石拱桥"。这哪里是语文课？这就是科技常识课，简直是桥梁建筑的专业课。一名语文教师教学邹韬奋的《我的母亲》，不引导学生学习作者是怎样表达亲情的，而是不厌其烦地进行母爱教育，课前还不辞辛苦地写了《我的父亲》印发给学生，因为他觉得，不如此亲情教育就不充分。

一个思想贫乏的人不可能有丰富的语言，一个情感淡漠的人不可能写出感人至深的文章，一个不够诚挚的人不可能说出可信度高的俗语，一个价值观念浅薄的人不可能有深刻的表达。阅读教学必须在明白"写了什么"的基础上思考"怎样写的"也是这个道理……语文教学有两个主要的错误倾向：一是游离文本进行泛文化讨论，一是孤立地讲授语言知识。①

总之，学科教学的个性应该来自学科的独特功能和任务以及学科知识背后隐藏着的学科的精神内涵和文化底蕴，教师的教学活动唯有渗透浓厚的学科精神内涵和文化（学科味），才能形成学科教学的特性，从而把学科能力的培养真正落到实处。值得一提的是，在认识世界的活动中，"对同一事实，由于每个人关注的问题不同，每个人的回答都可能不相同；即使关注同一问题，由于对问题思考的层次和角度不同，每个人的回答也可能不相同。"② 这对学科教学的启示是：必须注重方法论和认知方式的教育。这里，特别值得一提的是曼海姆所谓认识的"视角"，"曼海姆认为，视角意味着'人们观察客体的方式'，它不仅决定着思想的形式，而且还

①　吴格明，王玲玲．语文课程须立足语言形式［J］．语文建设，2014（4）：23—24.
②　李海．从现代走向后现代：知识论对课程理念的影响［J］．江苏高教，2004（3）．

决定着思想的实质性内容。缺乏这种视角，一个人就缺乏认识和分析事物的能力。"① 为此，教师要结合学科性质和特点，引领学生形成观察和思考问题独特的学科视角，唯有从此审视问题、分析问题和解决问题，才能形成真正意义上的学科能力。

北京小学就学科个性化问题提出了"实"的目标和"活"的教学。所谓"实"，就是体现务实的态度、扎实的教风，让不同学段的学生学有所得、学有所长。主要做法是：学校把语文、数学、英语、体育确立为 4 门最重要的基础性学科，制定了个性鲜明的学科 12 字培养目标，如语文课是"喜欢读书，能说会写，一手好字"，数学课是"概念清楚，善于思考，解题灵活"，英语课是"词汇丰富，口语熟练，勤于应用"，体育课是"不怕吃苦，健康第一，动有所长"。所谓"活"，指教学要目中有"人"，教学方法灵活多样，使课堂教学充满活力。学校的实践是：用活资源、激活方法、盘活评价，倡导教师开发教学资源，丰富教学材料，走出封闭的课堂。强调教学方法为不同层次学生的发展服务，引导教师从不同的切入点进行自主、合作、探究的学习方式和个性化课堂教学的研究。②

语文教学和数学教学的比较

语文教学	数学教学
心灵的语言	科学的语言
思想交流的工具	量化计算的工具
情意驱动	问题驱动
形象思维	理性思维
主观感受的表达	客观真理知识的认知
背诵、朗读经典范文	背诵九九表
写作训练	解题训练
个性化表达	形式化的统一规范

① 石中英. 知识转型与教育改革［M］. 北京：教育科学出版社，2001：150.
② 李萌，范绪锋，刘畅. 回归基础、回归儿童、回归全体——对北京市西城区北京小学如何减负的调查［N］. 中国教育报，2013－2－22（3）.

第六章

"素养导向"的教学

从知识教学走向能力教学、素养教学，是当今世界教学改革发展的共同趋势。所谓知识教学即以知识为目的、为导向的教学，所谓能力教学即以能力为目的、为导向的教学，所谓素养教学即以素养为目的、为导向的教学。这三种教学的立意和境界不同，只有能力立意和素养立意的教学才能体现卓越的理念和追求。第五章我们阐述了能力走向的教学，本章我们讨论素养导向的教学。

1. 知识立意

（1）就知识论知识。

（2）始于知识止于知识。

（3）把知识当成目的，人（学生）只是学习知识的手段。

（4）知识是外在于人的（客观主义知识观），跟人的生活和精神没有关系。

（5）知识是考试的手段，掌握知识的目的是为了考试。

2. 能力立意

（1）知识是手段，能力是目的。知识是为能力服务的（知识及其学习过程有能力的成分和因子，要有意识地挖掘和凸显）。

（2）知识是树叶，能力是树根，能力会长出知识。

（3）以能力发展为教学的根本目的和核心任务。

3. 素养立意

（1）人性的丰满、人格的完善、品质的提升、习惯的养成、德性的形成才是教学的根本目的。教育的目的是使人成为高贵的、有尊重的人。

（2）知识的掌握、能力的发展都要成为人的素养的组成部分，离开人的素养，或者没有转化、内化为素养的知识、能力，只是符号、标签、装饰品，是虚的、空的、假的、伪的，甚至不是一种善的能量，反而可能成为反素养、反道德的恶的力量。

（3）知识是人的知识，所有知识都具有人性、人格、人品的意义，都关乎人的生活、生存、发展、幸福。知识的教学不能就知识讲知识，不仅要把知识转化为能力，更重要的是，要把知识和人的生命、精神联系起来，让人因为知识及其学习而变得精神丰富、品格高尚、富有智慧（灵性）、充满幸福，人生变得更有意义、更有价值、更有境界。

这番警世之言告诉了我们什么？

一位从纳粹集中营逃脱的幸存者，战后做了一所中学的校长。每当一位新老师来到学校，他都会交给其一封信，信中这样写道："亲爱的老师，我是一名纳粹集中营中的幸存者，我亲眼看到了人类不应当见到的情境：毒气室由学有专长的工程师建造，儿童被学识渊博的医生毒死，幼儿被训练有素的护士杀害，妇女和婴儿被受到高中或大学教育的士兵枪杀。看到这一切，我疑惑了：教育究竟是为了什么？我的请求是：请你帮助学生成长为具有人性的人。你们的努力绝不应当被用于创造学识渊博的怪物，多才多艺的变态狂，受过高等教育的屠夫。只有在我们的孩子具有人性的情况下，读写算的能力才有其价值……"所以有研究者曾指出：素养＝（知识＋能力）×态度，在这里，态度是用乘号来连接知识和能力的。如果态度是正分，一切知识与能力皆会产生相乘倍数的效果；如果态度是负分，一切知识与能力皆会产生负面效果。

清教徒教育理念与失魂落魄的中国教育①

清教徒认为真正的教育不是职业培训和技能培养，尽管这些方面也很有必要，但教育的主要目的要比这更为深远和广阔，就是让人成为高贵的、有尊严的人。

受清教徒教育观影响的科拉克说："教育并不是要预备年轻人从事某种具体的工作。教育的目的不在于生产化学家、经纪人或工程师。教育的目的是人的塑造。教育不是预备人从事某种类型的工作，而是预备人适合各种类型的工作。教育的内容应当对生活的各个领域都适用，而不是仅仅集中在生活的某个方面。"

最有学问的清教徒诗人弥尔顿说："教育就是为了让人成为一个更好的人，而不是让人成为一台冷冰冰的赚钱机器。因此，清教徒才把对孩子们品格的培养和对他们信仰的教育看成是首要的大事。他们的一个小女孩被问到将来想干什么最有意义的工作时，她冲口而出地说：'想当一个妈妈。'"

没有比这更美好的回答了，因为推动世界的手正是推动摇篮的手。在清教徒看来，假如一个人上了大学却没有成为一个更高贵和更有尊严的人，还不如一个人没上大学而只是一个平凡的圣徒更好。

相比之下，我们现在的教育丢掉了清教徒经典教育、全人教育、自由教育的精神，可谓既"失魂"又"落魄"。

中国在改革开放后培养出来的优秀学生卢刚，从来没考过第二名，成绩从来都遥遥领先，十八岁考入北京大学物理系，1984 年通过 CUSPEA 考试。北大本科毕业后便到美国爱荷华大学深造，他的博士成绩破了这所大学的历史记录。就是这样的一位尖子生，竟于 1991 年 11 月 1 日在爱荷华大学枪杀了五个人，其中包括他的华人同学、导师，还有这所学校中一位时常帮助中国人的女校长。

特别令人感到不可思议的是，被枪杀的女校长安妮·柯莱瑞的弟弟

---

① http://blog.sina.com.cn/s/blog_ 558675370102v5bo.html，略有改动。

们，正是清教徒的后人，竟给卢刚的家人写了一封信，信中说："我们经历了突发的巨痛，我们在姐姐一生中最光辉的时候失去了她。我们深以姐姐为荣，她有很大的影响力，受到每一个接触她的人的尊敬和热爱——她的家庭、邻居、她遍及各国学术界的同事、学生和亲属。我们一家从很远的地方来到这里，不但和姐姐的众多朋友一同承担悲痛，也一起分享着姐姐在世时留下的美好回忆。当我们在悲痛和回忆中相聚一起的时候，也想到了你们一家人，并为你们祈祷。因为这个周末你们肯定是十分悲痛和震惊的。安妮最相信爱和宽恕。我们在你们悲痛时写这封信，为的是要分担你们的悲伤，也盼你们和我们一起祈祷彼此相爱。在这痛苦的时候，安妮是会希望我们大家的心都充满同情、宽容和爱的。我们知道，在此时，比我们更悲痛的，只有你们一家。请你们理解，我们愿和你们共同承受这悲伤。这样，我们就能从中一起得到安慰和支持。安妮也会这样希望的。"

这才是真正的教育。也正是这种教育，才使人超脱了人性中冤冤相报的死结，超脱了仇恨和黑暗，走向了悲悯、宽容和光明的境界。

第一节　人是教学的对象

从课程的角度讲，一直有学科本位和人本位之争。我们知道，中小学教学是分学科进行的，学科教学的重心在学科还是在人？关注学科还是关注人？这反映了两种不同的教育价值观。过分关注学科，过分强调学科的独立性和重要性，是学科本位论的反映。学科本位论把学科凌驾于教育之上，凌驾于人之上，学科成为中心，成为目的，学校教育、课程教学成为促进学科发展、培养学科后备人才的手段，学生成为学科发展的工具，学生的生活和学习必须围绕学科以及学科考试成绩来运转，这种只见学科不见人的教育观从根本上背离了基础教育特别是义务教育的基本性质和使命。教学改革必须进行价值本位的转移，即由以学科为本位转向以人的发展为本位。学科本位论的错误不在学科本身，而在于指导思想，学科教学依然要体现和重视学科知识的特点、遵循学科发展的规律，但是，学科教学一定要以人的发展为本，服从、服务于人的个性自由和全面健康发展。

从教学的角度讲，一直有教书和教人之争。很多老师都自觉不自觉地把自己定位在教书上，似乎把书教完了、教好了，也就万事大吉了，就是一个好的教师了。其实，真正的教学都是教人而不是教书，语文教师不是教语文而是用语文教人，数学教师不是教数学而是用数学教人。各门学科的性质、任务有所不同，但在育人、培养人上的使命和任务是一样的，所以，人才是教学的共同对象。正如叶圣陶先生所言："我如果当中学教师，绝不将我的行业叫做'教书'。我与从前书房里的老先生，其实是大有分别的。他们只须教学生把书读通，能够去应试、取功名，此外没有他们的事儿了；而我呢，却要使学生能做人、能做事，成为健全的公民。我无论担任哪一门功课，自然要认清那门功课的目标，如国文科在训练思想，养成语言文字的好习惯；理化科在懂得自然，进而操纵自然之匙。同时，我不忘记各种功课有个总目标，那就是'教育'——造成健全的公民。每种功课犹如车轮上的一根'辐'，许多根辐必须集中在'教育'的'轴'上，才成为推进国家民族的整个轮子。"① 我们强调："人是一切事物有意义和价值的源头。没有人就没有一切，无论何时，教育必须首先要去培养一个人，然后才是培养一个律师或医生，而不能相反。教育的最终目的是人性的实现，是让人成为人而不是把人变成工具。"②

强调人是教学的对象，在认识和实践上必须凸显以下几点：

一、人是教学的出发点和归宿点，人的利益高于一切

我们认为，在学科教学中，知识的获得、能力的培养、成绩的提高重要，但是这一切必须服从服务于学生的健康、幸福、尊严和个性的发展以及内心的自由。的确，在现有的体制下，对分数的追求是不可避免的，但

---

① 叶圣陶. 叶圣陶教育名篇［M］. 北京：教育科学出版社，2007.
② 王建华. 论人类的教育［J］. 清华大学教育研究，2014（4）：29.

任何时候，我们都不能以牺牲儿童的健康、幸福、品行为代价来换取所谓高分。那样不仅得不偿失，也使分数异化，变成毫无价值的东西，最终造成对人性的扼杀。对教师而言，学会尊重和宽容至关重要。每个学生的潜能素质不一样，个性兴趣不一样，知识能力基础不一样，追求和理想不一样，教师在鼓励要求每个学生都学好自己任教的学科（考高分）的同时，一定要尊重和宽容那些学得慢的、差的，甚至根本学不来和没有兴趣的学生。我以前常常在农村高中听课，课堂上老师声嘶力竭地吆喝着，不少学生却无动于衷。显然，老师眼中只有学科的教学任务和教学成绩，人呢？活生生的人呢？我们的教学除了成绩（考试分数）和上学（上高一级学校），难道就别无所求了吗？学生在课堂是否应该有更快乐的生活？如果学生在课堂、在学校都不能有尊严地生活，我们能指望他们将来成为有尊严的人吗？是否除了好分数好学校，学生就无路可走了？人生的价值和意义在哪里？学生是否有权利来选择自己喜欢的人生，哪怕在别人看来是平庸和微不足道的？

我们究竟给了学生什么？①

"我的孩子已经两次进入高考补习班了，不知这次高考能否成功。在孩子成长的过程中，我们家长费尽了心血，家庭生活再拮据，都会尽一切办法供孩子读书。我的孩子也不是不用功，从上学开始，他几乎没有多少休息的时间，特别是进入高中后，孩子几乎没有一天休息过。我们觉得供孩子读书很苦，而孩子觉得更苦，但考不上大学，这么多年的辛劳岂不是白费了吗?! 邻居家的孩子高考失败后便开始工作，他所学的知识对他的生活和工作没有任何帮助。其实，如果孩子在学校里学习的知识对他本人的生活和工作有价值，我们也就不再要求孩子一定上大学了。现在学习的知识只是对考大学有用，对孩子的生活和工作没用，所以，如果孩子考不上大学我们一家的努力都前功尽弃了，孩子也变成了一个'废人'，我们

---

① 钟启泉，崔允漷. 新课程的理念与创新——师范生读本［M］. 北京：高等教育出版社，2003：44.

心不甘呐……"一位家长如是说。

一堂困惑的晨会[①]

师：小朋友们，今天的晨会课方老师想问问大家长大了想做什么？有哪个小朋友先来说说呀？

（学生们争先恐后地举起了小手。）

生：老师，我想当一名科学家，我想发明一个机器人。

生：老师，我想做一个音乐家，我最喜欢上音乐课了。

生：老师，我长大了要当一名警察，抓好多好多坏蛋呢！

（学生们说了许多职业，都很高尚，我听了很满意。这时，我看到在角落里，有一只不常见的小手拼命往空中伸着，哦，原来是班里的后进生，余小斌。我立刻叫了他。）

师：余小斌，你来说说，你长大了想做什么？

生：老师，我长大了要当一名清洁工！

（说完，他还笑嘻嘻的，好像在等我表扬。可还没等我开口，就一阵哄堂大笑。此时他才意识到回答得不符合要求，但不知为什么，又站在那里不知所措。我也愣了一下，随后方才的笑容全然消失了，止住了学生的笑声后，我按捺住心中的愠怒。）

师：你怎么会想到要做清洁工呢？

余：老师说过，清洁工也很了不起的。

师：……（我一时无言以对，闹了半天，罪魁祸首是我自己啊！我被他的回答激怒了。）

师：（厉声说道）老师说清洁工人了不起是要让你们尊敬那些叔叔阿姨，保护好我们的环境。不是让你把清洁工当作理想，你应该有一个了不起的理想才对。以后再想想！好，现在下课！

……

---

① 余文森，吴刚平．新课程的深化与反思：新课程推进中的通识培训读本 ［M］．北京：首都师范大学出版社，2004：7—8.

回到办公室，我陷入了无尽的困惑。难道是我的工作有问题？清洁工是上星期班队课上，为了教育孩子们在校内外都不能乱丢果皮纸屑时提出来的。唉，我怎么会说清洁工了不起呢？说很辛苦不就行了，早知如此，真不该说那句话。

可是，清洁工究竟是一种怎样的职业呢？该如何看待它呢？我说它了不起，是为了培养学生平等待人的优良品格，这难道错了？既然没错，我又为什么对余小斌的回答生气呢？我应该肯定他才对啊。可是，我难道真要让我的学生将来去做一名清洁工吗？这怎么行呢？既然这样，我又为什么要在学生面前赞扬清洁工呢？

我陷入了无尽的困惑，任凭冥思苦想，也不得出路。

一位企业人事经理说，"这几年做企业人事工作，我感触最深的是应聘的人才似乎'满腹经纶'，但却一无是处。他们只会做题、应付考试，或者复述书本上的东西，一旦遇到实际问题就不知道如何解决了；换言之，他们既没有'活学'，更不会'活用'，知识对他们来说实际上是一种负担。另外，几乎所有应聘人员动手操作的能力、发现问题的能力都很差，更不用说创新能力了。在已经录用的员工中，我们还发现他们缺乏必要的合作意识和团队精神，学历越高、毕业学校的名气越大，问题越突出。众所周知，员工的合作意识和团队精神对于一个企业来说是至关重要的，它甚至高于员工的业务能力；至于生活能力就更差了，大多数的年轻员工不会生活，也不懂得去生活，生活没有情调，更没有品位。总之，为了我们企业的发展，也为了营造企业文化，我们需要投入大量的人力、物力和精力去重新塑造他们，几乎从零开始。造成这些问题的因素或许有很多，但学校教育需要承担的责任应是最大的。所以，我们呼吁各级学校调整教育目标，改变教育方式、教育内容和评价标准，为社会培养出真正有用的人才。"

教师在教学中，有责任引导和启发学生做好自己的人生选择，让学生无论现在还是将来都过得有尊严、有意义、有幸福感。如果没有这样的担待和意识，那么，教师越努力教学可能越会误导学生。正如傅树京教授所指出的，教育的真谛在于：首先，教育应该让学生有价值感。教育是培养人的活动，在这种活动中，知识、技能的传授固然重要，但教育最本质的内在性是养成学生强烈的价值感，从而变成有意义、有价值的人。当教育不能使学生产生价值感时，就违背其初衷了。其次，教育最核心的价值是要让学生对未来充满希望。当学生早上醒来时，他期盼来到学校；当学生走在上学路上时，他们期盼坐在教室里；当学生遇到困难时，学习会帮助他们渡过难关；当学生产生疑问时，学习会帮助他们解决问题。再次，教育应该让学生变成快乐人。它包括两层含义：一是要让学生具有寻找快乐的能力，让他们有追求幸福生活的信心，具有深层的生活激情，让他们真正成为富有生活情趣的快乐人；二是应该带给学生快乐，这种快乐可以体现在评价的结果中，也可以体现在学习的过程中。既没有结果又没有过程的快乐是失败的教育。①

二、了解儿童、研究儿童是我们教师的"第一专业"

"教师既要有自己的学科专业，又应有超越学科的专业——'第一专业'。'第一专业'具有在先性、前提性、统领性和牵引性，这'第一专业'就是儿童研究。教师在'第一专业'发展中，逐步成为儿童研究者，成为儿童研究专家，以至于成为儿童教育家，这既是教学改革的走向，又是教师专业发展的伟大目标。"② 美国当代著名教育学家爱莉诺·达克沃斯明确指出：教学即儿童研究，儿童研究不仅是教学的基础和前提，而且教学本身就是一种儿童研究，教学过程就是儿童研究过程，儿童研究的目的是"诞生精彩的观念"。这里涉及两个问题，一是教师要研究儿童，研究儿童是怎样学习、思考和发展的，教学过程既是教师引导、组织儿童学习的过程，又是教师观察、研究儿童学习的过程；二是儿童的学习过程也是儿童自己的研究过程，这个过程绝不仅仅是学生接受书本和老师的知识和观点的过程，而且是学生发现知识和诞生精彩观念的过程。加拿大教育家

---

① 傅树京. 教育应给予学生快乐、价值和希望［J］. 教育测量与评价，2013（2）.
② 成尚荣. 教学的再定义及其变革走向［J］. 人民教育，2012（18）.

马克斯·范梅南指出：教育学是迷恋儿童成长的一门学问。我认为，这里也有两层意思，第一，教师要学会研究儿童，关注、迷恋儿童的成长。儿童究竟是怎么成长的？儿童究竟是怎么学习的？儿童到底是怎么把知识学会的以及是怎样把课本的知识变成自己的知识的？儿童成长和学习的内在机理是什么？儿童的兴奋点和兴趣点在哪里？儿童看问题、想问题和我们成年人究竟有什么不同？不研究、不了解这些问题，要想搞好教学恐怕是不可能的。教师不仅要关注儿童的成长，而且要达到迷恋的程度。迷恋意味着教师对此非常感兴趣的，而且达到了乐此不疲的地步。教师喜欢琢磨儿童，把儿童都琢磨透了，教学自然也就得心应手了。这样教师就会"能别人所不能"："隔代人都有难以逾越的'代沟'，我们教师却能鱼水相融于孩童中间；孩子的兴趣离奇而且多变，我们教师却能让其向积极持久的方向发展；爷爷、奶奶、爸爸、妈妈都没法对付的'混世魔王'，到我们教师手里就能变成聪明上进的好孩子……"① 这就是教师的专业本领。第二，教师要学会欣赏儿童，发现、赏识儿童的精彩表现。不会欣赏儿童，对儿童的成长也不可能达到迷恋的地步。儿童自有儿童的眼光、智慧、精彩、文化等迷人的珍贵东西，对儿童的发现和欣赏使得教师这一职业成为太阳底下最幸福的职业。对待儿童就是对待一种可能性，儿童具有无限的潜能和未来，千万不要把儿童看扁了。不善于发现和欣赏儿童的教师，职业可能变成苦役。所以说，儿童研究是教师的第一专业。"人们常说'童心未泯'，这句话有很深的含义。在这里，童心可赋予任何事物以生命，使他们显示出情感的色彩与鲜明的个性；在这里，童心可赋予任何一种生物以相通的语言，使人可以与天上的小鸟、地上的小草进行对话；在这里，童心可将善良的心地拓展到每个角落，使善良成为美的化身；在童心世界里，没有'尊贵'与'卑贱'之分，没有'伟大'与'渺小'之别；在这里，任何事都会充满希望，死去的小蝴蝶会复活，张开了双翅就能飞翔……"②

---

① 李秀伟. 好教师教学的八大智慧［M］. 西安：陕西师范大学出版社，2009：3.
② 余文森. 基础教育课程改革的四大支柱［M］. 福州：福建教育出版社，2002：116.

比花还美的故事①

张玉庭

花为什么会开？

有一天上语文课，年轻的女教师问二年级的孩子。第一个孩子说："她睡醒了，她想看看太阳。"第二个孩子说："她一伸懒腰，就把花骨朵顶开了！"第三个孩子说："她想和小朋友比比，看谁穿得更漂亮。"第四个孩子说："她想看看，小朋友会不会把她摘走？"第五个孩子说："她也长耳朵，她想听听小朋友唱歌。"突然，第六个孩子问了老师一句："老师，您说呢？"女教师想了想，又想了想，说："花特别懂事。她知道小朋友都喜欢她，就仰起她的小脸，笑了！"女教师的回答挺明亮，听到这，孩子们全看着老师笑了，那笑脸比花更好看。

真惊异这些孩子们的答案，他们的想象力真丰富，他们的回答真精彩！不是吗？这些充满了灵气的回答，每一个都是一朵亮丽的花！

那老师原来准备的答案是："花开了，是因为春天来了。"可她听到了孩子们的回答，便急中生智回答了一句："花仰起了小脸，笑了！"

孩子真不简单！

孔老夫子的那句"三人行，必有我师"，说得真对！

那老师从此记住了这个比花还美的故事，终身不忘。

我可以作证，因为，我就是故事中的那位老师！

童稚可嘉②

邓　皓

若让你用笔形容女人好看的眉毛，你会怎样？

你会不会马上想到柳叶或者月牙儿什么的具象来？又或者堆砌出许多

---

① 余文森. 基础教育课程改革的四大支柱 [M]. 福州：福建教育出版社，2002：110.

② 同上：113.

甜腻的词儿来？

可是，我就在一个小男孩的作文里，看到过这样的句子："阿姨的眉毛淡得好像忘了长出来一样。"我就惊叹，小孩子怎么会有这般让人跌掉眼镜的发现？

还记得台湾一个 6 岁的小女孩作过一首美妙绝伦的题为"爱"的小诗：

> 妈妈是一杯酒，
>
> 爸爸喝上一口，就醉了。

短短几句，童心盎然却又形象逼真，丝丝入扣！

两年前，我写过一篇给女孩子看的文章，却怎么也定不下标题。一个女孩读了，便道："何不取《花开的声音》？"

我惊得呆了：花开的声音！一个小女孩何以有如此奇谲万千却合情合理的想象！

试想：因为花开，一个春天都不寂寞了，花开怎么会寂寞呢？花怎么能兀自地开着却没有声音呢？

突然发现童稚是一种最机智最完美的智慧，甚至这种智慧隐喻着最深刻的哲理。

三、学生要成为教师在课堂教学中关注的中心

既然教师是教人而不是教书（用书教人），在课堂上关注的中心当然是学生了。如果一个老师的眼睛只盯着教材、教参，心里只想着教材内容、教学进度、教学任务的完成情况，这就是典型的"目中无人"的教学，其效果可想而知。学生是课堂的中心，教师的眼睛要看着学生，心里要想着学生，根据学生的学习状态组织、实施、调整教学。

课堂上以学生为中心，就要求教师要高度关注学生的学习状态。学生的学习状态可以从以下四个方面进行评价：[1]

1. 学生的情绪状态

学生的情绪状态主要体现在是否具有浓厚的学习兴趣，学习过程中是

---

① 沈健美. 以学论教：课堂教学评价中静悄悄的革命［J］. 中国教师，2010（5）.

否充满好奇心与求知欲；是否能长时间保持学习兴趣，能否自我控制和调节学习情绪；学习过程是否愉悦，学习的意愿是否持续增强。

"真正好的教师要使孩子的表情变得丰富而活跃。在课堂上，我最关注的莫过于孩子的表情了，他们的表情是判断教学好坏的重要标准。对我来说，最好的表情就是孩子们快乐的笑脸，如果孩子默然或者撇嘴的话，就说明孩子不开心了。我期望孩子们放松身心，自由地思考。"①

2. 学生的参与状态

学生的参与状态主要表现在参与的主动程度、深度和广度上。考察学生参与的主动性，具体可以看学生在课堂上是否积极主动地投入思考或踊跃发言，是否兴致勃勃地投入学习和讨论。参与的深度体现在学生的参与是否包括行为参与、认知参与和情感参与等。参与的广度是指学生参与课堂的面（不是少数学生参与，而是每位学生都参与）。

3. 学生的交往状态

教学是一种特殊的社会交往，是教师的教和学生的学的统一，这种统一需要通过师生交往和生生交往来完成。考察课堂上学生的交往状态，要看学生之间是否有良好的合作；师生之间和学生之间能否协调、沟通各自的想法，联合力量为达到某一个目的而相互支持；是否有较多的信息交流和信息反馈；交往是否处于互相尊重、互相信任的状态，交往的气氛是否民主、宽松、和谐，学生在交往中是否能大胆发言、提出问题和不同观点；学生的好奇心和自信心是否得到保护；等等。

4. 学生的思维状态

对学生思维状态的评价，必须关注学生在课堂上是否有足够的智力劳动量。表现在学生是否围绕重点的问题积极思考，敢于质疑，敢于提出具有挑战性和独创性的问题；学生回答问题的语言是否流畅、有条理，善于用自己的语言阐述观点等。

学生的学习状态决定课堂教学的质量和水平。学习状态不仅是教师观察的对象，也是教师教学工作的重点所在。教师教学的重要任务就是要激

---

① 陈静静. 学校发展的愿景：学习共同体［J］. 教师月刊，2012（6）.

发、营造、构建学生良好的学习状态。对学生的关注实质上就是对学生的尊重，本身体现着良好的教育精神。只有基于对学生的关注和尊重，教师才能真正创造出适合学生的教学。"适合的教学，应当是既适切又适度的教学。适切的教学即适应学生多样性的要求，学生在性别、认知风格和智力等方面存在差异，教学要照顾到学生的多样性和个别差异。适度的教学即适应学生的发展性要求，学生在发展水平和发展速度等方面均存在差异，教学要关注学生的最近发展区和最佳发展期。教学适合学生发展的'质'又适合学生发展的'量'。"①

从教师自身的角度讲，优秀教师首先是一个优秀的人，然后才是优秀的教师（教育工作者），最后才是优秀的科任教师。我们平常都说，做事要先做人，也是这个道理。建一栋房子就是建一个世界，建筑家首先要了解世界。有位钢琴家曾经说过：自己首先是一个人，然后是一个艺术家，最后才是一个钢琴家。就语文学科而言，"一个思想贫乏的人不可能有丰富的语言，一个情感淡漠的人不可能写出感人至深的文章，一个不够诚挚的人不可能说出可信度高的俗语，一个价值观念浅薄的人不可能有深刻的表达。……一个具有良好文字功底，对语言文字有独特敏感并具有深厚语言学理论修养的人，才能从容地成为一名优秀的语文教师。"② 总之，教师要真正做到教书育人、以人育人，"首先，要具有积极的生命情态。即教师要是一个心地善良、有情有爱、充满生命活力的人，对社会肩担道义，对工作爱岗敬业，对生活乐观向上，对困难愈挫愈勇，对他人团结合作，对自我勤奋进取。如果教师没有对生命和事业的热爱，心灵灰暗，消极怠惰，怎么可能引领学生走进爱的世界。其次，要具有强烈的育人情怀。教书育人是教师的天职，教师一定要把育人的种子深埋在自己的心田，无时无刻不体现出对育人的诉求。一旦教书与育人脱节，就会导致学生有知识无智慧、有文化无品行，从而影响、损害学生健康发展。"③

---

① 黄忠敬. 什么是适合学生的教学［J］. 当代教育与文化，2012（9）.
② 吴格明，王玲玲. 语文课程须立足语言形式［J］. 语文建设，2014（4）.
③ 李桂荣. 教育学人的生命情态与育人情怀［J］. 教育科学研究，2012（8）.

第二节　知识的育人价值与精神意义

一、知识的育人价值

知识是教育活动得以展开的一个"阿基米德点"，教育活动离不开知识，对知识具有绝对的依赖性，没有知识，教育活动便成为无源之水、无本之木。这一点众所周知，强调的是知识之于教育活动的依赖性、工具性价值。实际上，知识是个体成长的精神食粮，蕴涵着极其丰富的育人价值，是教育的个体性价值得以实现的一个必要条件。这里所强调的是知识之于教育活动的育人性、本体性价值，正是我们所要阐述的内容。

首先，知识具有育智价值。之所以这样说，是因为它对个体的智力开发、智慧增长具有积极的促进作用。我们知道，知识是人类从实践活动中得来的、对客观事物及其运动和变化发展规律的正确反映。这种反映是人类智慧的结晶，是通过众多的头脑长期的、反复的、曲折的、深入的思维，并且最后通过人类的杰出头脑的悉心研究和思维才产生的。任何知识（真理）不仅反映着事物的客观规律，而且闪烁着人类智慧的光芒。"它不仅是外部现实及客观规律的反映，而且更为重要的是知识中凝聚了千百年来人类的智慧，积淀了生产者在劳动过程中的才华、能力和追求，人类认识世界、改造世界、创造新事物的方式亦浓缩其中。"[①] 就具体的教育教学而言，个体在学习过程中除了接受、领会知识本身的内容外，还会主动吸收积淀在知识中的智慧、才能和思维方式等，实现知识内在的育智价值。具体来说，凝聚在知识中的智力因素是与个体的学习过程紧密相关的，知识的育智价值总是体现在知识的学习过程中。总体来看，为了获得真知，个体的思维必须卷入到知识的原生产过程中去。"学而不思则罔，思而不学则殆。"学习知识的过程，本身就是智力活动的过程。从知识内容本身的角度来说，学习是知

---

① 潘洪建. 教学知识论［M］. 兰州：甘肃教育出版社，2004：93.

识的智力价值的展开过程；从学习者的角度来说，学习是个体智力得到锻炼和发展的过程。从两者的结合来说，学习就是将人类（他人）的智慧转化为学习者个体的智慧。可见，学习知识，一方面有助于充实和丰富个体的知识体系，另一方面有助于促进个体的智力发展。这里蕴涵着知识实现其育智价值的内在机制。

其次，知识具有育德价值。知识不仅是人类智慧的结晶，而且具有丰富的道德因素，体现着人类的道德理想和精神品质。就知识的育德价值而言，哲学家苏格拉底的"知识即美德"这一命题最为经典。在他看来，知识与道德是统一的，人的一切品德，包括勇敢、公正、正义、慎私、友谊等，如果没有真知识，都可能是恶的，他主张用知识去照料人的心魄、改善人的灵魂，强调通过知识去除人生的愚昧与遮蔽，达成善的品性和高贵的精神。不仅苏格拉底，夸美纽斯、赫尔巴特、柯尔柏格等教育家都或明或暗地认同这种观点，并都分别作过相关论述。但是，就我国基础教育（德育）发展的实际而言，目前，在探讨知识的育德价值时，人们关注最多、批评最多的却是德育内容与形式、认知与情感、认知与行为的割裂问题，即将更多的目光用来打量"知识德育"的实际效用问题。所谓"知识德育"，是指用道德知识的传授与习得来代替真正意义上的道德教育，方法上偏重理论说教与灌输，贯穿于德育过程的是认知、概念、记忆、机械训练，等等。这种德育模式遭受最多的批评是，在实践中极易造就明知故犯、言行脱节的空头"道德家"，造成受教育者"有理想而缺行动、有知识而缺修养、有文化而缺能力、有理论而缺实践"。我们对此恶果并不否认，也不否认应该把德育的中心引向儿童、引向生活，引向生活中的儿童。但是，这里需要强调的是，德育不仅不可能摆脱关于知识的认知性教育，而且关于知识的认知性教育是德育的基本形式、基本载体和前提条件。其实，就所谓的"知识德育"的恶果而言，苏格拉底早有阐释。在他看来，"明知故犯"只是表象，而实际上是因为不知不应犯而犯。譬如，一个人之所以盗窃，是因为他认为盗窃是好的，能给他带来好处，尽管在面对法庭时他也会说出"盗窃不好，不道德"之类的话来，但这只是敷衍之词。如果他真的认识到了盗窃不好、不道德，就不会去盗窃了。有研究者指出，"在一个人的思想品德形成发展中，道德认知的提升对道德过程的良性推动具有关键意义。道德认知规导道德情感，没有理性的规导，情感的发展会步入盲目之境；道德认知是道德意志实现的基础，有没有形成自觉的道德意识，是判断个体的行为是否成其为真正的道德行为的重要依据之一。"① 总之，道德是人的一种社会规定性，知识是德育的必要条件，知识教育对于道德意识的形成具有决定性的作用，任何时候，正确的逻辑推理和高水平的思维能力与合理的行为之间都存在着一种必然的联系。不仅如此，人们探索真理的艰难过程、科学精神以及勤奋刻苦的意志品质等都会在知识中留下无法磨灭的印记。知识包含着科学家、思想家、文学家追求真理、热爱生活、追求人生幸福美满的道德情感，通过知识的学习、掌握，可以提高人的文化修养，净化人的心灵，使人具有高尚的情操和趣味。总之"知识的精神化育价值表现在知识不仅是人类认识活动的结晶，而且是人类道德理想、精神品质的体现，人类在探究知识的过程中所展现出来尊重事实、依据事实、反映事实、敢于冲破教条的束缚、批判谬误、破除迷信的科学精神，为人类自由和解放、为维护真理而敢于牺牲的献身精神，高度的社会责任感和谦虚诚实的品格以及团结协作、共同奋斗的团队精神，对于知识的学习者来说具有深刻的、能够触及心灵的精神化育作用。"② 一句话，知识能够充实人生、克服无知和偏见、完善道德人格，而一个人的无知必然造成精神的空虚、思想的偏见和人格的堕落。

再者，知识具有育美价值。个体的审美能力不是天生的，它需要经过后天的训练与教育，才能被真正地激发出来。人们习惯上将这种对个体的审美能力进行教育的活动称为美育。美育离不开知识。知识能够提升人的精神生活能力，使人不仅能够发现美、鉴赏美，也能自觉去追求美和创造美，这是知识的育美价值所在。一方面，人类的文化知识是个体审美能力的前提和基础。没有一定的知识、技能的积累，任何形式的审美活动都将

---

① 成双凤，韩景云.走出知识德育的误区［J］.江苏大学学报（高教研究版），2005（1）.
② 辛继湘.课程评价改革的当代知识论基础［J］.课程·教材·教法，2005（6）.

是空中楼阁而难以展开。正是在这样的语境下，我们说，美育首先需要智育的参与。一般情况下，审美教育包括审美知识、审美技能、审美趣味与审美精神等多方面内容，而其中审美知识与审美技能显然要靠智育来完成。另一方面，知识本身不仅具有认知价值，也具有审美价值。"知识不仅是认知的媒介，更是精神态度、价值伦理的载体，传导着人类千百年来对世界的认识，也运载着人类在探究知识的过程中所表现出来的精神气质、审美情怀和价值追求。即使认知价值十分明显直接的科学知识，也具有精神培植、人性发展的价值，因为科学知识是人类认识客观世界的产物，但人类在探寻科学知识的过程中所表现出来的追求真、善、美的精神，所展现的人的本质力量，能够让人受到心灵的震撼、精神的激励。至于原本就可以直接与之进行心灵对话、精神交流的人文知识，对于陶冶人的情感、发展人的心灵、形成完整人格方面具有独特的作用，其价值远远不只在认知方面。"① 研究表明，在科学发展史上，许多自然科学家的重大发明或发现都是以审美作为寻求真理的向导的。"美积淀在知识之中，并借助知识的结构美、内容美、形式美、逻辑美、理性美、意境美表现出来。"② 一个人的知识越丰富，思维能力越强，其对美的领悟也必然越深刻。这是知识具有育美价值的实际意义所在。

总之，知识是人的智、德、美诸方面发展的基础，当然也是个体创造能力形成和发展的基础。在教育活动过程中，不同类型的知识相互补充，共同作用于个体精神乃至身体的发展，进而促进个体的不断完善。

二、知识的精神意义

20 世纪以来，"哲学的一个基本走向，就是迈向意义的世界。"③ 关于知识的探讨，人们开始广泛关注知识的意义向度。"意义问题已经逐渐进入人们的研究视野，并成为时代主题，生命哲学、存在主义、解释学、现

---

① 辛继湘. 课程评价改革的当代知识论基础［J］. 课程·教材·教法，2005（6）.
② 潘洪建，吴中才. 知识价值：教育学的视野［J］. 扬州大学学报（高教研究版），2004（4）.
③ 俞吾金. 迈向意义的世界［J］. 天津社会科学，1992（2）.

象学等无不把人的意义世界作为一个基本的关注焦点。"① 在传统认识论的视野和框架里，人与知识被定位为认识关系和反映关系，即知识是人认识和反映的对象，其中，人是一个认识性存在，而知识则是一种被认识性存在，知识是对客观事物的反映，作为认识主体的人与被认识对象的客体彼此外在，主体正确地反映了客体，也就是掌握了知识、认识了真理。两者的关系是外在的。批判课程理论的代表人物吉鲁（H. Giroux）曾经指出："传统课程范式中的知识主要被作为一个客观'事实'的领域而对待。也就是说，知识好像是'客观的'，因为它是外在于个体或强加于个体的……在这种情况下，知识就从生成自我意义系统的自我形成过程中被剔除了。"② 从反映论的角度来理解知识的最大问题是容易导致知识的外在化。斯普朗格（Spranger, E.）正确地指出：与人的生活和个体精神没有关联的知识是无生命的知识，知识必须转向人的内在精神才有意义。③ 关注知识对于人的意义，而不是知识本身或作为其形式的语词和命题的"含义"，知识文本只有经由学生的理解，进入学生原有认知结构并与之融为一体才能获得意义。后现代知识观则强调人与知识的存在关系和意义关系，即知识对于人的意义。"这种意义关系应该比认识关系更基本、更深层、更具包容度。首先，它不排斥学习者对课程知识的认识，但这种认识更强调生成性、体验性、文化性，强调学习者对知识的个人心理意义的建构。其次，更为重要的是，它强调课程知识对学习者的精神意义，强调知识的价值不仅仅在于提高认识、发展能力，更应使学习者感受到生命的充实性和意义性，能够对个体有意义的生活给予滋养、护持。"④ "在这里，知识与人的关系完全是一种非功利的关系，人无须为功利的目的而服从知识；人主要是出于对生活意义的追寻或为了意义世界的充实而与知识交往，学习知识不以'占有知识'为目的，而以个体精神的成长为目的。知识的意义性使人有可能不是出于功利的目的而追

---

① 李召存. 课程知识的生存论透视［J］. 教育理论与实践，2006（8）.
② 张华等. 课程流派研究［M］. 济南：山东教育出版社，2000：309.
③ 邹进. 现代德国文化教育学［M］. 太原：山西教育出版社，1992：70.
④ 同①.

寻知识，而是为了精神的成长而追寻知识，在这样的过程中，个体精神自由是有足够保障的。"① 强调知识的意义性意味着要真正地确立以人为本的教育观，把对人性、人情和生命的关注、关爱、关切贯穿和体现于知识教育的全过程。从课程角度讲，要强调知识与人的具体关系，努力从学生的经验、生活、兴趣、爱好和个性化选择出发去选择、加深和拓宽课程资源和教学内容，使知识走进学生的心灵。从学生学习角度讲，要尊重学生的自主性、探索性，释放学生的心智、思维，激发学生的能动性、创造性，从而变认知的困苦为求索的乐趣，变学习的负累为生命的享受。

"实践中，有些知识具有教育性，有些知识缺少教育性，而事实上知识能否产生教育性，除了知识本身的属性外还取决于教育的方式和方法。即便是那些具有丰富的教育性的知识如果使用不当也会变得索然无味，毫无教育价值和意义。但可以肯定的是，除极个别例外，没有知识则没有教育。教育无法在真空中产生也无法脱离知识而单独存在。对于人的教育而言，关键是选择何种知识、以何种方式让知识融入人的心灵，成为人性自身的一部分。"②

优秀的语文教师，应该让课堂重现这一切："万物得以命名时的冲动与喜悦；无数只飞翔的鸟儿凝固成汉字'鸟'，两个人背靠背形成汉字'北'……每一个汉字在凝固时的智慧与喜悦；能够从'慈母手中线，游子身上衣'中体味出古典的亲情与人伦，从'独立小桥风满袖，平林新月人归后'这十四个汉字里，体味到人生失落与期待的复杂细腻的滋味；从反反复复的'平平仄仄平平仄'里，体味到汉语独特的悠长韵律……"只要用心体察，任何一个汉字，任何一个词语，任何一篇普通平凡的课文，因为系前人匠心所运，所以都并非平淡无奇的一堆文字，而是心灵的一次次运筹，是思维的一次次锤炼，是漫长字词历史的又一次独特运用，如果课堂上能够重现这些，那么每一堂课，都不可能是平淡、平庸的。③

① 郭晓明. 课程知识与个体精神自由——课程知识问题的哲学审思［M］. 北京：教育科学出版社，2005：71.

② 王建华. 论人类的教育［J］. 清华大学教育研究，2014（4）：30.

③ 诸向阳. 语文课堂教学的三重境界［J］. 语文教学通讯，2014（33）：15.

第三节 核心素养的内涵和意义

一、素养的特征和意义

素养与知识、能力究竟有何联系和区别？讨论这个问题有个基本的前提，即知识、能力、素养三者都是人所具有的，同时也是可以转化的，知识、能力可以转化为素养，素养也可以生发出知识和能力，这就是三者相互联系的一面。但是，就像能力不同于知识一样，素养也不同于知识、能力。这种不同突出表现在：第一，就结构而言，知识在人的外层，能力在人的中层，素养在人的内层。也就是说，素养跟人的关系最紧密。知识、能力一般只停留在人的认识领域和范围，而素养还进入人的情意、精神，乃至于血液、神经，它和人的整个生命融为一体，变成人的天性、习惯、气质、性格，所以它会在一切场合、一切活动中自然流露、表现出来，这是素养最本质的特点。第二，就成分而言，素养具有综合性、包容性。一般而言，能力包含知识，而素养包含知识和能力，但值得强调的是，不是所有的知识和能力都能转化为素养，只有当知识由公共知识真正转化为个体知识、能力，由特殊情境的能力（只在特殊情境表现出来的能力，极端的例子就是应试能力）转化为具有普适意义的能力（具有广泛的迁移性）的时候，知识和能力才会成为人的一种素养。反过来说，最有价值的知识和能力就是可以转化为人的素养的知识和能力。第三，就内容而言，素养具有广泛性，素养包括和涵盖除了知识、能力之外的其他非常广泛的东西，是人的整体生命气象，这其中，有的跟知识、能力关系密切（甚至互为基础互相转化），有的只有间接的关系，有的甚至没有什么必然联系。但是，它们也是素养中重要的组成部分，对一个人的成长和发展照样不可缺少。（从这个角度讲，只停留于传授知识和培养能力的教育是远远不够的）。所谓"语文素养"，是指中小学生具有比较稳定的、最基本的、适应时代发展要求的听说读写能力以及在语文方面表现出来的文学、文章等学识修养和文风、情趣等人格修养。过去，语文课一般只讲语文能力，比如听说读写，讲"双基"，现在提出"语文素养"，涵盖面明显拓宽，既包括听说读写能力，又有整体素质的要求。也就是说，在语文基本能力培养的过程中，同时要注重优秀文化对学生的熏染，学生的情感、态度、价值观，以及道德修养、审美情趣得到提升，良好的个性和健全的人格得到培养，语文教学的目标就是要提高学生的语文素养。①

由于素养的广泛性，所以对学校教育（功能和时间的有限性）而言，特别有必要强调核心素养。从基础教育的角度讲，核心素养就是最基础的、最有生长性的关键素质。其他素养都建立在其上，或者说是从其中生长出来、延伸出来、拓展出来的。在中小学阶段，核心素养就像房屋的地基，核心素养是最关键、最重要、不可缺的素养，它的缺失会造成人格、人性发展的重大缺陷！

总之，中小学生的核心素养是指符合中小学生身心发展特点，并影响、决定学生一生发展的素质，在中小学阶段必须倾其全力培养。它是学校教育的核心任务。

值得强调的是，核心素养的形成具有关键期的特点，错过了关键期，很难弥补！中小学就是人的诸多核心素养形成和发展的关键期，学校教育一定要有关键期的意识，错过了这个阶段就晚了。

当然，人的核心素养的形成和发展具有连续性、累积性的特点，中小学生的核心素养具有基础性和奠基性的作用，与大学生的核心素养具有连贯性和递进性。但千万不能颠倒过来，小学生讲远大理想，大学生讲行为规范。错位的教育只能导致低效甚至负效的结果。

就一门学科而言，核心素养的内涵包括核心知识、核心能力、核心品质，但不是它们的简单相加。任何一门学科的目标定位和教学活动都要从素养的高度来进行。

二、核心素养内容和体系的构建

从不同角度，可以构建不同体系的核心素养内容，其中有的有重复、

---

① 温儒敏. 学生的语文素养从哪里来？[N]. 中国教育报，2012 – 9 – 3.

交叉，有的有其特指的内涵和意蕴。我们认为，可以从以下几个角度来构建核心素养的体系。

第一，从人与世界的关系角度来构建。

人所处的世界	核心素养
人与自身（自我）的关系	独立自主、自我控制、挑战困难、积极乐观、理性精神
人与他人（社会）的关系	乐群宜人、领袖品质、规则意识、团队精神、爱国精神
人与自然（外界）的关系	敬畏、亲近、兴趣与好奇心
人与文化（工具）的关系	理解、掌握、尊重与包容

第二，从教育的角度来构建。即从德智体美劳五个方面来构建学生的核心素养。

德方面的素养：正确的价值观、文明礼貌、责任担待

智方面的素养：基础知识、科学思维方式、学习能力

体方面的素养：身心健康、忍耐力、适应性

美方面的素养：发现美、欣赏美、表达美

劳方面的素养：劳动习惯、劳动技能、劳动态度

第三，从文化的角度来构建。即从真善美三个方面来构建学生的核心素养。

真的素养：科学态度、理性精神、认识能力

善的素养：人道关怀、人文精神、道德境界

美的素养：艺术眼光、审美意识、人格品位

第四，从社会的角度来构建。社会的角度主要包括公民和做事、做人的要求。

公民素养：诚实守信、法制观念、社会责任

做事要求：态度认真、执行力强、有开拓性

做人要求：与人为善、善于合作、奉献精神

第五，从心理学的角度来构建。

知：准确的认知

情：丰富的情感

意：坚强的意志

能力：多元的智能

气质：高雅的气质

性格：完美的性格

总之，可以从不同角度勾画不同维度的素养内涵。从学校教育来说，一方面我们要从学校整体教育的高度来界定和确认学生应具备的核心素养及其内涵，另一方面也要从具体学科的角度来研制和确立各学科的核心素养及其内涵。当然，十分重要的是，两者要保持有机联系和衔接，即要把上位的普适性的核心素养落实到下位的具体的学科素养当中，同时要把学科素养提炼到一般素养中去。

三、核心素养的教学意义

"从学科角度讲，要为素养而教（用学科教人），学科及其教学是为学生素养服务的，而不是为学科而教，把教学局限于狭隘的学科本位中，过分地注重本学科的知识与内容，任务和要求，这样将十分不利于培养视野开阔、才思敏捷并具有丰富文化素养和哲学气质的人才。"（肖川）实际上，就学科知识本身而言，任何学科知识就其结构而言，都可以分为表层结构（表层意义）和深层结构（深层意义）。表层意义就是语言文字符号所直接表述的学科内容（概念、命题、理论）（内涵和意义），深层意义是蕴含在学科知识内容和意义之中或背后的精神、价值、方法论、生活意义（文化意义）。表层结构和意义的存在方式是显性的、逻辑的（系统的）、主线的。深层结构和意义的存在方式则是隐性的、渗透的（分散的）、暗线的。但它是学生素养形成和发展的根本（决定性的东西）。

总之，任何学科的教学都不是仅仅为了获得学科的若干知识、技能和能力，而是要同时指向人的精神、思想情感、思维方式、生活方式和价值观的生成与提升。学科教学要有文化意义、思维意义、价值意义即人的意义！正如德国著名教育哲学家雅斯贝尔斯所说："教育是人的灵魂的教育，而非理智知识和认识的堆集……在学习中，只有被灵魂所接受的东西才会成为精神的瑰宝，而其他含混晦涩的东西则根本不能进入灵魂中而被理解。"① "教育是极其严肃的伟大事业，通过培养不断地将新的一代带入人类优秀文化精神之中，让他们在完整的精神中生活、工作和交往……对终极价值和绝对真理的虔诚是一切教育的本质，缺少对'绝对'的热情，人就不能生存，或者说人就活得不像人，一切就变得没有意义。"②

爱因斯坦也曾说："用专业知识教育人是不够的，通过专业教育，他可以成为一台有用的机器，但不能成为一个和谐发展的人。他必须获得对美、对真、对善有鲜明的辨别力。否则，他连同他的专业知识就更像一只受过训练的狗，而不像一个具备和谐发展的人。"③ 为此他强调指出："无论是教堂还是学校，在他们行使其真正的功能的限度内都是为了使人变得崇高。"④

北京大学教授钱理群先生也指出："语文教育主要是培养学生对真善美的追求，对彼岸理想世界的向往与想象，对人类、自然、宇宙的大关怀，对未知事物的好奇心，并由此焕发出内在与外在的热情，生命的活力。"⑤ "语文课的教学，绝不是仅仅为了获得一些或几种语文能力，而是一种精神发展本身。一节语文课的教学目标也许是具体的，但是，如果这些具体的目标不是指向儿童的心灵启蒙、自由和解放，不是指向精神的变革，那些具体的目标就是没有意义的。"⑥

总之，核心素养的培育需要良好的教育。因为只有良好的教育才能使我们秉有渊深的学识、清明的才智、通达的性情、宽广的胸怀和高贵的教养。"那么，什么是良好的教育呢？也许我们很难给予它一个周全的描述，但我们可以肯定地说：如果一个人从来没有感受过人性光辉的沐浴，从来没有走进过一个丰富而美好的精神世界；如果从来没有读到过一本令他激动不已、百读不厌的读物，从来没有苦苦地思索过某一个问题；如果从来

① 雅斯贝尔斯．什么是教育［M］．邹进，译．北京：生活·读书·新知三联书店，1991：3，5.
② 同上：44.
③ 爱因斯坦．用专业知识教育人是不够的［J］．山东教育，2008（15）．
④ 同上．
⑤ 钱理群，孙绍振．对话语文［M］．福州：福建人民出版社，2005.
⑥ 金生鈜．心灵自由：语文课堂的精神魅力［J］．江苏教育（小学教学版），2012（10）．

没有一个令他乐此不疲、废寝忘食的活动领域，从来没有过一次刻骨铭心的经历和体验；如果从来没有对自然界的多样与和谐产生过深深的敬畏，从来没有对人类创造的灿烂文化发出过由衷的赞叹……那么，他就没有受到过真正的、良好的教育。"①

遗憾的是，在我们中小学，经常可以看到有些学生学科知识掌握得很熟练很牢固，解题能力也很强，甚至解难题也都有一套，但是你跟他相处，马上就会感受到他身上缺了什么东西，这东西就是素养！素养的缺失表现在：（1）视野狭窄，除了书本的学科知识外所知甚少，学识单薄；（2）底蕴不厚，缺乏思考力和批判力，没有深度和厚度；（3）修养不足，缺乏爱心、礼貌和责任感；（4）情趣不多，功利心强，内心缺乏自由和幸福感。

素养缺失对人的影响是致命的，很难想象一个只有知识、只会考试的人能走多远，将来能成为什么样的人！学科教学要努力把学生培养成为知识丰富、思维深刻、人性善良、品格正直、心灵自由的人。

教师也存在这样的状况：正如窦桂梅所指出的，"在不少课堂上，我们可以看到许多教师可以流利地讲述文本的思想内容、艺术特色，耐心详细地讲解课后的思考练习题，面带笑容地倾听学生的讨论，灵活熟练地操作多媒体，一切都好像完美无缺，但是这个现象的背后却蕴含巨大的缺憾：那就是教师文化素养的缺失。"② 这一缺失导致教师的讲述可能是流利的，但却是就事论事、浅薄、平面化的；教师的答疑解惑可能是耐心细致的，但缺失更高意义上的关怀和考量；教师的声音可能更多地来自喉咙，而不是内心；教师的目光亲切柔和，但缺少深邃和睿智。特别要指出的是，理科教师同文科教师一样，同样需要文化的滋养，需要大视野的支撑，需要阅读的搀扶。很多时候，学生掌握了公式、定律、定理，却不知其本质，也不知其背后的故事，那么除了用于解题，学生就根本不知道它们还有什么意义和价值。学生们想了解、想听的，有很多是教材没有的东

---

① 肖川. 什么是良好的教育［J］. 青年教师，2003（4）.
② 窦桂梅. 读书，我们必须的生活［J］. 小学语文教师，2007（增刊）.

西。理科教师仅有学科专业功底和解题技能是远远不够的，需要非常丰厚的综合的文化素养。教师的文化素养显然不等同于教师的学历层次和知识水平，它是教师的学识水平、知识视野、思维品质、创新意识、审美能力、气质品味、价值取向、人格修养等的总和。

第四节 价值引领、思维启迪与品格塑造

正如我们把阅读能力、思考能力和表达能力看成学生的三大核心能力，我们也把正确的价值观、科学（先进）的思维方式和优秀（良好）的品格（品性）看成是学生的三大核心素养。价值观是一个人心灵的风向标（管"心"的），一个人首先应该对什么是有价值的，什么是有意义的、好的、对的，什么东西是值得追求的、坚守的、效仿的，有正确的基本（初步的）的认识和判断（把握），这是为人之根之本（是人的观念系统的"根目录"，其他观念都是"子目录"），学校教育若不在这上面扎根，就会迷失方向，人的素养就会有根本的缺陷。价值观因此被认为是人生的第一颗扣子，是人生不可让渡的底线。复旦大学林森浩投毒案二审宣判时，林森浩忏悔道："我是个没有什么人生价值观的人。"他承认，对于人文的东西和人的健康生命的尊重，自己是欠缺的。而据复旦大学同学的反映，林森浩"平日表现良好，并非极为凶残之人"。①

思维方式是一个人脑力劳动（认识活动）的武器（媒介）（管"脑"的），它是由思维方向、思维品质、思维方法和思维能力等构成的综合体，决定一个人怎么认识事物、思考问题以及认识和思考的方向、深度，总之，科学的思维方式决定一个人脑力劳动的水平和质量。学校教育教学不能只在知识点和能力点、知识和能力的细节上做文章，而是要在引导和启迪学生学会正确的思维上下功夫。"思维要是不科学，就没有别的科学了。"品格是一个人的行为（广义）表现和为人形象（管"行"的），是

---

① 引自《中国教育报》2015年1月9日，第1版。

一个人素养的直接反映，价值观和思维方式是内隐的，那么品格则是外显的。一个人言行粗俗、举止不端、品性不良，缺乏基本的礼貌、礼节、涵养、教养，其他一切又有什么意义呢？"若失品格，一切皆失。"总之，这三个核心素养是学生整体素养的三根支柱，缺失会造成人的素养大厦的坍塌。相对而言，价值观教育往底线的角度说就是要防止学生思想的庸俗化和功利化（用世俗和利益的标准衡量一切），往高端的要求说就是让学生成为有理想、有信念、有追求和有精神境界的人。思维方式教育往底线的角度说就是要防止学生成为死记硬背的书呆子（死读书、读死书、读书死），往高端的要求说就是要让学生成为才思敏捷、思路独特、有思想、有主见的创新型人才。品格教育往底线的角度说就是要防止学生成为粗俗不堪、缺乏教养的人，往高端的要求说就是要让学生成为谈吐不俗、文行并美、举止高雅、有教养、有品位的优秀人才。

总之，学校教育教学要不遗余力地打造学生的三大核心素养。价值引领、思维启迪、品格塑造是学校和教师的三大核心任务。

一、价值引领（正确价值观的培养）

价值引领的目的是培养学生正确的价值观。从学校教育的角度讲，价值观是关于如何做人做事的观念、准则、规范，它是一个人信念、信仰、理想的基石（内核），决定一个人的精神品性。教师要在教学中对学生进行价值引领，必须做好以下三点：

第一，要对价值观有较全面的认识。从价值指向的范围来看，我们可将价值分为：（1）人类普适价值（基本价值），即为全人类所普遍认可和提倡的价值，如人道关怀、同情感恩、自由平等、公平正义、尊重自然、尊重生命等，虽然不同国家在意识形态、政治理念、社会观念上有着较大差异，但在伦理价值、行为价值特别是善恶区分上却有基本的共识，有着一定的同一性，从而形成人类的基本价值。（2）中华民族优秀传统价值，它是中华民族在历史发展过程中所积淀下来的积极的、健康的并被全民族共同认可的基本价值原则，如爱国、孝亲、仁爱、勤奋、礼让谦逊、恪守诚信等。（3）现代社会价值，它是与当代社会经济发展相适应的价值观，如个体独立与自主、社会公正与平等、思想自由与价值多元、经济市场化、政治民主等。从价值指向的对象来看，有学者把价值分为三个方面：（1）人道价值，包括人的生命存在的意义以及人的尊严、自由、权利等，它是主体自身的内在价值。（2）规范价值，包括社会的民主、平等、正义等，它是主体与主体之间的结构性价值。（3）效用价值，包括人的效用价值与物的效用价值，它是客体对于主体的功能性价值。① 教师要充分理解各类价值的内涵和意义，并在这个基础上形成和构建符合社会主义核心价值观的价值理解、价值准则，这样才能以鲜明的价值追求和价值立场引领学生、启发学生，帮助学生逐步形成正确的价值观、人生观。

第二，要着力提高自身的价值判断能力。在价值多元和社会实践日趋复杂的今天，要引领学生做出理性的、正当的、合适的价值选择和判断，不是一件容易完成的事。正如有学者指出的："在这样一个价值多样的时代，一个人接受什么样的价值观念和实践什么样的价值原则已经远远不是他（她）的童年经验或所属的社会群体可以决定的，他（她）必须在多样的价值观念或原则体系中进行比较、分析、判断与选择，因此，他（她）必须不断地提高自己的价值理性。"② 这里的价值理性实际上就是价值判断力。"未经理性审查的价值是不值得追求和实践的"，教育教学中如果缺乏理性的观照，缺乏价值判断的基本能力，价值引领可能沦为一种盲从，失去正确方向，甚至沦为"非价值"或"反价值"的误区。所以，就像教师要清晰全面地掌握学科知识和能力，教师也要全面正确地理解各种价值并拥有价值判断能力。教师本人对做人、做事推崇什么样的价值观都外显或内隐地传递着价值，影响着学生价值观的形成。③ 价值引领从"正面"的角度讲，就是价值引导，直接引导学生接受社会认可的主导价值观；从"侧面"的角度讲，就是价值澄清，即对学生不正确、片面的价值观进行

---

① 刘晓明. 视觉融合：心理教育中的价值问题研究［M］. 长春：东北师范大学出版社，2008：107.

② 石中英. 价值教育的时代使命［J］. 中国民族教育，2009（1）.

③ 林珊. 价值引领：语文教师的重要使命［J］. 现代中小学教育，2014（6）.

澄清。对此，王尚文先生指出："教师对这个世界中的许多东西应该已有所知，因为他已在前人的引导下进入过其中，他已听过前人的介绍，他也已有过自己的探索和发现。在这个世界中，教师要引学生走安全的道路，要通过师生心灵的相互沟通，让学生知道哪里有沼泽陷阱，哪里有悬崖峭壁，哪里有激流险滩；让学生知道哪些是会伤人的野兽，哪些是会夺命的毒菌，哪些又是会害人的罂粟花。如果好奇的学生中有个别要走向沼泽陷阱、悬崖峭壁、激流险滩，那教师必须与其他学生一起及时地制止他们；如果有学生不小心已受到猛兽的伤害或中了毒，那教师必须与其他学生一起细心地为他们疗伤或解毒。在这个世界中，教师要通过心灵的相互沟通，让学生掌握教师自己所知道的各种花卉树木与蛇虫禽兽的名称和特点。如果有学生觉得前人和教师对那些动植物的命名与对它们的特点的分析有误，教师应停下来与学生一道进行共同的探讨，一时难以解决或难以一致，就应该让其存疑；如果有目光敏锐的学生发现了前人和教师一直没有注意到的动植物，教师应该与学生共同分享发现的喜悦，并与学生一起去分析其特点，然后尽可能予以科学的命名。在这个世界中，有许许多多美的事物和美的景致存在，教师要与学生一起去寻找美、发现美与欣赏美，并不断地相互交流各自的感受。"①

第三，要结合学科教学有机地进行价值引领。学校里的各门学科知识都是学生建立价值观、人生观、世界观的基础，不同学科中蕴含着具体丰富、不尽相同的价值内容及形态。学科教学内容按照蕴含价值目标的程度可分为三大类："一是含有显性价值目标的教学内容，即教材通过文字材料直接体现出价值目标，比如高中语文《包身工》一文，该内容直接体现出的是反抗压迫，维护与热爱正义的价值观。二是内隐价值目标的教学内容，这类内容主要反映客观事实和规律，似乎不含价值因素，但在反映客观现实、揭示客观规律的过程中同样蕴含着价值目标，这就要求教师善于发现教学内容背后的价值因素，把教学内容中内隐的价值因素挖掘出来，形成价值目标。比如，进行生物学《遗传病》一课的教学时，教师可以给

① 王尚文. 语文对话教学论［M］. 杭州：浙江教育出版社，2004：325—326.

学生描述病人患病时生理上的痛苦以及他们心灵上遭受到的折磨，从而引发学生的同情心，并培养学生的爱心。还有一类教学内容，本身并未隐含价值目标，对这一类内容的教授，如果教师具有价值教育的意识与能力，可以通过师生交往、教学组织形式等方式，在行动中达成价值目标。"[1] 教师要充分挖掘学科特有的价值资源，并结合教学活动和学生的实际有机地进行价值引领。我们通过以下几个案例来具体阐述：

案例一：孙悟空和白骨精的执著[2]

这是窦桂梅老师执教苏教版六年级下册《三打白骨精》一文的教学片段。

生：我觉得白骨精为了达到自己的目的，她很顽强，很执著，很了不起。（笑）

师：啊（想了一下），那你说说白骨精这么执著的目的是什么？

生：要害唐僧，要吃唐僧肉。

师：那怎么评价白骨精的这份"执著"呢？

生：（想了想）反正她是不达目的不罢休。（笑）

师：好，你先想想，一会儿再和你聊这个问题。

（十分钟后，学生评价孙悟空）

生：（认为白骨精执著的女孩）孙悟空对师父有求必应，有情有义，很执著！

师：你说孙悟空执著的目的和白骨精执著的目的一样吗？

生：不一样，孙悟空的目的是善的，白骨精的目的是恶的。

师：你真是"善恶分明"啊！那么，现在请你结合妖精的"无心向善"谈谈妖精的执著。

生：妖精的执著用错了地方，所以下场罪有应得。

师：妖精的执著，不是智谋，而是不择手段的害人阴谋！方向错了，

---

① 魏宏聚．课堂教学中实施价值教育的途径与策略［J］．教育科学研究，2013（2）：10.
② 赵芹，袁开文．阅读教学呼唤智慧理答［J］．教育测量与评价，2012（12）：60.

方式再好，那也是南辕北辙！（掌声）

案例二："你有尊严吗?"

今天上午（2014年3月14日）在龙岩市漳平市实验小学听一位老师上《尊严》一课，下课时我随机问了一位同学："你有尊严吗?"学生脱口而出："我当然有尊严。"我开玩笑地说："你不劳而获，不像哈默先劳动后吃饭，你有什么尊严?"学生被我一反问，懵了，自言自语道："我没有尊严?"我进一步问："除哈默外，其他逃难者有没有尊严?"学生坚定地回答："没有。"显然，这篇课文的教学给学生传递着这样一种价值观：哈默坚持先劳动后吃饭，有尊严；其他逃难者狼吞虎咽，没有尊严。我突然想起几年前听的《地震中的父与子》一课，当时我在评点时对文本的价值取向和教师的教学导向提出质疑，文本和教师的教学都一味地渲染那位不顾一切拯救孩子的父亲的伟大，有意无意地贬低其他孩子的父亲，这是违背人性、人伦的。第一，生命具有最高的价值；第二，父母之爱是最深的情感。任何父母对孩子的生命和生死都不可能置之度外。

对于语文教材，我们确实发现有些选文所蕴含的价值取向偏离了人类的基本价值、普适价值，如果我们的教师不能意识到、解读出这一点，而是推波助澜，让这种不当的价值观泛滥，那将对学生人性观、价值观的形成产生错误的影响。有些选文，人物和内容往往显得过于神圣、过于崇高、过于清正、过于滥情，跟学生的道德生活世界和道德认知水平相差甚远，教师如果只是顺着文本、放大文本，这种教学特别是价值观的导向就必然出现空化、虚化、神化，弄不好，只能培养伪君子，说一套、做一套。当然，教学中也存在一种情况：文本本身的价值取向是正确的、合适的，但是，学生在解读的时候却出现了偏差。这是一个多元价值并存的时代，我们又鼓励学生的个性化解读，出现偏差是难免的，有些偏差可能是"悟"读，有些偏差则是一种"误"读，对于偏离正确价值方向的误读，教师必须予以纠正和引导。

总之，教师不仅要教书，而且要育人。实际上，上《尊严》一课的那位老师在课堂上，书是教得不错的，言语性、工具性落实得很到位的，而且还注重人文性的挖掘，但是其价值导向却有失偏颇。可见，教师要育好人，要对学生进行正确有效的价值引导，自己要首先树立正确、全面的价值观并提升自身的价值判断能力。（余文森）

案例三：文本的生活意义和教育意义[①]

今天（2012年4月16日）在三明市大田县实验小学听了两节语文课，分别是三年级《妈妈的账单》（人教版）和六年级《跨越百年的美丽》（人教版）。两位老师采用的都是先学后教的模式，先学后教特征鲜明，学生先学充分，后教环节进行得比较顺利，特别是《跨越百年的美丽》一课，学生在后教环节的交流讨论有一定的深度（高度）。

对"先学后教"模式而言，在教师和学生熟悉了教学程序（流程）之后，我认为，最重要的是教材解读问题。如何解读教材？如何让文本真正走进儿童，走进生活？如何让儿童走进文本又走出文本？如何挖掘文本的生活意义和教育意义？我在评点时谈了一些看法。

也许是职业的习惯，我把《妈妈的账单》看成一个优秀的教育案例，小彼得的母亲是个很有教育智慧的女性，她用自己的智慧成功地教育了小彼得，"灵性启迪悟性"。小彼得看了母亲的账单，羞愧万分，悄悄地把索取的报酬还给了妈妈。但是，现实生活中的很多妈妈未必具有小彼得母亲的智慧，我们可以让学生设想一下自己的妈妈收到账单后会是什么反应？有的妈妈可能直接给了60芬尼；有的妈妈可能把孩子骂了一通、批了一顿；有的妈妈可能伤心得哭了；……每位妈妈的性格、文化（程度）不一样，反应的方式和爱护孩子的方式也不一样，但是，所有母亲对孩子的爱是一样的，无私的、本能的、不求回报的。这是我们要让学生明白的道理。所以，无论你的妈妈如何反应，即便是批你、骂你、训你，你也一定要学会感受母爱、报答母爱。这样的解读或许会让文本真正走进儿童心灵，真正对儿童心灵产生教育影响。

---

① 余文森. 文本的生活意义和教育意义 . [EB/OL] . 2014 – 3 – 20. http：//eblog. cersp. com/userlog/406/archives/2012/1587636. shtml.

《跨越百年的美丽》一课以"美丽"为主线，表明了居里夫人的美丽不在于容貌，而在于心灵和人格，她为人类作出了伟大的贡献，实现了自己的人生价值，在我看来，居里夫人的"美"是至高至善的，她就是美的化身。但是她的美如何走进儿童的生活、心灵？当学生学到"这种可贵的性格与高远的追求，使玛丽·居里夫人几乎在完成这项伟大自然发现的同时，也完成了对人生意义的发现"时，教师问学生：你们认为人生的意义究竟是什么？一同学回答：人生的意义在于吃饱、穿好（也许不是指同学本人）。对此该如何回应呢？我认为可引导教育学生：这样的人生（吃饱穿好）美不美？应该说不能算美。但是如果是凭自己的劳动和努力而让自己过上丰衣足食的生活，这样的人生就有点意义，有点美。而如果在自己过上好生活的同时也努力帮助其他人都过上好生活，这样的人生就更有意义、更加美丽，就有点接近居里夫人的美了。当然，如果你一心只为别人（为整个人类）的利益，而不考虑自己的利益，甚至宁愿牺牲自己的利益，那你的"美"就可以和居里夫人相提并论了。当学生学到"她本来可以躺在任何一项大奖或任何一个荣誉上尽情地享受，但是，她视名利为粪土，她将奖金捐赠给科研事业和战争中的法国，而将那些奖章送给6岁的小女儿当玩具"时，一位同学发表了感想：说自己有一次成绩考得很好，成绩单拿回家给父母看，原本以为父母会大大表扬一番，没想到他们仅仅是淡淡地肯定了一句，让自己感到很委屈，回到房间哭了起来。我想老师在此可做这样的启发教导：学习成绩好，希望得到表扬，这是人之常情；学习成绩好，认为是自己的分内事，而不是为了得到奖励和表扬，这个境界就高一点了；如果学习成绩好，是因为自己把读书当成一种兴趣、爱好，觉得读书本身就是一种乐趣、一种享受，这个境界就更高了；而如果进一步把学习看成是一种对未知世界的探索和发现，而不仅仅是为了成绩和荣誉，这就有点像居里夫人了。这样的解读可能就会拉近孩子和居里夫人的距离，让居里夫人从科学的神坛走向儿童的生活，对儿童的学习和生活产生影响。（余文森）

案例四：《鹿和狼的故事》的思考①

《鹿和狼的故事》一文，主要叙述了美国某州，森林中鹿的生存受到了狼的严重威胁，西奥多·罗斯福总统为了改变现状，下令捕杀恶狼，最终导致严重的生态灾难：森林中的绿色植被一天天减少，枯黄的土地不断扩大，鹿群总量锐减，病鹿在苟延残喘。有教师以"狼也是森林的保护者"为凭借，要求学生重新审视以前对狼狡猾凶残的错误认识，大有为狼平反的气势。结果，在交流学习体会时，有不少学生为狼唱赞歌。正因为教师有意抬高狼的"人性"，才导致学生错误的价值取向。狼的本质到底是什么姑且不论，但有一点基本事实是清楚的，那就是狼对森林的保护作用不是出于自觉（自发）的，而是生物之间相互制约而产生的作用。对本文的价值取向，笔者认为可从以下几方面去考虑：环保教育——懂得维护生态平衡的道理；科学思想方法启蒙教育——事物之间是相互联系、相互作用、相互制约的；辩证唯物主义启蒙教育——对任何事物都应当全面认识，不能以偏概全。但是在实际教学中，不能将三者截然分开，要使对后两者的领悟有机融入前者中。

案例五：时间的认识②

小学数学中讲时间，讲时、分、秒。我们通常会觉得时间是最无情、最客观的。但数学中讲的时间，不是时间本身，而是计时的单位和方式，是人类发明的一种计量方式。如果我们在数学教学中只讲1小时等于60分钟，1分钟等于60秒，要求孩子识记这样的换算公式，认识钟表上的时间，只是在时间概念的表层开展的教学。如果进一步，在课堂上引导学生去感觉：1分钟有多长，60秒可以做哪些事，如可以写几个字，可以读几行书，我们唱一首歌要用几分钟，上一层楼的台阶要几分钟，从家到学校

---

① 黄军荣．阅读教学中价值取向的误区［J］．小学教学研究，2003（3）：5.

② 孙彩平，蒋海晖．知识的道德意义——兼论学科教学中道德意义的挖掘［J］．中小学德育，2012（10）：14.

要几分钟，那么，学生所学的时间概念，就会成为他生活中的一个尺度，可以用来计量他的生活，帮助他安排生活内容，如写一页字需要多少分钟，从家到学校要多少时间。如此，这个数学知识就成了他生活中的管理性要素，他不仅有了时间的数学知识，也有了时间的生活感甚至生命感，这会影响到他行动的迟缓与紧迫，生活的从容与匆忙。这样的数学教学，就起到了规范生活甚至生命意义的作用，因而具有了价值的意义。

二、思维启迪（科学思维方式的培养）

从认识论的角度分析，可以把思维方式看作人的认识定势和认识运行模式的总和；从个体的角度分析，思维方式是个体思维层次（深度）、结构（类型）、方向（思路）的综合表现，是一个人认知素质的核心。美国教育学家克罗韦尔指出："教育面临的最大挑战，不是技术，不是资源，不是责任感，而是……去发现新的思维方法。"

从学生学习的角度分析，思维方式反映了学生认识事物的立场和视角，也决定了他们解决问题的思路和方向，对学生的学习质量和水平具有根本的制约作用。学生在知识掌握和能力发展等诸多方面存在的各种问题，根源都在思维方式上。当前，学生思维方式存在的突出问题表现在：对立化（简单化、绝对化）的思维方式、封闭式（格式化、模式化、僵化、固化）的思维方式。

对立化思维是一种非此即彼、非好即坏的简单线性思维方式，以这种思维方式来看待和分析事物，往往容易将相互联系、相互渗透、相互包含的事物置于互不相容的两极，结果割裂事物之间的复杂联系，将问题简单化、形式化、绝对化，从而影响相关认识和实践活动的健康发展。要改变相互割裂、非此即彼的思维方式，必须坚持以唯物辩证法为方法论基础，确立联系的、辩证的思维方式。唯物辩证法的方法论是我们认识事物的根本方法。唯物辩证法认为事物自身包含着既相互排斥又相互依存、既对立又统一的关系，任何事物都是作为矛盾统一体而存在的，矛盾是事物发展的源泉和动力。马克思主义系统阐述了唯物辩证法的对立统一规律，把矛盾规定为反映事物的对立统一关系的哲学范畴。事物自身包含的既对立又统一的关系叫做矛盾。简言之，矛盾就是对立统一。所谓对立，是指矛盾双方相互排斥、互相斗争。所谓统一，是指如下两种情形：第一，矛盾双方在一定条件下相互依存，一方的存在以另一方的存在为前提，双方共处于一个统一体中；第二，矛盾着的双方，依据一定的条件，各向自己相反的方向转化。正确理解和把握矛盾的含义，还必须注意几个方面：首先，矛盾双方的对立和统一，始终是不可分割的；其次，矛盾双方对立统一的关系，既指事物内部存在的这种关系，也指事物之间存在的这种关系；再次，不能把哲学上讲的辩证矛盾同逻辑矛盾混为一谈。我们学生认识问题单一化、绝对化，对与错、正与反、爱与恨、肯定与否定、拥护与赞成，就一根筋、一种看法、一种观点、一种态度。不会从联系的角度，辩证地看待事物，从不同角度（包括相反的角度）认识、分析问题，进行全面的论证。这样，不仅思维单一，观念片面，视野也变得很狭窄。

封闭式思维是一种走"套路"的思维模式，把一切认识和问题都归到既有的套路和模式中去，或者说是用既有的套路和模式来解释和分析所有的认识对象和问题。从哲学角度讲，它就是所谓本质主义的思维方式，即先在地设定对象的本质，然后用此种本质来解释对象存在和发展的思维模式。人的本质、事物的本质都是先在设定的，事物过程的本质在事物过程之先，在事物过程之外被先在地设定了。本质主义的思维方式具有决定性、预设性、确定性等特性。

思维方式要由封闭式走向开放式，从本质主义思维方式（从本本出发）走向生成性思维方式（从实际出发），从实际出发意味着：第一思维要真实反映认识对象（事物）本身的特殊性和规律性，第二思维（人的认识）活动要根据认识对象（事物）的发展、变化以及事物所处的环境和条件的不同而发生变化。生命是一种开放性、生成性的存在，人的思维也应该具有开放性、生成性的特点。这是人的能力不断发展的内在机制。思维一旦模式化、格式化，就不可能有创新，能力发展也就停止了。不少学者批判我们的学生好像都是一个模子塑造出来的，"我在清华最大一个感觉就是好学生都是一个模式出来的，都是乖孩子、听话，缺乏独立性和批判性。"[1] 中科院动物学家杨卫平发出疑问："现在，我们一不缺钱，二不缺仪器设备，三不缺勤奋努力，为什么到头来原创性成果还是比不过别人？"[2] 这个问题的根源也是思维方式的问题，思维的模式化、格式化导致原创思维的欠缺和丧失。在应试教育中，我们学生（包括教师）的思维被严重地模式化、格式化了，只会解题，不会发现、提出问题；只会解常规题，不会解非常规题；只会求同，不会求异。网络上曾流传一个笑话：联合国出了道题目，请全世界小朋友作答："对于其他国家粮食短缺问题，谈谈自己的看法。"结果，非洲小朋友看完题目后，不知道什么叫做"粮食"；欧洲小朋友看完题目后，不知道什么叫做"短缺"；美国小朋友看完题目后，不知道什么叫做"其他国家"；中国小朋友看完题目后，不知道什么叫做"自己的看法"。

船长年龄到底多大[3]

前些年看过一道非常"震撼"的题目，据说是法国的一个教授对上海与法国小学生的对比测试题。

题目：澳大利亚开往法国的一艘船上载有40头牛，另外还有30只羊，请问船长的年龄多大？

记得报道上说测试的结果让国人大跌眼镜，大多数国内小学生都是写70岁或10岁，极少数同学看不懂题目，没有任何作答。而同样的题目在法国的测试结果是大多数小学生都写：所给条件与要求答案没有关系。

笔者从事高中物理教学，经常用这个例子来给学生说明不要养成见到数字就赶紧代入公式计算的坏习惯，首先要思考二者之间关系成立的条件，再决定能不能列式。例如：在学习变压器知识时，教师一再强调变压器只能变交流电的电压，但出题人在此处只要挖一个小的"陷阱"，让变压器去变为直流电的电压，我们的学生大都会义无反顾地向着"陷阱"跳下去。

---

① 陈吉宁. 杰出人才不是"培养"出来的［J］. 水木清华，2014（4）.

② 任荃. 中国"牛顿"："苹果树"在哪［N］. 文汇报，2004－10－19（5）.

③ 王诗峰. "船长年龄到底多大"［J］. 校本教研，2009（12）.

到底是什么原因导致我们的孩子见到数字就急着要去加减乘除呢?

我们从小学开始就过多地对孩子进行标准化训练,所有的题目几乎都是统一的标准答案。我们的题目往往忽略所有次要因素,只抓问题的主要方面,我们一再给孩子强调:等运算结果出来后,一定要看看是不是所有已知的条件都用上了。正是因为这样的教育,所以才会出现船长年龄是70岁或10岁的运算结果。

我国大力推进与提倡素质教育、创新教育已十余年了,但笔者作为一名基层教育工作者,并没有看到中学的教育体系向着这个方向倾斜,反而有些形式上越来越趋向于标准化,越来越约束教师和学生的发展。

中美小学生作文比较①

有个美国小学生前几年写了一篇作文,大意是一群孩子在森林里发现了一枚蛋,他们小心翼翼地捡回准备孵化出来。孩子们纷纷猜测,有的说是孔雀蛋,有的说是鸵鸟蛋。孩子们焦急地等啊等,28天后终于有动静了,蛋壳中竟孵出了他们的总统克林顿。孩子们欢呼雀跃。这篇作文最后获得全美最优秀的作文奖。

几乎与此同时,当年也有一名武汉小学生,写作文说"春天不好",竟被语文老师批为"胡思乱想"。

……

"教学,从根本上说,是思考着的教学引导着学生思考,又让思考着的学生促动教师思考。而在这一过程中,问题是最好的营养剂。"②

神奇而又可怕的"作文模板"③

郭振有

"一套'活'模板,让作文变简单""三步快速写出高分作文,想写

---

① 李甘林. 中国孩子何时能从一枚蛋中孵出克林顿?[N]. 中国青年报, 2010 – 11 – 25.
② 张楚廷. 教师的四重奏——教学·学教·问教·问教[J]. 课程·教材·教法, 2008 (7).
③ 郭振有. 神奇而又可怕的"作文模板"[N]. 中国教育报, 2010 – 12 – 4 (2).

不好都难"。近日，一篇关于神奇作文的广告在报纸上整版推出。广告称，"据家长反馈，这种《黄金格作文》模板能帮助孩子快速写出好作文。这套方法真的太神奇了"。

如何神奇？我们可以看看广告中举的一个例子。有个学生今年高考写的作文《仰望星空》，就是按此模板运用发散思维，以仰望星空时的感想为触发点，引出了几部分内容：仰望星空，贝聿铭坚定了建筑的梦想；仰望星空，邰丽华坚定了舞蹈的梦想；仰望星空，袁隆平坚定了让所有人远离饥饿的梦想；仰望星空，刘翔坚定了田径的梦想……

这真是一篇好作文吗？正好，近日《文汇报》发表了上海一位语文特级教师的文章《给高考满分作文挑刺》，尖锐地批评了当前一些所谓好作文的弊病。文中列举的几篇满分作文也都是因"存在某种特殊结构和技巧"而得满分的。有一篇满分作文，初读"不能不被作者的才华所折服，清晰的思路和结构、优美流畅的语言、广征博引的文化知识，看起来的确很美"。但是，它"内含不明外延不清的概念，不恰当的判断与不合理的推理，只会把读者搞得云里雾里……总体上给人含混不清的感觉，是一篇不讲道理的议论文"。另一篇满分作文，则是"堆砌文化典故"，"口号很多，激情很多，名流很多，名句很多，只是内涵很少"。

学校和教师要将学生科学思维方式的培养提升到奠基学生能力基础、关乎学生人生长远发展的高度来认识。当前，我认为，要从以下两个维度着力：第一，从客观性、科学性的角度讲，要注重科学精神和客观性思维能力的培养，即培养学生学会用事实、实证、逻辑、推理和论证进行思维的能力。《论语》中的"子绝四"：孔子一生以四绝"勿意、勿必、勿固、勿我"要求自己。"勿意"的意思是指做事不能凭空猜测主观臆断，一切以事实为依据，就能避免没有事实依据的主观臆断、凭空猜测。"勿必"的意思是指对事物不能绝对肯定，非常明显地体现了辩证思维，所谓事无绝对，一分为二，才是正确的。"勿固"的意思就是不能拘泥固执，每个人的知识结构、内容都是有限的，一味固执，只能使自己越来越偏离正确的轨道。"勿我"的意思就是不要自以为是。第二是从主观性、主体性的角度讲，要注重学生批判精神和质疑能力的培养，即培养学生独立、独特、个性、新颖的思维和想象能力。

从教学的角度讲，第一，要积极倡导原生态的教学（学习），要从根本上改变我们以知识授受为任务和以记—练—考为特征的教学方式、模式，这种教学几乎把思维都剪辑和阉割了，学生没有一点再思维的意义和含量。要把原生态的核心性的学习还给学生，让学生有更多的机会直接面对原生态的问题情境和文本本身，从而有更多自己原生态的思维介入。没有思维介入，就谈不上思维方式的培养；没有原生态思维的介入，就谈不上创造性思维方式的培养。"例如，语文需要直接的读和想，而不是进行语言分析、搞字词句篇的拆零研究，前者才是人的语文素养形成的基本过程。读的是原汁原味的文章本身，想是依据文章而发的自身的提炼。于是，在读和想中，人的语文积累丰富了，人在最质朴的活动中提升了阅读能力、思维能力和创新能力。又比如，在高中的数学课本里，把两个正数的算术平均数不小于几何平均数称为基本不等式，这个不等式还不如两个任意数的差（a－b）的平方非负来得基本。而如果把后者称为基本不等式，从此出发，就可以使更多的学生自己理解它。"①

基于这种认识，我十分支持管建刚老师在《我从不上"作前指导课"》里面的观点。管老师正是看到了以往作文教学中那些违背常识的现象，才勇敢向它开战的。

他说得那么好："教师们可能会说：'我不指导，学生怎么会写？'他们忘记了，我们的学生学的是母语，学生在认识字之前，对母语的表现规律已经有了潜在的认识和把握。如此'指导'，学生的作文怎么可能还有儿童思维的原生态？如此'指导'，创造性与灵动性，焉能不荡然无存？学生写作起来，不是思考怎样表达自己的情感与看法，怎样将故事讲好，而是想着怎样按老师的提纲、老师提供的技术与要求，来完成作业，这样的'指导'直接导致了原本活生生的、个性迥异的学生，写出了千篇一律、面目可憎的作文。学生只能是把自我全部抛弃！"②

---

① 郭思乐．生本教育：人的培养模式的根本变革［J］．人民教育，2013（3—4）：11.
② 施久铭．留住孩子们学习语文的好胃口［J］．人民教育，2010（24）．

第二，要积极倡导有高阶思维（高水平思维）的深度教学。没有高水平的思维参与和投入，知识学习就永远只能停留在符号知识（表层结构）的学习上，而不能深入知识内涵（深层结构），获得知识的价值和意义，进而使知识和思维能力获得良性循环的发展。思维水平的发展主要包括思维能力的提高、思维品质的提升和科学思维态度的养成。实施深度教学，是实现知识教学的丰富价值、使学生知识学习与思维能力实现同步发展的必经之路。深度教学是指"超越表层的符号教学，由符号教学走向逻辑教学和意义教学的统一"。也就是说，教师要引导学生超越表层的符号知识学习，进入知识的逻辑形式和意义领域，将符号学习提升为深层意义的获得，使学生学会思维、学会做人。

深度教学并不追求教学内容的深度和难度，不是指教学内容越深越好，而是针对传统知识教学过于注重表层的符号提出来的。缺乏深度的教学是肤浅的教学，这种教学注重学生符号知识的掌握而不能引导学生发掘知识背后丰富的意义，在评价学生知识获得的过程中，也只能以学生符号知识掌握数量的多少作为标准，而陷入一种功利的取向。深度教学不仅仅关注学生符号知识的掌握，还关注学生思维水平的发展，更重要的是，深度教学注重引导学生深入知识的背后，获取丰富的文化意义和思维价值，从而实现知识教学价值的丰富性，使学生的知识学习充满意义关怀，是学生探寻意义、实现意义的过程。①

第三，要注重原生态的问题。

（1）"生活提问"与"逻辑提问"。

根据提问概念的性质不同，提问可以分为"生活提问"和"逻辑提问"。前者主要是以现实的生活实践为基础，后者则以抽象的逻辑思维为主要方式，两者共同构成了一个较为完整的提问方法体系。我们知道，教科书知识本身和课堂教学中学生学习的知识是有根本区别的。教科书的编写主要遵循学科知识体系逻辑，它是从现实生活中抽离出来并加以概括的，更多偏向于"逻辑提问"。从学生的知识学习任务来看，需要将学科

① 伍远岳. 评价学生知识获得的标准［J］. 中小学教育，2013（6）：39—40.

知识还原并运用于学生的现实生活世界，而不是仅仅学习孤立、静止的学科知识内容。在课堂教学实践中，无论是学生内隐地意识到问题的存在，还是外显地提出与解决实际问题，都需要以所学习的不同学科知识为基础。

（2）原始问题与课本习题。

所谓原始问题，是指对自然界及社会生活、生产中客观存在、能够反映科学概念、规律本质且未被加工的科学现象和事实的描述。而课本习题则是把科学现象和事实经过一定程度抽象后加工出来的练习作业。两者的关系如下：

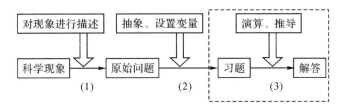

教师要有自己的思维风格①

几天前，一位20年前的学生、现在的留美博士回校探望我时说："黄老师，您当年课上的'挖小妙'（挖掘问题中小小的妙处，注意每个细节）20年来我一直在用，天天用，而且越用越管用！"

另一位已是千万富翁的企业家学生在教师节给我的贺卡中写道："黄老师，记得您的'瞄准靶心——射击'（看问题要把握中心、抓住本质）吗？它一直影响着我！您在课堂上教给我们的思考问题的方法，让我们一辈子受用无穷。谢谢您，黄老师！"

是的，"挖小妙""瞄准靶心——射击"就是20多年来我着意打造的"课堂文化"，能让它们深深地刻在学生的心田里，正是我所追求的。

三、品格塑造（优秀、良好品格的培养）

有一名记者采访一位诺贝尔奖获得者，问："您在哪所大学学到了您认为最重要的东西？"那位诺贝尔奖获得者平静地回答："在幼儿园。"记者接着问："您在幼儿园学到了什么呢？"诺贝尔奖获得者说："学到把自

① 黄安彪. 让课堂带上文化的烙印［N］. 中国教育报，2007-1-5.

己的东西分一半给小伙伴；不是自己的东西不要拿；东西要放整齐；饭前便后要洗手；要诚实，不撒谎；打扰了别人要道歉；做错了事要改正；大自然很美，要仔细观察大自然。我一直是按幼儿园老师教的去做的。"这位诺贝尔奖获得者的答记者问告诉我们：一是良好的品行和习惯是一个人事业成功的基本条件，二是小时候受到的教育对人的终身发展作用非常大。我认为，这两点是学校和家庭教育特别要重视的问题。孩子品格形成的关键期在少儿时期，少儿时期忽视甚至放弃对孩子的品格教育，必然给孩子留下隐患甚至危险。① 《中国教育报》（2008 年 7 月 21 日）曾报道过河南省濮阳市油田十九中关于品格塑造的做法：不随地吐痰，不随手丢脏物，不随便拿别人的东西（"三省"）。该校坚持数年，从这些最简单的小事做起，从一个"三省"到几个"三省"，"省吾身，成小事，善为人"，从行为习惯到学习习惯，让习惯成自然，不仅解决了学生的各种行为问题，而且塑造了学生良好的品格，让学校的面貌焕然一新：干净的校园、整洁的宿舍、文明有序的学习生活、热情礼貌的学生。"性格决定命运"，好行为、好习惯的养成是一个人一生受用的财富，其价值远超所谓的知识和考试分数。笔者曾应邀到一所农村小学"指导课改"，在听了两节课之后，上了一趟学校的"卫生间"。加引号是因为一点都不卫生，更让人不能忍受的是，学生一点都不讲卫生，几乎到了随地大小便的地步。回到学校办公室，我非常认真地跟校长和老师讲：我们学校的当务之急不是搞课改，而是教学生学会正确大小便！学生是受过教育的人，而受过教育的人是有"形象"所指的，即能够让人看得出或感受得出是受过教育的。有专家指出，衡量一个人是否是"受过教育的人"的根本标准，不在知识，而在美德（除了各种良好的行为习惯，还包括那些更具有道德意味的品德，如仁慈、公正、诚实、宽容、讲信用等）。正如肖川教授所指出的："一个受过教育的人，是具有某种品质的人，而不是只'上过学'的人，不是指获得某种学位的人，具有某种学历或文凭的人。"②

---

① 黄解放. 当今学校人才培育缺少什么 ［J］. 人民教育，2011（2）.
② 肖川. 受过教育的人 ［J］. 青年教师，2005（4）.

从广义的角度讲，品格可分为：行为习惯、个性修养、道德品质（风范）三大组成部分。品格突出一个"品"字，一定要把学生培养成有品质、有品位的人，这才是"受过教育的人"的形象。"谢谢你、对不起、请原谅"应该成为每个学生常说的话语；"诚信、宽容、感恩"应该成为每个学生常怀的意识。

你好，请你先说一声"谢谢"①

"谢谢"两个字虽然不值钱，有时却能改变一个人的命运，有时也会让人错失很多美丽的机会。回想小时候，不识字的爷爷奶奶都知道时不时地提醒我要懂礼貌，经常给我讲那些生活中因不礼貌而碰壁的小故事，至今让我记忆最深的是：

有一次，爷爷在田头干活，一个年轻人前来问路："喂，老骨头，西风村怎么走啊……"爷爷顺口答道："西风村沿着大马路一直走就可以了！"结果，这个年轻人来回走了10多里的冤枉路，当他发现自己被"耍"了之后，火气冲冲地返回，对着我爷爷破口大骂，爷爷当时只回敬了一句话："谁让你这般没礼貌，一开口就是'老骨头'……"顿时，那位年轻人面红耳赤，最终还是在爷爷的指点下，找到了西风村，相信这10多里的冤枉路一定会成为那个年轻人终身的教训。

时过境迁，自己也身为人父，女儿已上小学三年级。茶余饭后，我也一遍又一遍地给女儿讲述"爷爷指路的故事"，这些故事寄托着我对爷爷的无限思念，也有我对女儿成长的无限期盼。

多年的教育实践已经证明张扬个性的必要性，但决不能忽略对孩子的公德教育，必须从小培养孩子礼让仁和、合作共进的为人智慧。现在社会特别是企事业单位越来越重视团队建设，举办各种团队合作培训班。但换个角度，我们是否也可以理解成，正由于缺乏团队合作的意识，才要花更多的社会成本来强化这方面的意识。

---

① 徐强. 你好，请你先说一声"谢谢"［N］. 中国教育报，2014 – 12 – 4（10）.

值得强调的是，品格只能由品格来塑造，人格只能由人格来培养，要求学生做到的教师必须先做到。第斯多惠说得好："谁要是自己还没有发展、培养和教育好，他就不能发展、培养和教育好别人。"我们知道，教师的劳动有特殊性，在引导学生认识周围世界的同时，自己也作为周围世界的一个重要成分（活的形象）出现在学生面前，参与到学生的认识过程之中。正如俄国教育家加里宁所说："要知道，教育者影响受教育者的不仅是所教的某些知识，而且还有他的行动，生活方式以及对日常现实的态度。"这是因为教学不仅是知识的输出，也是教师内心世界的展现，教师在教学过程中自然流露的思想、品德、风貌、学识、才能、作风、言谈举止、待人接物无不潜移默化地影响、感染和熏陶学生的心灵。从学生角度说，学生有向师性（像花草树木倾向于阳光那样倾向于教师）。许多研究都表明，从幼儿园儿童到大学生都有模仿教师的倾向。所以，无论教师是否意识到，事实上教师的言谈行为、为人处世的态度都被学生视为榜样，被学生竭力模仿。故而第斯多惠说："教师本人是学校最重要的表率，是直观的最有教益的模范，是学生活生生的榜样。"

教师一定要记住苏霍姆林斯基的教诲："你不仅是自己学科的教员，而且是学生的教育者、生活的指导者和道德的引路人。"应加强自我修炼，努力成为一名"有人格作背景"乃至有人格魅力的教师，以人格熏陶学生，塑造学生的品格。"若失品格，一切皆失。"当然，教师也要吃饭，也要住房，也要赡养老人和抚养子女；教师也有追求生活的权利，也有博取名誉、地位的权利，也有享受人生的权利。但教师与从事其他职业的人不同的是，还要有不畏清贫的品质、不急功近利的情操、不为名利诱惑的人格、甘做人梯的信念、把学生的成长视为自己成功的心态、钟爱孩子的激情、永不泯灭的童心、博大兼容的胸襟……这就是为什么说教师是太阳底下最神圣的职业。[①]

总之，素养导向的教学要求教师：首先要具有积极的生命情态，即是心地善良、有情有爱、充满生命活力的人，对社会肩担道义，对工作爱岗

---

① 余文森. 基础教育课程改革的四大支柱［M］. 福州：福建教育出版社，2002：173.

敬业，对生活乐观向上，对困难愈挫愈勇，对他人团结合作，对自我勤奋进取。其次要具有强烈的育人情怀。科学教育学之父赫尔巴特早在 200 年前就明确指出：教学永远具有教育性。近代人民教育家陶行知始终强调："教师的职务是'千教万教，教人求真'，学生的职务是'千学万学，学做真人'。"当代教书育人楷模于漪也真诚呼吁："教育不能只'育分'，更要教学生学会做人。"的确，教书育人是教师的天职，教书是途径、是手段，育人是目的、是根本。①

---

① 李桂荣. 教育学人的生命情态与育人情怀［J］. 教育科学研究，2012（8）.

第七章

从知识型教师走向智慧型教师

"有好的教师，才有好的教育。"卓越教学呼唤卓越教师，卓越教师的核心素养和标志是智慧。教师的教学行为和表现是其内在素质的派生物。教师拥有什么，他才能够给学生什么。"记诵之学不足以为人师""师不高弟子拙""名师出高徒"，讲的都是这个道理。教师只拥有知识，他就只能给学生知识；唯有智慧才能启迪智慧。这便是知识型教师与智慧型教师的根本区别。从有效教学走向卓越教学，教师必须从知识型教师走向智慧型教师。

第一节　知识型教师（教书匠）

知识型教师就是凭知识教书的教师，他的特点是闻道在先，即教师比学生先懂得某方面的知识或比学生懂得更多的知识，这种知识属记问之学。知识型教师的任务或者说他所能做到的就是传授知识。

教师传授什么样的知识呢？从学生接受信息角度来说，它可分成：

无效知识：旧信息

有效知识：新信息 ┌ 教材中现成（学生能够看懂，学生无法看懂）
　　　　　　　　　└ 教材中没有（补充、延伸）

教师传授无效知识等于浪费学生时间，按鲁迅先生所言，便是谋财害命；教师传授有效知识特别是学生无法看懂的教材知识和源于教材又超出教材的补充、延伸知识，学生便有所收获；但是不少教师传授的有效知识，却是学生自己通过阅读就能看懂的课本知识，这实际上也是耽误学生，因为它剥夺了学生独立学习的机会，阻碍了学生自学能力的发展，抑制了学生学习的主动性和积极性。

从教师自身角度来说，其所传授的知识可分为假知和真知。假知和真知不是哲学意义上的谬误和真理，而是心理学上的一种分类。按照心理学的观点，所谓传授假知，是指教师对所教知识只知其然，而不知其所以然，即没有完全吃透和内化教学内容，表现为教师不能用自己的语言或贴近学生生活实际的语言来讲授知识，在教学方法上就是典型的照本宣科，照稿子念，教师成为课本和教案（讲稿）的奴隶。实践证明，教师传授假知是导致学生机械学习的直接原因。机械学习的特点是：机械模仿、不求甚解、死记硬背、生吞活剥、唯书唯师是上，结果是学生只得到一大堆机械的、孤立的知识。

所谓传授真知，是指教师对所教知识不仅知其然，而且知其所以然，即理解、消化了教学内容，并达到了熟练的程度，该背的背个行云流水，该记的记个滚瓜烂熟，可谓成竹在胸，了然于口，但却是："匠气有余，灵气不足。"因为熟练可以靠简单的重复而获得，只需时间和力气，无需智慧和创造性。美国一位大学教授在教育学院给具有30年教龄的中小学教师上课时，曾经很不客气地问了这样的问题："你们是教了30年书，还是教了一年，重复了30遍?"简单的重复确实可以达到熟练的地步，但是这种熟练只是按部就班，不仅没有升华至熟能生巧的境界，反使教师因为思维一次又一次在旧有的轨道上运行而导致教学能力的退化，从而使教学变成一种形式上的教学。这种教学的特点是：重知识、轻能力，重学习结果、轻学习过程，重获得知识本身、轻获得知识的方法，其结果最多只能让学生对教材获得封闭性理解，即就事论事的简单理解。

如果说，传授假知的课堂教学的特点是生硬、呆板，那么传授真知的课堂教学的特点是熟练、顺当。但知识型教师上课的注意中心都是知识，教学方法的共同特征是灌输。

知识型教师唯书唯教参，缺乏主见和创新精神，课堂教学墨守成规、循规蹈矩，不敢越雷池一步。结果那些顺从听话、善于死记硬背而能力平平的学生反倒成了"好学生"，而真正有独到见解的学生却不能发挥其所长，甚至被看作耍小聪明，久而久之，棱角被磨平，才干被埋没。难怪日本教育家东洋曾指出："一个蕴藏着可贵才华的青年，只是由于他落到了某位半瓶子醋的老教书匠之手，于是丧失了英才的光芒，结果以无名小卒告终。"他认为低水平的教师会使得那些极富才华的学生变得愚笨。这也许就是我们所说的误人子弟！

一则调研结果①

2007年暑假，江苏省海安县教育局组织4500多名中小学在职教师（主要是青年教师）进行学科专业素养统一考试（考试内容主要为课标规定的知识点、能力点），暴露出不少问题：部分中学语文教师文言文翻译能力不强，与"字字落实、文从字顺"的要求有明显的差距；数学教师思维方式单一，运算粗心；英语教师词汇量明显偏少；物理教师动手能力差，实验题得分率仅40％；政治教师仅仅满足于教材知识的识记，对"与时俱进"作为党的思想路线缺乏深层次的理性思考。

"教书匠"以"书"为中心，教师的任务就是教"书"，学生的任务就是从旁观看、欣赏教师教"书"的表演，并听教师讲"书"，然后自己去读"书"，去背"书"。在教"书"活动中，学生被边缘化，失去了教育教学活动中的中心位置。教"书"活动使教育的目标与方向背离了正轨，陷入了歧途。其结果正如陶行知先生所批判的："教书的人是'教死书''死教书''教书死'；读书的人是'读死书''死读书''读书死'。"②

教书匠谈不上主导性，他的教学无论如何也达不到传授知识与培养智

---

① 柳夕浪．教研组活动应聚焦于学科教学知识［J］．中小学管理，2008（1）：28.

② 田保华．构建合乎"道"至于"德"的课堂［N］．中国教师报，2010－7－14.

力的统一。教书匠不能给学生特别的、值得留恋的东西，他对学生的影响微乎其微，甚至对少年英才起反作用。正如一位教育局长所说的："有的人做了一辈子教师，只是重复一种了无生趣的教学模式，自己没精打采，学生如坐针毡；自己身心疲惫，教学质量却平平淡淡——他们把智力劳动变成了体力劳动。"[1]

教书匠只会讲授知识，而讲授最需要的恰恰是语言素养和表达能力。但教书匠缺乏的不仅是深刻的专业知识，还有良好的语言素养和表达能力。

"语言就是力量"（雨果语），教师应努力成为语言艺术家，练就一副好口才，平字见奇，句句见珍。很难想象，一个语无伦次、词汇贫乏的教师，能够清晰地表达丰富而深刻的内容，能够以广阔的思路开发学生的智慧。

苏霍姆林斯基曾从反面描写过一位缺乏语言修养的教师的课堂表现："在叙述（或讲解）时所说的话，好像是非常痛苦地挤出来的，学生并不是在追随教师的思路，而是看着他在多么紧张地挣扎着用词来表达自己的思想，多么艰难地寻找着要用的词。"[2] "有些拙于表达的教师把最富有活力的学科搞得索然无味，把精美的教学内容弄得黯淡无光，把最具有诗意的生活糟蹋得鄙俗不堪，我不知道这样的教师有什么存在价值，当然，我由此也知道为什么一些学生会'厌学'。教师的工作就是要通过自己的演说，去传道、授业、解惑，就是得靠他的激情去感染学生。如果他不能说，不会说或是不肯说，那他作为教师的价值就不存在了。"[3]

学生评价教书匠[4]

课堂上，老师噼里啪啦地讲课，我们静悄悄地听。有时候一个稀有的机会让我们讲，可是全场却鸦雀无声，没人敢讲。也许我们已经忘了

① 田保华．构建合乎"道"至于"德"的课堂［N］．中国教师报，2010 – 7 – 14.
② 苏霍姆林斯基．给教师的建议（修订版全一册）［M］．杜殿坤，编译．北京：教育科学出版社，1984：217.
③ 吴非．不跪着教书［M］．上海：华东师范大学出版社，2004.
④ 郭思乐．课堂：从短期指标回到人的发展——生本教育引发的观念更新［J］．人民教育，2009（Z3）：2.

该怎么去'讲'。老师每次讲课总是像讲给他自己听的一样，这个知识还没弄懂，就讲下一个知识点了。老师上课争取每分每秒，将所谓的知识'复印'到我们的脑海中。其实，真正听懂的没几个，真正会运用的也寥寥无几。考试就是照搬，也不知道为什么要用这个公式，只要能得到分就好。

一桩奇特的诉讼案①

"一桩奇特的诉讼案"讲述了一位美国母亲偶然间发现她3岁的女儿认识礼品盒上"OPEN"的第一个字母"O"，忙追问原因。得知是幼儿园老师教孩子学认字母后，这位母亲把女儿所在的幼儿园告上了法庭。因为她认为女儿在认识"O"之前，能把它说成苹果、太阳、足球、鸟蛋之类的圆形东西，而自从幼儿园教孩子识读了26个字母，女儿便失去了这种能力。她要求幼儿园赔偿精神伤残费1000万美元。三个月后，此案在州立法院开庭，结果是幼儿园败诉，因为陪审团的23名成员被这位母亲在辩护时讲的一个故事感动了。

这位母亲讲述的就是《天鹅的翅膀》："我曾到东方某个国家旅行，在一个公园里见过两只天鹅，一只被剪去了左边的翅膀，一只完好无损。剪去翅膀的被放养在一片较大的水塘里，完好的一只被放养在一片较小的水塘里，当时我非常不解，就请教那里的管理人员。他们说，这样能防止它们逃跑。我问为什么，他们解释，剪去一边翅膀无法保持身体平衡，飞起后会掉下来；在小水塘里的，虽然没被剪去翅膀，但起飞时会因没有必要的滑翔路程，只好呆在水里。当时我非常震惊，震惊于东方人的聪明；可是我也感到非常悲哀，为这两只天鹅感到悲哀。今天，我为我的女儿来打这场官司，是因为我感到她变成了幼儿园的一只天鹅。他们剪掉了她的一只翅膀，一只想象的翅膀，人们早早地就把她投进了那片小水塘，那片只有ABC的小水塘。"

---

① 刘燕敏. 一桩奇特的诉讼案 [J]. 政府法制，2003（10）.

一则让人深思的笑话

一个杀人犯死后被打入十八层地狱，伤心得不得了。正在伤感之际，忽然听到脚底下有人唉声叹气。杀人犯很吃惊，就问：下面什么人？你住在什么地方？下面的人回答：我是教师，住在地狱的第十九层。杀人犯更吃惊了，说：地狱不是只有十八层吗？怎么出了个第十九层？下面说，这是阎王特设的。杀人犯说，杀人就是最重的罪了，你的罪难道比杀人还要重吗？那人说：这你就不知道了，人有两条命，一是性命，二是慧命，杀性命只伤肉体，杀慧命毁掉的可是灵魂啊。就因为我生前误人子弟，杀了许多孩子的慧命，所以就被下到第十九层了……

总之，知识型教师，就知识的类型而言，只注重陈述性（结论性、事实性）知识，而忽视程序性（过程性、方法性）知识，特别是策略性（元认知、监控性）知识；就知识的结构和意义而言，更多的关注知识的外层结构和意义（知识的符号、标识的含义）以及表层结构和意义（知识的描述性、解释性的内容和含义），而忽视知识的深层结构和意义（知识的文化性、智慧性的意义）。知识型教师的教学因此导致了知识的信息化、符号化，知识丧失了实际价值；导致了知识的结论化、绝对化，知识丧失了智慧价值；导致了知识的技能化、解题化，知识丧失了精神价值。

第二节 智慧的意义

一、智慧的含义与特点

关于智慧，《辞海》是这样解释的：智慧是指对事物认识、辨析、判断处理和发明创造的能力。首先，智慧是人的"认识事物"的能力，这种能力还可以用"聪明"来表示，"智商"就是这个领域的概念；其次，智慧是"辨析事物"的能力，是指人的分析、比较思维能力，这种能力可以用"思辨"来说明；再次，智慧是"判断处理事物"的能力，是一种对面问题的决策和问题解决的能力，这种能力是"运筹帷幄决胜千里"，是智慧的价值所在；最后，智慧是"发明创造事物"的能力，是"发现新领域，解决新问题，创造新成果"，这是智慧的最高表现。因此可以说，智慧是人具有认识事物、顺应规律、解决问题、发明创造等行为能力的总称，是人类特有的心理现象。①

二、智慧的类别

1. 睿智

英明有远见，谓之睿智。睿智的人能够透过现象看到本质，透过现在看到未来，一叶知春秋，凡事想得深、看得远。教师的工作特别具有未来性的特点，要为学生的终身发展、未来发展、长远发展着想，淡定、从容是睿智的性格特征。

毛泽东在中国共产党第七次全国代表大会的讲话上指出："坐在指挥台上，如果什么也看不见，就不能叫领导。坐在指挥台上，只看见地平线上已经出现的大量的普遍的东西，那是平平常常的，也不能算领导。只有当还没有出现大量的明显的东西的时候，当桅杆顶刚刚露出的时候，就能看出这是要发展成为大量的普遍的东西，并能掌握住它，这才叫领导。"②

何谓远见？

一

1985 年，英国的牛津大学发生了一件大事。

校方在工程检查后发现，有 350 年历史的学校大礼堂的安全性已经出了问题。20 根由巨大橡木制成的横梁，已经风干朽化，失去了支撑的力道，得抽换才行。

---

① 李秀伟. 好教师教学的 8 大智慧［M］. 西安：陕西师范大学出版社，2009：1—3.
② 中共中央文献研究室编. 毛泽东文集（第三卷）［M］. 北京：人民出版社，1996：394—395.

校方也请人估算了将梁木更新的价格，由于那么巨大的橡木已经很稀少了，预估每根横梁要花25万美元，才能完成修缮工程，但也没把握能找到那么大的橡树。

巨款一算出来，校方焦头烂额，若不募款，恐怕没有办法进行整修。这时，有个天降的好消息化解了危机，园艺所负责人前来报告：在350年前，设计该大礼堂的建筑师，已经想到后代会面临的困境，所以，早早请人在学校种植了一片橡树林，现在，每一棵橡树的尺寸都超过了横梁所需。

不知名的建筑师墓园已荒芜，但350年后，他的用心让人肃然起敬。这才是真正的远见。

二

孔夫子弟子三千，贤人七十二。宓子就是其中之一。宓子曾任鲁国单父这个地方的地方官。齐国人攻打鲁国，单父是齐军的必经之路。这时有人向宓子请求说："齐军马上就要打过来了，地里的麦子刚熟，还没有收，不如让大家任意收割吧。这样老百姓可以增收些粮食，总比留给齐军要好。"

大家多次请求，宓子都没有同意。没过多久，齐国的军队打过来，把麦子都抢走了。鲁国执政的季孙氏对宓子非常不满，派人来斥责他。宓子皱着眉头说："今年没有收到麦子，明年还可以再种，但是，如果让不耕种的人趁机得到粮食，那就会使他们盼望敌人前来入侵了。单父这个地方一年的小麦能否收到，并不影响鲁国的强弱，如果百姓有了侥幸之心，使世风败坏，那将是几代人都无法根除的。"季孙氏听后十分惭愧，说道："如果有个地缝我真想钻进去，实在没脸再见宓子。"

三

有一个大家耳熟能详的历史典故：春秋时代，鲁国有这样一条法规，凡是鲁国人到其他诸侯国，看到有鲁国人沦为奴隶，可以自己垫钱把他赎回来，待回到鲁国后到官府报销。官府用国库的钱支付赎金，并给予一定的奖励。

孔子有个学生到国外去，恰好碰到了一个鲁国人在那里做奴隶，就掏钱赎出了他。回国以后，这个学生既没有张扬，也没有到官府报销所垫付的赎金。那个被赎回的人把情况讲给别人听，人们都称赞这个学生仗义、人格高尚。

孔子知道了这件事，不仅没有表扬这个学生，还对他进行了严厉的批评，责怪他只顾"小义"不顾"大道"。孔子指出：这个学生没有到官府报销赎金而被人们称赞为品格高尚，其他人看到鲁国人沦为奴隶，就要对是否垫钱把他赎回来产生犹豫。因为垫钱把他赎回来，再到官府报销领奖，人们会说自己不仗义，不高尚。不去官府报销，自己的损失谁补？于是多一事不如少一事，只好假装没看见。客观上讲，这个学生的行为妨碍了更多在他国做奴隶的鲁国人被赎回来。

孔子不愧为一代先贤，他能够透过看似高尚的表象，看到深远的负面影响，从一片叫好声中看到隐藏的危害。智者看问题就应该这样，不能局限于一时一事，必须考察它对未来产生什么样的后果。

这对教育者来说不无启发，几年前我们还在报纸、电视、广播、会议上大力宣传为救火或溺水的同伴、同坏人作斗争而牺牲的英雄少年，从而形成了一股做小英雄的热潮，忽视了少年儿童无法完成超过他们年龄能力的任务。救火，火没被扑灭，反而献出了年幼的生命；救溺水同伴，自己一同陷入深水漩涡；同坏人作斗争，受伤害的往往是少年儿童。不少学校都在大力弘扬教师的无私奉献精神，表彰那些孩子、亲人生病都不去照顾，仍一心扑在教学上的教师；表扬那些亲人去世却不能尽孝的教师，等等。我们不能在一片叫好声中，忽视孩子生命的重要性，误导学生做无谓的牺牲；看不到健康是一个人的最大资本，一个不爱惜身体、不尽孝的教师，怎么能做好教书育人的工作呢？如果一大批教师无视自己的健康，无视亲情，那将是怎样一种可怕的情形！

教育管理者在良好精神的弘扬上要多费些思量，不要误入歧途。

2. 理智

理性、自控、以理服人，谓之理智。在教育活动中，情绪的躁动、难言的苦恼是难免的，但需要教师用理智去克制，用理性去引导。以理服人，才会用理性的光芒去照亮黑暗的心灵。

3. 明智

明智的人，善于明理，善于辨析，善于择善而从。明智的人，善于识时务，把握大势所趋。面对教育改革的大潮，明智的教师是改革的积极参与者、主动调适者。

4. 德智

德为智之本，宽厚仁爱，有理有节，人性丰满，谓之德智。教师要有道德智慧，处理人际关系游刃有余；面对学生充满爱与关怀，面对知识充盈渴望。一个德智的人，慈祥、和蔼、平和；一个德智的人，有爱心、良心、责任心。

案例一：智者（善智）①

有一位智者，号称是世界上最有智慧的人。

一个流浪汉不相信大家对他的评价，认为太过夸张。于是他和别人打赌说："你信不信，我能骗到他的马？"

定好赌资后，流浪汉就来到了智者每天骑马必经的路上，然后躺在路边装死。

智者路过这里时，看到了躺在路边的流浪汉，便急忙跳下马去查看。流浪汉乘机跳起来，跨上智者的马，哈哈大笑："大家都说你是智者，世上最聪明的人，我看也不过如此。"

智者急忙拉住他，说："我没有想到你是一个骗子。我的马可以给你，但是我想求你一件事，请你不要把这件事说出去，好吗？"

流浪汉轻蔑地说："原来别人眼中你这么有大智慧的人，也这么在乎

---

① 真正的智者［EB/OL］.2014 - 6 - 10. http：//www. chinacatholic. org/index. php？m = content&c = index&a = show&catid = 34&id = 12396.

面子啊。"

智者说："我并不是在乎面子，而是担心如果你把这件事说出去，那么，也许将来再也不会有人下马救助倒在路边的人了。"

要小聪明的人永远都无法理解什么才是真正的大智慧，他们常常会为个人的蝇头小利而毁掉价值连城的珍宝。

案例二：聪明是什么？

不久以前，一位来中国旅游的美国老太太，在一群中国孩子中指点了三下，于是三个孩子——一个 10 岁的女孩，一个 7 岁的男孩和一个大约 5 岁的女孩，站到老太太的面前。

美国老太太拿出一只玻璃瓶子，瓶肚很大，瓶口很小。三只刚能通过瓶口的小球正躺在瓶底，小球上各系着一根丝绳，像青藤一样从瓶口爬出来，攥在老太太的手里。老太太狡黠地笑了一下，对着一旁的中国人说，都说中国人是世界上最聪明的，现在我要试一试。

三个中国孩子露出紧张惶恐的神色。

老太太宣布游戏规则：这三个小球分别代表你们三个人，这个瓶子代表一口干井，你们正在井里玩。突然，干井里冒出水来，水涨得很快，你们必须赶快逃命。记住，我数 7 下，也就是只有 7 秒钟，如果你们谁还没有逃出来，就被淹死在井里了。

她把三根丝绳递给了三个中国孩子。

空气骤然凝滞了，好像死神正在徘徊。

老太太作出一个表示开始的手势。只见大约 5 岁的女孩很快从井里拉出了自己的球；接下来是 7 岁的男孩，他先是看了一眼比自己大的女孩，接着迅速把自己的球拉出井口；最后是 10 岁的女孩，从容又轻捷。全部时间不到 5 秒。

老太太惊呆了，本来一场惊心动魄的游戏，竟这么平淡而乏味地结束了。

她先问那个小男孩："你为什么不争先逃命？"小男孩摆出一副很勇敢的劲头，手指着那个最小的女孩："她最小，我应当让她呀！"她又问那个

10 岁的女孩。"三个人里我最大，我是姐姐，我应该最后离开。"女孩说。老太太又问："那你就不怕自己被淹死？"女孩答道："淹死我，也不能淹死弟弟妹妹。"

泪水刷地一下从老太太的眼里涌了出来。她说自己在许多国家试过这种游戏，几乎没有一个国家的孩子能够这样完成它，他们争先恐后，互不相让……

聪明究竟是什么？

三个孩子告诉我们的是：聪明不仅仅是智力发达，而且是一种爱，一种忘我、无畏的品格。

5. 机智

随机应变，足智多谋，谓之机智。面对复杂的教育情境、教育关系和教育过程，机智的教师能够化解矛盾，协调关系，得心应手，这是机智的性格特征。

教育机智首先表现为克制或耐心。面对复杂的、激烈的、突发的教育冲突事件或场景，最好的行动就是不采取行动。首先静观其变，克制自己，耐心等待，倾听学生或当事人的倾诉。真正了解实情后果断作出有效决策和行动。

教育机智表现为对孩子的体验的理解。教师应该对学生的经历保持一种开放的观点，努力避免用固定的标准和传统的、习惯化的方式来处理问题或冲突。教育机智表现为尊重学生的主动性。一名具有教育机智的教师总是尊重学生的主动性、主体性，尊重学生的人格、发展需要，时刻认识到学生的"未完成性"或"未成熟性"。

教育机智表现为"润物细无声"，但并不总是表现在激烈的、突发的教育情境之中，也表现在对学生影响的潜移默化之中。用细心影响学生，用细腻的方式感化学生。教育机智能够打动心灵，感化情感。默默的关怀、悉心的关爱、殷殷期望、耐心的等待等都是教育机智的表现。

教育机智表现为教师对情境的自信。教育机智总是与特定的教育情境相关。富于教育机智的教师善于在不断变化的教育情境和环境中学会自信和信心，并在不同的情境中将其传递给学生。

教育机智表现为临场的天赋。富于教育机智的教师，时刻注意的不仅仅是知识的传递方式，更重要的是，时刻判断怎样做在教育方式上才是正确的。这样的临场发挥能力，使得每个教育行动具有教育性和发展性。[①]

三、智慧的来源

1. 多想出智慧

多想即多思索，牛顿曾说："思索，持续不断地思考，以待天曙，渐渐地见及光明……如果说我对世界有些微贡献的话，那不是别的，却只是由于我辛勤耐久的思索所致。"[②] 爱因斯坦也说过："我没有什么特别的才能，不过喜欢寻根刨底地追究问题罢了。"[③] 智慧是思索的结晶，教师的教育智慧是教师对教育教学问题长期研究和不断思索的结晶。名师的特点就是对学术、专业有专门的研究。教师一定要从研究的角度来从事教学工作，不断地发现问题、思考问题、研究问题，从而不断地增长自己的思考力、感悟力；不断地提炼新见解、新观点，从而全面地提高自己的学术水平和教育智慧。

2. 勤奋出天才

"勤能补拙是良训，一分辛苦一分才"，这不仅是我国著名数学家华罗庚的亲身体会，也是他从初中生成长为数学家的勤奋一生的真实写照。当今教育界也有两位只有初中学历的名师，钱梦龙和魏书生，他们靠的也是勤学，勤学出名师。陶行知先生一句名言："唯有学而不厌的先生，才能培养出学而不厌的学生。"综观自古以来的教育家，没有不勤学的，也鲜有师长不好学而子弟自动上进者。教师唯有从古今中外的一切文明成果中汲取营养，才能成为学者，成为名师。值得强调的是，教师一定要特别加强对心理学和教育学的学习和研究。杜甫有两句名诗："读书破万卷，下笔如有神。"用到教师身上："读书破万卷，教学定有神"，

---

① 郭元祥. 教师的 20 项修炼 [M]. 上海：华东师范大学出版社，2008.
② 刘尉华. 方法学原理 [M]. 济南：山东人民出版社，1989：128.
③ 同上.

"神"就是灵智。

3. 交流长智慧

教师的教学是单人单科进行的，劳动在大多数的时间里也是个体性的，备课、钻研教材、上课、辅导、批改作业都是复杂的脑力劳动，需要独立完成，但绝不能因此忽视教师之间交流的作用。交流就是互相学习、共同讨论。"他山之石，可以攻玉"。善于学习，博采众家之长为我所用，有助于走向成功。共同讨论，益处更多。首先，讨论有助于相互启发，集思广益。在讨论中，别人新颖的观点、奇特的思路给每个人都能带来启迪。萧伯纳说得好："你有一个苹果，我有一个苹果，互相交换，各自还是得到一个苹果；你有一种思想，我有一种思想，互相交换，各自都得到两种思想。"其次，讨论有助于激发灵感。灵感的火花在思维的碰撞中才能显得更加绚丽多彩，长期困扰个人的问题和疑惑往往在讨论之中迎刃而解。最后，讨论有助于锻炼和提高思维能力。在讨论中，激烈的思想交锋能够快速有效地增强思维的深度和广度，提高思维的逻辑性和敏捷性。总之，讨论是智慧的摇篮。一个学校唯有加强集体研讨，形成学术气氛，才能培植和造就大批名师。

诺贝尔经济学奖获得者保罗·A·塞缪尔森说过："我可以告诉你们怎样获得诺贝尔奖，诀窍之一，就是要有名师指点。"在诺贝尔奖获得者中间，有师徒关系的达40%以上，师徒相承同获诺贝尔奖最长者达五代之久。这从一个侧面反映了教师的水平对于培养高质量人才的决定性作用。办学之本，唯在得人。正像一个剧团要有名角，学校要有名师，是学校吸引力的根本所在。苏霍姆林斯基指出教师是学生的领路人，认为高水平的教师是极富吸引力的。他曾举例说：假如学校里来了一位才华出众的生物老师，用不了多久，他的周围就会出现一群爱好生物课的学生。没有一支高水平的教师队伍，没有一批名师，学校要提高教学质量、实施素质教育、创办办学特色，都将是一句空话。

第三节　智慧型教师

智慧型教师就是凭智慧（才气）进行教学的教师，他的特点是术业有专攻，即教师对学术、专业有专门的研究，这种研究使教师成为真正的学者，名师必学者。名师不仅有学问，而且具有教育智慧，因而才能真正做到启迪学生的智慧（智慧属个性范畴，只能启迪，而不能直接传授）。教师直接传授给学生的永远只能是知识，但有智慧的教师在传授知识的过程中会经常地、时不时地冒出智慧的火花，学生会从中受到熏陶、感染、启迪，并有所感悟，从而慢慢提高悟性、增加智慧，变得越来越聪明。

那么，名师的教育智慧火花在哪里闪现呢？

一、教学内容方面

1. 深刻

深刻者，一针见血、入木三分也。"为了顺利地完成自己的任务，一个教师应当掌握深刻的知识。"（赞科夫）名师应能够独立钻研、分析教材，并看透教材编写意图，从而挖掘教材的精髓。如教小学语文课文《马》，一般教师都是将马忠实、有感情定为本文的中心。实际上，该文的思想教育内容潜藏很深。文章写的是黑暗社会里穷苦孩子悲惨的生活遭遇。送马途中，人马共患难，人哭马流泪，形成了对黑暗社会的强烈控诉，让学生将自己的幸福与之对比，就会激发学生热爱生活、珍惜生活、热爱社会主义祖国的感情。如果教师的思维不深刻，这样好的思想就不会被挖出来。

有句话说得好：深入浅出。教师把教材钻得深，悟出来的道理就透彻，讲起课来就简单，也在点子上。正所谓"一语破的，一语解惑，一语启智，一语激情"。教师一句精辟的话，常使学生萦绕于脑际而终生难忘；一个生动的比喻常使学生抓住了知识的关键而茅塞顿开；一句幽默的批评常使学生放下包袱又惭愧不已。言不在多，贵在精当；语不在长，贵在适时；要语不烦，达意则灵。简洁是天才的姐妹、智慧的象征。一个科学家曾说过这样一句话：科学的秘密就在于把复杂的东西演变成为若干简单的东西去做。教师把课上得简单，是一种智慧、一种艺术、一种水平、一种境界，它把教学艺术化、精良化、高效化，就像一个杂技演员走钢丝的过程，走钢丝较之于走马路，其粗俗精巧之异显而易见。教书匠常常不是把课上得简单，而是上得复杂了，让学生无所适从。

从思维角度来说，深刻的思维是一种高层次的求同思维，这种思维使人能够从不同的知识内容中看出相同的东西，从而化繁杂为明了，把书读薄。一位小学教师在上"面积的计算"复习课时这样引入：

首先告诉学生："我们已学过长方形、正方形、三角形、平行四边形和梯形，找到了求这些图形面积各自的公式。其实，我们只要记住梯形面积公式就行了，因为用它就可以求出其他图形的面积。"同学们一定会想，真能这样吗？是什么道理？如果行，那可方便了！开场白激起了学生的疑问、好奇。"不信吗？请看下面的题目。"

出示题目：梯形上下底和为 8 厘米，高 4 厘米，它的面积是多少？请你画画算算。

学生情绪高涨，动手动脑，算出梯形面积：

$$8 \times 4 \div 2 = 16 \text{（平方厘米）}$$

梯形的上下底分别是多少？学生会排出上下底分别是：1、7；7、1；2、6；6、2；3、5；5、3；4、4。（0、8 可以吗？）

当出现"4、4"一组时，教师及时问："这还是梯形吗？为什么？"学生会醒悟，此时是平行四边形。同时，引导学生将梯形面积公式演变：（上底＋下底）×高÷2（上底长＝下底长）＝底×2×高÷2＝底×高（即为平行四边形面积公式）。如果腰变成高，则变成长方形面积公式：长×宽。如果长和宽相等，则变成正方形面积公式：边长×边长。

再引导："还会是什么图形呢？当一条底边越来越小……"

学生马上会想到是三角形。此时面积公式演变为：（上底＋下底）×高÷2＝底×高÷2（上底为零或下底为零）（即为三角形面积公式）。

一个公式引出了多个公式，学生初步释疑，并为发现了面积计算的知识链而兴奋不已。

总之，教师对教材钻研深刻，学生听起来越轻松，嚼起来越有味。

与深刻相对的是肤浅，肤浅的实质是智慧的疲软，就像温开水，既没有沸汤烫人，也不如寒冰彻骨。因此，不要指望从肤浅者的教学中去寻找刻骨铭心的印象。

由四种老师想到教风和学风。顾泠沅曾指出，世上有四种老师：第一种是讲课能深入浅出，将深奥的道理讲得浅显易懂，很受学生欢迎，这是最好的老师；第二种是深入深出，这样的老师很有学问，但缺乏好的教学方法，不能把深奥的学问讲得浅显易懂，学生学习起来就费点劲，但也是个好老师；第三种是浅入浅出，这样的老师本身学问不深，但却实事求是，把自己懂得的东西讲出来，这也是基本保证质量，也不乏是个好老师；最糟糕的是第四种老师，浅入深出，自身并无多大学问，却又装腔作势，把本来浅近的道理讲得玄而又玄，让人听不懂。

生厌的真理①

真理是活泼泼的。但我们见到的许多据说是传播真理的文字，却常常刻板得令人生厌。

把真理变得令人生厌，不需要太高深的学问，也不需要太高明的技巧，略举其要，大致有三。

一是以艰深之辞文浅易之说。平凡的真理一转手就变得谁也看不懂，汉代扬雄做过这样的尝试，结果有人说，这样的东西只配拿去盖酱缸。

二是以繁琐之辞述简明之理。朴素的真理一经编造成什么"体系"，单是那一套制造出来的术语，就使人坠入五里雾中，摸不着门，学者乐道，读者蹙额。

三是干瘪之辞阉生动之论。再好的理论，一到这般人的手里，就失去了全部的丰富性与生动性，变成颠来倒去的套话、翻来覆去的空话、千篇一律的大话，死气沉沉，不见一丝活气。

---

① 陈四益．陈文丁画之世相图［M］．北京：文化艺术出版社，2007：375.

消灭真理最有效的方法，不是压制，不是禁绝，而是使真理变得令人生厌。没有人愿意阅读接受，真理就会丧失其全部力量。可怕的是，这种消灭真理的办法，往往是在宣传真理的旗帜下进行的。偷得一联，凑成四句：

赠君一法决狐疑，

不用占龟与祝蓍。

真理令人生厌日，

空言定是走红时。

2. 独到

独到者，独具慧眼也。名师对教材常常有真知灼见，能够于平凡中见新奇，发人之所未发，见人之所未见。他的课如同一首诗、一幅画、一段旋律、一项发明，是独一无二的创造，学生听这样的课就像是在独享一片风景。

从心理学角度说，独到见解实际上是一种创造性思维，这种思维的特点之一是首创性。一位外国作家说："第一个形容女人像花的人是聪明人，第二个再这样形容是傻子。"首创性只承认第一，拒绝雷同和模仿，鲁迅先生最欣赏第一个吃螃蟹的人，也即这个道理。特点之二是独创性。独创性是思维最宝贵的品质，任何新见解、新观点、新理论、新方法都是独创性思维的产物，教师的创造性教学源于教师的独创性思维。

名师对教材、教参，决不人云亦云，鹦鹉学舌，而是力求有自己的见解。一位小学语文教师在教《司马光》一课时，就表现出对教材的独到见解。他把司马光砸缸救儿童的故事，当作一则典型的超常思维的例子来教。在引导学生进行语言文字训练、理解课文内容、接受思想教育外，充分挖掘利用教材中超常思维的因素，展示司马光过人的智慧，使小学生受到熏陶，从而收到良好的效果。

独到的东西总会给人特别的、难忘的印象。

独到的对立面是平庸，平庸的特征是从众。平庸者只肯定别人肯定的，也只否认别人否认的。至于那些应该肯定而别人没有肯定的东西，他是断然不会点头的；同样，对于那些应当否定而别人没有否定的东西，他也不会带头说不。所以，一般来说，你想从平庸者的教学中讨到什么让你开窍的钥匙，往往是徒劳的。

语文名师的眼光①

眼光是一种洞察力，是教师的教学智慧。语文教师的眼光，必须具备理性、文化、文学等元素。

首先，理性的眼光，能发现文本的独特价值。

语文教育本质上是一种感性教育。语文教师固然要具有感性的气质，充满激情和活力，善于体验与想象，但还应该冷静审视，发现文本的独特价值。

不仅应审视不同文体的特点，还应细辨一种文体不同类别的特点。

不是所有的文本都是一幅多姿多彩、形象鲜明的画，都是一首情真意切、感人肺腑的歌。比如冯友兰的《人生的境界》，它是一篇学术随笔，教学设计的绚烂完全多余，让学生通过有路径的学习，掌握阅读学术随笔的基本步骤和方法，就是这一文本的教学价值。

即使同是以形象作词、用感情谱曲的散文，也需要我们细品深味才能准确找到教学价值。经过一番理性的审视，才能准确定位鲁迅的《藤野先生》和余光中的《听听那冷雨》不同的教学价值。

其次，文化的眼光，能领略文本背后的风景。

可以利用背景文本和了解文本作者两条途径使学生透过文本看到文中的"山水"。

教《金岳霖先生》一文时，如果仅仅从外貌、教学、生活、性情等方面引导学生领略金岳霖先生的"有趣"，学生固然能学习写作方法或获得阅读愉悦，但缺少了《汪曾祺文集》这一背景文本，我们既很难领略到那是"名士真风流"的文化景观，也不可能对《金岳霖先生》这一教材文本有透彻的理解。

不同文本是作者各自弹拨出的"自己的声音"，是一种个体的生命表

---

① 陶月英. 明眸善睐，是语文教师必需的专业素养［J］. 语文建设，2010（10）：6—7.

达，充满个性特征。每一个作者都有独特的成长经历、文化背景、学识思想、创作追求，这些决定了他们独特的个性表达。

有位老师教《听听那冷雨》一文时，以"论雨""嗅雨""观雨""听雨"为整堂课的教学环节，看似抓住了"雨"这一主要意象，活动充分，气氛活跃，但不能真正走进文本。这与老师没有走近作者大有关系。作者是深受古典文化濡染的学者，他曾说过"中文在握，就是故乡在握"。了解了这一点，我们才能懂得文中的乡愁不仅是空间上的，还有时间上的，更多的是一种文化记忆——中国文化的记忆。我们应该带领学生在广阔的文化背景上审视这种文化乡愁。

第三，文学的眼光，能发现文本的传神之处。

语文教师要发现文本中最有价值的语言和细节，让文学甘霖滋养学生的心田。缺少了对语言和细节的品味，肯定触摸不到文本的"血肉"和"精气"。

优秀的文本总是通过一些有质感的词语传达作者的情感，教师要善于敏锐地发现，带着学生去触摸、品味，更要关注超越常规的语言现象，如看似矛盾的表述、非同寻常的句式、耐人寻味的标点等。品味它们，文本解读就会走向新颖、深入和生动。

文学类文本中可学习的东西很丰富，但学什么都不能忘掉学文本、品细节。例如，《林黛玉进贾府》中王夫人的靠垫"是半新半旧的"，史铁生《合欢树》中"十岁那年，我在一次作文比赛中得了第一""母亲那时候还年轻，急着跟我说她自己""正给自己做一条蓝底白花的裙子"等，对这些细节，教师应该细细玩味，引导学生结合自己的体验深入思考，适当拓展，从而加深对文本的认识。

语文教师应明眸善睐，看到要"教什么"，才能使学生"学什么"更准确、更明确；缺少了教师的这一内功修为，学生的语文学习将会陷入盲目和随意的漩涡。

3. 广博

广博者，知识广阔博大也。苏霍姆林斯基在《给教师的建议》中说："教师所知道的东西，就应当比他在课堂上要讲的东西多十倍、多二十倍，以便能够应对自如地掌握教材，到了课堂上，能从大量的事实中挑选出最重要的来讲。""在你的科学知识的海洋里，你所教给学生的教科书里的那点基础知识，应当是沧海一粟"。① 的确，名师不仅应该是他那一门学科领域的专家，也应是博览群书的饱学之士。五洲四海，古今中外，上下五千年，纵横八万里，都应该有所涉猎，努力开拓知识面，深挖知识层，纵要深，像丁字形；横要宽，如宝塔状；纵横结合，双向并建，储学积宝。这样才有可能口含灵珠，游刃有余，讲起课来纵横捭阖，随手拈来，旁征博引，妙趣横生，见地别具，吐语不凡，从而给学生带来一路春风，使其如同进入辽阔、纯净甚至可以嗅到芬芳的知识王国，令学生流连忘返，全身心陶醉。这样的课堂教学活动是教师在汲取人类文明史的丰富营养后，厚积薄发的艺术"精品"。它能让学生收到"听君一席话，胜读十年书"的奇效。

"孙老师给我们上《教育行政概论》课，从知识来说，既有广度又有深度。他纵谈古今，横述东西，一时把学生带到遥远的古代，一时又把学生送到太平洋彼岸，他的话像一只船，载着我们在他那充满激情的知识江河中航行，使我们看到了从古到今的足迹，听到了从外到中的评论。我们忘记了自己在课堂上，我们的心随着他的话语在飞荡、在思索、在探索，一课听罢，双拳紧握，一种立志，油然而生；中国要改革，世界要变样，个人要崛起，社会要前进！"② 这是学生对华中师范大学教育系孙锦清教授课堂教学的回忆和评价。

与广博相对立的是单薄、干瘪，知识贫乏的教师讲起课来干干巴巴，不善举例和比喻，不善联系和联想，不能把知识扩展和深化，枯燥乏味是其课堂教学的主要特征。

二、教学方法方面

1. 启发

英国教育家威廉·亚瑟把教师分成平庸、较好、优秀和伟大四个等

---

① 苏霍姆林斯基. 给教师的建议（修订版全一册）[M]. 杜殿坤，编译. 北京：教育科学出版社，1984：86—87.

② 周菊花. 教师与立体美 [J]. 教育艺术，1992（1）：27.

级："平庸的教师只是叙述，较好的教师是讲解，优秀的教师是示范，伟大的教师是启发。"

启发是有条件的，就事论事、照本宣科，谈不上启发性。教师只有对教材有深刻、独到的见解，并对自己要讲的一切都烂熟于心，确信无疑，"使其言皆若出于吾之口，使其意皆若出于吾之心"，在课堂上才拥有可供发挥能动性的自由度，真正做到游刃有余、指点有方、循循善诱，从而使课堂教学散发出磁性和魅力。这才是真正意义上的启发。

启发的最高境界是以灵性启迪悟性。富有灵气的教师善于激疑布惑，诱导学生向着未知领域探幽发微，把学生带进"山重水复疑无路"的困境，然后或抛砖引玉，或画龙点睛，或点拨指示，或目示点头，或取喻明理，使学生心领神会，如入幽微之境，突见柳暗花明，豁然开朗。

旧小说里有个故事：洞房花烛夜，新娘苏小妹有意考考新郎秦少游的才智，要他对对子，出句云："闭门推出窗前月。"以饱学著称的秦少游一筹莫展，徘徊于窗前池畔，冥思苦想到三更鼓响。东坡有意帮助新郎解决这个难题，但他不是越俎代庖，而是随手捡粒石子投向池中。石落水响，惊动少游。看到池中碧波荡漾，水底之天被击破时，少游恍然大悟，对出了"投石冲开水底天"的佳句。这一趣事对我们颇有启发。在教学过程中，学生的思路打不开时，教师要千方百计激起其思维的波澜，触发其积贮的信息，引导他们自己解决问题，而不是硬性灌注。第斯多惠说得好："不好的教师传授知识，好的教师是叫学生去发现真理。"也即教师只能投石，而不能越俎代庖，这是其一；其二，教师要讲究"投石"的时机。苏东坡"投石"助友，妙在看准时机，恰到好处。"投石"过早，思维尚未活跃，外界的诱导启发与所要解决的问题尚未建立内在有机的联系，其功效不能很好地发挥出来。"投石"过晚，思维活动的高潮已过，大脑开始抑制，开启学生思维的最佳时机已经失去，很难留下持久难忘的印象。看准火候，掌握时机，在学生思维处于积极活跃的状态下及时"投石"，才能收到"一石激起千层浪"之功效。

另有一则传说，东晋诗人陶渊明隐居乡村期间，有一牧童向他请教读书"妙方"，陶渊明没有正面回答，而是把牧童带到田边，指着禾苗问：

"你看到禾苗在生长了吗?"牧童说:"我知道它是慢慢往上长的,但这么短的时间看不出来呀。"陶渊明又问:"为什么磨刀石是马鞍形的?"牧童说了自己的理解。陶渊明带牧童到家里,写下了"勤学如春起之苗,未察其增,时有所长;辍学似磨刀之石,不见其损,日有所亏"。陶渊明的点悟将抽象的说理,化为具体可感的形象,使牧童茅塞顿开。古人云:"常贵心悟""寻久义理,则自有旨趣""于无味处当致思焉"。可见,学生学习要"知味"。教师上课,讲得太明白,如同至清之水,便无"鱼"可得,无"味"可寻。富有灵气的教师则能通过激疑布惑、取喻明理,诱导学生向未知领域去探幽发微,去自得感悟之乐、义理之趣,从而使课堂教学活动焕发出师生创造性智慧的光辉。

案例一:傲慢、天堂与地狱[①]

"谦受益,满招损",这个道理人尽皆知。然而,越是明明白白的道理,真正做起来越不容易。这与人强烈的表现欲有关,也与人的品德修养有关。

唐朝有个名扬天下的大将郭子仪,他任朔方节度使时,击败"安史之乱"的首领史思明,后又收复了长安、洛阳,晋升为中书令(相当于宰相)。他常去佛寺拜望禅师,以平凡的佛教徒自居。有一天,郭子仪在探访禅师时提了这样一个问题:"请问师父,佛教是如何解释傲慢的?"

禅师听了这句话,忽然一脸怒气,双眼一瞪,以一种极其傲慢的态度冲这位宰相喝道:"你这个呆头在说什么胡话?"

刹那之间,所有在场的人都惊呆了,郭子仪乃一人之下万人之上的相国,这和尚怎能用这种口气说话?对这种突如其来的侮辱,郭子仪也无法忍受,他的脸上开始出现轻微但却严肃的愤怒表情。恰在这时,禅师又恢复了先前慈祥的面容,微笑着对郭子仪说:"大人,这就是'傲慢'。"

① 谢明渊. 傲慢、天堂与地狱 [J]. 演讲与口才, 1999 (11).

这又使我想起"天堂与地狱"的故事。故事发生在一位日本禅师和武士之间，这天，名叫信重的武士向名叫白隐的禅师请教说："真的有地狱和天堂吗？你能带我去参观吗？"

"你是做什么的？"白隐禅师问。

答曰："我是一名武士。"

"你是一名武士？"禅师大声说，"哪个蠢主人会要你做他的保镖？看你的那张脸简直像一个讨饭的乞丐！"

"你说什么？"武士热血上涌，伸手要抽腰间的宝剑，他哪受得了这样的讥嘲！

禅师照样火上浇油："哦，你也有一把宝剑吗？你的宝剑太钝了，砍不下我的脑袋。"

武士勃然大怒，"哐"地抽出了寒光闪闪的利剑，对准了白隐禅师的胸膛。此刻，禅师安然自若地注视着武士说道："地狱之门由此打开！"

一瞬间，武士恢复了理智，觉察到了自己的冒失无礼，连忙收起宝剑，向白隐鞠了一躬，谦卑地道歉。

白隐禅师面带微笑，温和地告诉武士："天堂之门由此敞开！"

不论是以傲慢来向郭子仪解释傲慢的禅师，还是这位用幽默生动甚至含了惊险的方式使武士懂得"当你萌生行凶作恶之念时你正向地狱迈进，当你谦卑慈爱时你已身在天堂"的道理的禅师，除了智慧，他们都还有无私无畏的精神。如果看到宰相就奴颜婢膝，或看到武士就胆战心惊，还会是这样的结局么？

案例二：消气

古时有一位妇人，特别喜欢为一些琐碎的小事生气。她也知道自己这样不好，便去请一位高僧为自己谈禅说道，开阔心胸。

高僧听了她的讲述，一言不发地把她领到一座禅房中，落锁而去。

妇人气得跳脚大骂。骂了许久，高僧也不理会。妇人又开始哀求，高僧仍置若罔闻。

妇人终于沉默了。高僧来到门外，问她："你还生气吗？"

妇人说："我只为自己生气，我怎么会到这地方来受这份罪。"

"连自己都不原谅的人怎么能心如止水？"高僧拂袖而去。

过了一会儿，高僧又问她："还生气吗？"

"不生气了。"妇人说。

"为什么？"

"气也没有办法呀。"

"你的气并未消逝，还压在心里，爆发后将会更加剧烈。"高僧又离开了。

高僧第三次来到门前时，妇人告诉他："我不生气了，因为不值得气。"

"还知道值不值得，可见心中还有衡量，还是有气根。"高僧笑道。

当高僧的身影迎着夕阳立在门外时，妇人问高僧："大师，什么是气？"

高僧将手中的茶水倾洒于地。妇人视之良久，顿悟，叩谢而去。

何苦要气？气便是别人吐出而你却接到口里的那种东西，你吞下便会反胃，你不看它时，它便会消散了。

气是用别人的过错来惩罚自己的意行。

夕阳如金、皎月如银，人生的幸福和快乐尚且享受不尽，哪里还有时间去气呢？

案例三：抬起头来做人

那一年，那个小男孩不过八九岁，一天，他拿着一张筹款卡回家，很认真地对妈妈说："学校要筹款，每个学生都要叫人捐款。"

对小孩子来说，直接想到的"人"，就是自己的家长。

小男孩的妈妈取出 5 元钱，交给他，然后在筹款卡上签名。小男孩静静地看着妈妈签名，想说什么，却没开口。妈妈注意到了，问他："怎么啦？"

小男孩低着头说："昨天，同学们把筹款卡交给老师时，捐的都是 100块、50 块。"

小男孩就读的是当地著名的贵族学校，校门外，每天都有小轿车等候放学的学生。小男孩的班级是排在全年级最前面的，班上的同学，不是家里捐献较多就是成绩较好。当然，小男孩不属于前者。

那一天，小男孩说，不是想和同学比多，也不是自卑。他一向都认真对待老师交代的功课，这一次，也想把自己的功课做好。况且，学校还要举行班级筹款比赛，他的班已领先了，他不想拖累整班。

妈妈把小男孩的头托起来说："不要低头，要知道，你同学的家庭背景，非富则贵。我们必须量力而为，我们所捐的5块钱，其实比他们的500块钱还要多。你是学生，只要以自己的品学尽力为校争光，就是对学校最好的贡献了。"

第二天，小男孩抬起头，从座位上站起来，把筹款卡交给老师。当老师在班上宣布每位同学的筹款成绩时，小男孩还是抬起头来。自此以后，小男孩在达官贵人、豪贾富绅面前，一直抬起头来做人。

妈妈说的那番话，深深地刻在小男孩心里。那是生平第一次，他面临由金钱来估量人的成绩的无言教育。非常幸运，就在这一次，他学习到"捐"的意义，以及别人所不能"捐"到的、自己独一无二的价值。

案例四：一捧沙

一个即将出嫁的女孩，向她的母亲提出了一个问题：

"妈妈，婚后我该怎么把握爱情呢？"

"傻孩子，爱情怎么能把握呢？"母亲诧异道。

"那爱情为什么不能把握呢？"女孩疑惑地追问。

母亲听了女孩的问话，温情地笑了笑，然后慢慢地蹲下，从地上捧起一捧沙子，送到女儿的面前。

女孩发现那捧沙子在母亲的手里，圆圆满满的，没有一点流失，没有一点洒落。

接着，母亲用力将双手握紧，沙子立刻从母亲的指缝间落下来。待母亲再把手张开时，沙子已所剩无几，其圆圆满满的形状也早已被压得扁扁的，毫无美感可言。

女孩望着母亲手中的沙子，领悟地点点头。

其实，那位母亲要告诉她的女儿：爱情无需刻意去把握，越是想抓牢自己的爱情，反而越容易失去自我，失去原则，失去彼此之间应该保持的宽容和谅解，爱情也会因此而变成毫无美感的形式。

每个人都希望自己永远拥有幸福美满的爱情，那么不妨学着用一捧沙的情怀来对待爱情，好好珍惜，好好把握。

2. 机智

教育机智是教师在教学实践活动中一种随机应变的能力。俄国教育家乌申斯基曾说："不论教育者怎样地研究了教育学理论，如果他缺乏教育机智，他就不可能成为一个优秀的教育实践者。"① 这是因为，课堂教学充满变数。任凭事先如何周密地设计，教师总会碰到许多非预期性的教学问题，若对这些问题束手无策或处理不当，课堂教学就会陷入困境或僵局，甚至还会导致师生产生对抗。而富有教育智慧和机智的教师面对偶然性问题和意外的情况，总能灵感闪现，奇思妙策在瞬间激活，机动灵活地临场应变。例如，一位教师正在上课的时候，突然一个学生搞恶作剧，放出一对抓来的蝴蝶。当蝴蝶在教室中翩翩起舞的时候，学生的注意力都指向蝴蝶。当蝴蝶一时还飞不出教室的时候，这位老师突然问学生："同学们，蝴蝶为什么向着你们翩翩起舞呢？"学生们不由得一愣，一时答不上来，于是教师自答："因为同学们是祖国的花朵，蝶恋花嘛！"学生脸上都露出了开心的笑容。教师接着问："同学们，祖国的花朵应该怎样呢？"全班同学包括那个搞恶作剧的同学都异口同声地回答："好好学习，天天向上！"课堂马上恢复正常的秩序。此时，教师冷静沉着的态度，巧妙地"化险为夷"的方法以及对学生的真诚态度，都转化为一种灵魂的感化力量渗入学生的心田。教师成功地运用教育机智，不仅能化解师生教学矛盾，而且还能使学生从心底里获得一种真正愉快的美感。

教育机智就其实质而言乃是一种转化师生矛盾的艺术，是一种正确处理教与学矛盾的技巧，其要诀是避其锋芒，欲扬先抑，欲进先退，变换角度，以智取胜。表现在语言艺术上则是直话曲说，急话缓说，硬话软说，正话反说，严话宽说。

---

① 乌申斯基. 人是教育的对象［M］. 郑文樾，译. 北京：科学出版社，1959：27.

案例一：尾巴

笔者曾经听过一位小学语文教师的课，她请学生用"尾巴"一词口头造句。一个学生站起来贸然说道："人是有尾巴的。"他的话音刚落，全班学生和听课的教师全都笑了起来。不料，这位教师却亲切地说："你能积极发言，很好。你造的句子从语法上讲没问题，然而从科学上讲，笼统地说人是有尾巴的，不够妥当，因为，现代人没有尾巴。如果改成'人类最早的祖先是有尾巴的'就好了。"

讲到这里，学生们和听课的老师顿时活跃起来，而这位教师似乎意犹未尽，又继续发挥道：

"不过，说'人是有尾巴的'，也不能完全算错，我们平时不是讲'他有了点成绩就翘尾巴'这样的话吗？大家可以想一想：这里的'尾巴'和我们说的'人类最早的祖先是有尾巴的'的'尾巴'是不是一个意思？"顿时，课堂气氛更趋活跃。

学生的一个疏忽和失误，引来这位教师如此精彩的即兴发挥，而这番发挥又将这堂课推向了一个高潮。在实施素质教育的今天，我们的学生正需要这种能够增长知识、启迪思维的即兴发挥。

案例二：乡愁

一位教师讲余光中的诗歌《乡愁》时，让学生仿写诗句"小时候，乡愁是一枚小小的邮票……"一位学生这样写："长大后，乡愁是一张张人民币，毛泽东在里头，我在外头。"全班哄堂大笑。教师说："听起来很新颖，请解释一下你表达的意思。"学生解释道："长大后知道了钱很重要，怀里揣着钱，心里想着家人……"

教师抓住对话的联系线索，做了这样的表述："这位同学想得不简单。同学们一定在报纸上看到，过年了，许多建设城市的农民工带上一年的血汗钱踏上回乡的路，想着去报答年老的父母，去抚养年幼的孩子，去会一会久别的乡亲，这是多么浓厚的乡情啊！这一头，是不眠的夜；那一头，是不熄的灯。这一头，是厚重的汇单；那一头，是甜蜜的笑容。人民币，在与城乡巨变密切相关的乡愁中所扮演的角色的确太重要了。我们是不是也可以站在农民工的角度，为他们写一首感怀乡愁的诗歌呢？"学生们受到感染，认识到不同社会环境中的人们会有不同的乡愁，乡愁与人们的身份地位和生活处境有着密切联系，于是跃跃欲试，写出了不少真挚新颖的诗句。

案例三：万万

特级教师于漪在上《宇宙里有些什么》时，一位学生问："'这些恒星系大都有一千万万颗以上的恒星'，这里的'万万'是什么意思？"许多同学认为他问得愚蠢。于漪则问道："这问题可能大家都知道，可是我要问，既然'万万'是'亿'的意思，作者为什么不用一个'亿'字，而要用'万万'呢？"学生回答："读起来好像'万万'比'亿'多。""我觉得用'万万'读得顺口。"……在集纳学生各种表述的基础上，于漪小结道："通过对'万万'的讨论，我们了解了汉字重叠的修辞作用，作者用'万万'不但读起来响亮，而且增强了表现力。同学们想一想，我们今天这个知识是怎么获得的呢？"

教学灵感是教学机智的上乘表现，是教师用整个生命与课堂活动相撞击而产生的创造火花，是一种典型的突发性、突破性的创造活动。灵感是可遇不可求的，它如行空的天马，不期而至，触景生情，随缘而发，由不得理性把握。教学灵感的突发性可谓"无心插柳柳成荫"。但是，教学灵感也不是不可捉摸的，它的产生"看似无迹亦有迹"。

教学灵感的产生首先要求教师对所教学科知识有独到的见解，对整体知识已有娴熟把握，从而做到"使其言皆若出于吾之口，使其意皆若出于吾之心"，达到扬弃教材、超越教材的境界，这样，教师在教学中才能有发挥能动性的自由度，才可能在教学中随意挥洒，皆成佳境，才可能围绕教学宗旨进行多彩多姿、千变万化的教学创造活动。教学灵感的产生还要求教师对学生的认识心理有深刻的了解和全面的把握，能够真正做到想学生所想、想学生所疑、想学生所难、想学生所错、想学生所忘、想学生所乐，从而在课堂上灵活自如、出神入化，用自己的思路引导学生的思路，用自己的情感激发学生的情感，用自己的意志调节学生的意志，用自己的个性驾驭学生的个性，使师生心心相印，肝胆相照，步入一个相容而微妙的世界。这个世界就是教师展示自己千古绝唱的"灵感域"。实际上，教学灵感的产生还源于教师教育学、心理学和美学的理论水平，源于教师教学经验和教学机智的丰富、积累和掌握，以及其他众多方面的高度修养。

3. 绝招

名师常常身怀绝招，绝招使其教学锦上添花，如虎添翼，叫人赞不绝口。

教师的绝招是教师教学特长中的特长，是对某种教学技艺的精益求精、千锤百炼以达到炉火纯青的地步，是一种令人叹为观止甚至望而生畏、无人相匹的境界。如有的教师数学课从不需要圆规、三角板，但画出的几何图形，尤其是圆就像十五的月亮，丝毫未差；有的教师能根据课文的叙述，在黑板上信手挥来，画出栩栩如生的图画，再现课文的优美意境，令学生十分惊叹；有的教师一笔潇洒流畅、秀丽多姿的板书，使学生羡慕不已，反复临摹，不忍擦去；有的教师幽默风趣、妙语迭出，常引得学生忍俊不禁、笑声频频，让学生在轻松的气氛中领悟深刻的哲理，步入知识的殿堂。

做个有绝招的老师

很久以前，我写过一篇小文章《做个有绝招的老师》，有绝招的老师能够想办法吸引学生的注意力，能够给学生带来惊喜。有的老师可以不用尺规在黑板上画出标准的圆形，有的老师可以洋洋洒洒写下佳作篇篇，有的老师可以从容淡定地背诵古诗词……往往，这些绝招成为学生敬佩并效仿的内容。

组织课堂教学，老师需要不断修炼自己的教育技术，提炼自己的教育绝招，闪亮登场，给学生耳目一新的感觉。作为一年级的老师，不妨把生活中的一些绝招引入课堂中，并把课堂中的知识融入绝招当中，寓教于乐，也是一种创造。做个有绝招的老师，神奇而真实，灵动而厚实，课堂教学会有"柳暗花明又一村"的提升。

来源：侯登强．让每个孩子都参与到学习中来——写给新教师．师道．2011（11）

陶行知的教育智慧①

当年陶行知先生任育才学校校长。一天，他看到一名男生用砖头砸同学，遂将其制止，并责令他到校长室等候。陶先生回到办公室，见男生已在等候，掏出一块糖递给他："这是奖励你的，因为你比我按时到了。"接着又掏出一块糖给他："这也是奖励给你的，我不让你打同学，你立即住手了，说明很尊重我。"男生将信将疑地接过糖果。陶先生又说："据了解，你打同学是因为他欺负女生，说明你有正义感。"并掏出第三块糖给他。这时男生哭了："校长，我错了，同学再不对，我也不能采取这种方式。"陶先生又拿出第四块糖："你已认错，再奖你一块，我们的谈话也该结束了。"

孔子的教育智慧

《吕氏春秋》中记载了一则孔子与弟子颜回的故事。话说，孔子受困于陈国和蔡国之间的地方，七天粒米未进，体力不支，白天也只能躺着休息。颜回不知道从哪里讨来一些米，回来后就煮起了饭。饭快要熟了，孔子却看见颜回用手抓锅里的饭吃。一会儿，饭熟了，颜回请孔子吃饭。孔子假装没看见刚才的事，起身说："我刚才梦见了先父，这饭很干净，我用它先祭过父亲再吃吧。"颜回答道："使不得！刚才煮饭的时候，有点炭灰掉进了锅里，弄脏了米饭，丢掉不好，我就抓起来吃掉了。"孔子叹息道："人应该相信自己的眼睛，但即便是眼睛看到的仍不一定可信；人依靠的是心，可是自己的心有时也依靠不住。学生们记住，了解一个人是多么不容易呀！"

---

① 林宗枝．另类教育［N］．中山日报，2002 - 8 - 10.

学生心目中的名师

一位大学生对中学阶段印象最深的一节语文课的回忆：

我高二时的语文老师教课形象生动，最让我难以忘怀的是她那节别出心裁、富有创意的课。刚上课，她让我们每个人随意写下五个词语，就是不假思索地写，然后交上去。我当时有些纳闷，就潦草写出完事。老师收了一沓纸条，然后让我们自愿上讲台。我们班一位很积极的同学马上就去了。老师让他随意抽出一张纸条，上面写着：情人节、老师、窗台、生气、幸福。老师让他读过之后，联想一个场景，要用上这几个词语。他想了想，讲了一个非常生动的场景，大家都被他的话逗笑了。他下去后，又有几个学生也结合纸条上的词语讲了许多非常有创意的场景。

我记忆最深刻的五个词语是：千年、剑客、伤心、流浪、无情。有个男生是这样说的：一个流浪的剑客伤心地说："一千年前，我就爱上了你，现在上天又让我碰到了你，难道你就那么无情吗？难道你还爱着他吗？"他那伤心的表情，逼真的表演，引得我们为他热烈地鼓掌。大家都尽情发挥想象，课堂上欢声笑语不断，那节课过得真快！

这位语文教师为学生提供了一种不确定的课堂情境，看似随意挥洒，信手拈来，学生可以信马由缰般自由自在地创意和想象，语文课堂却因此而具有灵性和诗意。

另一位大学生对高中阶段语文课的回忆：

张老师是我们高二时的语文老师，第一次上课，我们就被他那纵论古今、谈笑自若的博学睿智和新鲜奇特、别具一格的教学方式深深地吸引。他的每一节课几乎都精彩绝伦，灵活多变的教学方式让人永不感到乏味。讲《祭十二郎文》，他会将文章读得悲痛欲绝、凄婉动人；讲《陈奂生上城》，他竟把课文编成曲唱出来。有时他会抛开课本，随我们自由提问，关于文学的、生活的、感情的等等问题。我们就像古代的文人墨客，围坐着谈诗论赋，争辩得面红耳赤，又像重聚的伙伴，眉飞色舞地谈论自己传奇的经历。

那是一个明媚的上午，我们像平常一样用最富期待的目光迎接张老师的到来。当时我们正在学习鲁迅先生的《阿Q正传》，前几节课张老师已带领我们领略了阿Q的风采，此时，他一开始就让我们将鲁迅先生的另一篇名作《狂人日记》读一遍。十几分钟过后，张老师指着课文中狂人早晨起来，怀疑人吃人，然后接受一老郎中诊病的一段，说道："下面，四个人一组，再将这一段仔细阅读、讨论，并分别扮演其中的四个角色。一会儿，我要你们各组到讲台上来表演。"此话一出，整个教室顿时炸开了锅。

虽然，我们知道张老师一贯想法奇特、作风古怪，这时仍备感震惊，但又兴奋不已。立刻，我们就投入了讨论之中。教室里，一组一组的人说得眉飞色舞、手舞足蹈。我们这一组四个人齐心协力编排了每一个动作，设计了每一句台词。

二十分钟后，讨论结束，表演开始了。开始上场的同学都有点拘谨和紧张，这一段本来就没有多少内容，很快就演完了。有的"狂人"胆小怯弱，有的"狂人"疯狂夸张，不同的人演绎了不同的"狂人"。

终于轮到我们这一组了。作为"狂人"的杨扬一上场就钻到桌子底下，随后，一声模仿公鸡"咯——咯——咯——"的长鸣响彻整个教室，"轰"的一声，下面的人全都笑了。然后，只见他从桌下探出身来，伸了一个长长的懒腰，又是一阵哄笑。仆人"陈老五"出场了，将一本作为托盘的课本放到桌上，退下。"狂人"就盯着它看了又看，自言自语了一番，真是将狂人的痴狂表演得惟妙惟肖。虽然"狂人"的大哥和我的"老郎中"表演得不怎么样，但是，杨扬作为"狂人"的一阵大笑，将表演又推向了一个高潮。最终，由于杨扬的出色表现，我们组的表演被评为最优秀的。

张老师的每一节课都让学生感到"精彩绝伦""灵活多变"，实际上是他心中"学生为本"教育理念的直接显现。这节课，他看似不经意的设计，让学生自由表达和表演课文中的人物和情节，实则将学生的灵性和创意激发出来，尽得语文教育的精髓。

"但愿天堂里也有电路课……"①

2005 年 3 月，上海交通大学的晏才宏老师因肺癌去世，终年 57 岁。令人感慨且无法释怀的是，这样一位身后被千人怀念、颂扬的教师只是一名讲师。在上海交通大学电子信息与电子工程学院，晏才宏老师的教学水平有口皆碑。他的电路课在学生网上评教活动中以罕见的满分居全校之首。

他上课已达到了这种境界：一杯茶、一支粉笔随身，从不带课本和教学参考书，知识早已烂熟于胸，例题信手拈来，讲课条理清晰、自成体系。加上一手俊秀的板书，洪亮的嗓音，他的电路课被誉为"魔电"，几乎堂堂爆满、座无虚席。

有学生万般无奈选了他的课，第一课苦着脸来，却开心地回去，还到处宣传为他广告："理论讲述深入浅出，分析解题信手拈来，备课讲义自成体系，真是'魔电啊魔电'。"才宏老师去世后，上海交大的学子们在校园 BBS 上对他的教学水平给予了高度评价："他的课充满了激情，从头到尾都扣人心弦，简直像一部精彩的电影"；"书本上那些枯燥的字句，到了他嘴里就像活了一样，那些原本晦涩难懂的公式、定理，经过他的讲解，就变得非常简单明白"……

在怀念晏老师的大量文字中，下面的两句感人至深："不知道天堂里是不是也会有人学习电路呢？如果有，他们真的很幸运。"这样一位深受学生喜爱的教师去世时的"讲师"身份引发了人们对高校教师评价体系的讨论和思考。根据高校现行考核体制，教师评职称主要看科研论文的数量，而晏才宏几乎没有发表过一篇"像样"的学术文章。

但在更深层次上，这种考核体制则是对教师讲授技能的鄙视。对于讲课，许多人内心的潜台词通常是："讲课，不就是说话吗？只要会说话，人人都会讲课。"这实在是对教学技能的一种深深的误解。

---

① 刑红军. 三论中国基础教育课程改革：方向迷失的危险之旅 [J]. 教育科学研究，2012 (10).

教师的价值存在于学生心目中①

孔繁刚

　　教师的主要工作就是在教室里给学生上课。苏联著名教育家苏霍姆林斯基说："课是点燃求知欲和道德信念火把的第一颗火星。"我是一位历史教师，在40余年的教学生涯中上了近5位数的历史课。在不少人看来，历史课就是讲故事，浩瀚无际的历史知识海洋提供了极其丰富的故事素材，哪有孩子不喜欢听故事的呢？事实上远非如此，在教育界工作的同志都知道，学生爱历史、不爱历史课的现象在学校里十分普遍，尤其在当今市场经济浪潮的冲击下，在应试教育的巨大压力下，历史课的地位、功能、价值在很大程度上都是由历史教师在撑着、在顶着。我当然也是其中一位。所幸的是，我的学生对我的历史课还颇有好感，甚至他们离开中学已经多年了，居然还记住了我当时在历史课上的一些只言片语。爱因斯坦曾说："如果你忘记了在学校里学到的一切，那么留下来的就是教育。"在我快要淡出历史讲台的时候，想到这一点，我觉得这就是我从教40余年最宝贵的价值和最大的慰藉。

　　历史教师在历史课上讲的核心内容大同小异，基本上都是依据国家教育行政部门制定的教学大纲或课程标准以及依此所编写的教材，为什么教师讲课的效果相差甚远？世界上没有两片一模一样的树叶，同样也没有两堂一模一样的课堂教学。教师讲的课是一种追求、一种再创造，也是一种艺术。我追求的是什么呢？首先是激发学生学习历史的兴趣、动机和渴望。记得有一次课后我找一位学生谈话，问他为什么课堂上不做听课笔记，没想到他竟脱口而出："老师，您讲得太精彩，我听得出神了，所以忘了记笔记。"说得坐在旁边的其他老师都笑了，笑得我也无从问下去。美国著名心理学家、教育家布鲁诺说："对学生的最好刺激，乃是对所学材料的兴趣。"背离了学生学习的兴趣，谈历史课的思想教育、思维训练、

---

① 孔繁刚. 教师的价值存在于学生心目中 [J]. 人民教育，2004（11）.

情感陶冶，我觉得都是空的。

那么，我到底给学生讲了些什么呢？或在课本之外给学生补充些什么内容呢？首先，讲历史要尊重史实，给学生再现过去真实的历史。有一位历史学家说：学中国古代史不需要编课本，就去读《史记》《汉书》《资治通鉴》……话虽有些绝对，但我想道理是有的。我在讲到苏俄"战时共产主义政策"给农民带来的困难时，就引用了当时留在列宁笔记本上农民诉苦的话："余粮收集得像扫帚扫过一样干净，一点也没剩""我们那里发生过拿手枪顶着人家太阳穴这样的强迫，人们很气愤""土地属于我们，面包却属于你们，水属于我们，鱼却属于你们，森林属于我们，木材却属于你们"。我相信真实的历史本身就对学生有很大的诱惑。其次，补充一些学生感兴趣的内容。十六七岁的学生尤其是男孩子都对历史上的战争十分感兴趣，但课本限于篇幅，往往只罗列了一个结果，却没有展开其过程。我在讲解放战争时期的三大战役时，从战略时间的选择、战略方向的选择、战略方针的选择等方面给学生作层层剖析，既调动了学生学习历史的积极性和内驱力，又树立了领袖运筹帷幄之中、决胜千里之外的光辉形象。另外，讲历史不能让学生感到太遥远，要尽可能贴近学生的社会生活实际。我在讲述罗斯福新政时，特地增加了一段他青少年时期的经历和他同病魔作斗争的情景，其中提到了他读的是一流的哈佛大学，成绩平平，然而他却在社会活动与交际方面显示了才能，取得了很大成功。我的隐喻是学习成绩并非未来成才的唯一门径，人才是多方面的，成才是多渠道的，我要给更多的学生包括学习上有困难的学生一种信心和方向。至于他同病魔的顽强斗争，更是给学生意志、毅力和精神的熏陶。

历史这门课程在不少人心目中还有一个极大的误区，认为它是一门被无数年代、地点、人物、事件等堆砌起来，需要死记硬背的学科，为此感到头疼甚至厌恶。殊不知历史也是一门智者的学问。英国著名科学家、哲学家法兰西斯·培根曾经说过："读史使人明智。"在人类历史发展的漫长岁月中，充满了矛盾运动。它往往呈现为一进一退的涨潮式、一起一伏的波浪式、一旋一圈的螺旋式，反映了历史规律与实际进程的辩证统一、历史趋势与具体事件的辩证统一、本质必然性与现象偶然性的辩证统一、时代限定性与人物能动性的辩证统一、历史机遇与主观选择的辩证统一、民族意识和全球意识的辩证统一、历史意识和未来意识的辩证统一、反思与展望的辩证统一……其中的错综复杂、扑朔迷离不仅仅是吸引学生听课的魅力，更是培养学生历史思维和历史素养，使学生善于将天时—地利—人和，政治—经济—文化以及过去—现在—未来等联系起来，进行综合性、立体性思考的极好素材。

　　然而，历史教育给我们青少年最重要的是一份情、一种精神。歌德说："我们从历史那里得到最好的东西是它所兴发的激情。"最近，中央十分重视在中小学开展弘扬和培养民族精神教育。历史是一门"人"的学科，人不仅要有骨骼和血肉，更要有灵魂和精神。历史正是一门培养人的灵魂和精神的人文学科，激励人们去追求至真、至善、至美。在历史教学中，教师对教材内容深入钻研，对历史进程深刻了解，然后通过对历史材料的选择和解释，对历史现象、历史人物和历史事件的具体生动再现，在认识和评价中渗透着本人真挚深厚的情感，影响和感染学生。

　　记得有一次上《辛亥革命》，讲到陈天华在日本投海自尽以激励国人时，我发现许多学生感到不理解，出现困惑，我意识到这是时代与环境的差异引起的，于是增加了下面一段课外材料："1906 年 5 月陈天华的灵柩从日本启运经上海、武汉运回故乡长沙安葬。一支浩浩荡荡的送葬队伍涌出长沙城，徐徐向岳麓山移动。队伍的前导，是由众人抬着的一具灵柩，跟随者大都披麻戴孝，打着旗帜、挽联、祭幛，延绵十余里。涟涟湘水，回响着悲怆的挽歌；巍巍岳麓，宛若披上缟素。这哀而动人的场面，使沿途被官府派来阻止葬礼的巡警呆立一旁不敢干涉。葬礼开始后，主祭人讲到陈天华不惜跳海殉身时泣不成声，下面送葬的数以千计的中小学生是号啕大哭……"讲到这里，我发现教室里的气氛格外寂静、凝重。一位学生写道："历史对我意味着什么呢？历史是一种眼光、胸襟、思维及精神。"还有一位学生说："历史，正作为文化，作为血液，溶于我。这一年'历史'，让我成长，这一年'历史'，在我这儿将是一生！"

　　最近去大学给历史系学生讲课或去外地给骨干教师培训班授课，我身边都揣着一封信，这是去年高三（4）班学生毕业时赠给我的一份最珍贵的礼物。信上写道："敬爱的孔老师：说来不怕您笑话，我们每周都伸长脖子等着历史课的到来，有历史课那天像过节一样。因为历史课是一段可以畅叙的时光。您或许会奇怪：只您一人在课上说话，何以我们畅叙呢？道理很简单，您直言我们心中所想，您和我们之间没有代沟，足见您多么年轻！年轻是很美好的，因为年轻人有激情，您说过历史不能没有跌宕起伏的激情，历史不是纯粹的理性。所以我们试着去理解我们的父辈，去体会他们年轻时的那段特殊的时光所召唤起的激情以及冲动。原来以为可笑或不可理喻的行为举动这下也有了说服自己承认、尊重的理由。您机智的话语为我们打开了时间的大门，而您有时的幽默调侃又常常发人深省，我们切切感受到的是一颗教书育人、诲人不倦的苦心。衷心地希望孔老师永远年轻，永远洒脱！"

真的，给学生们上课，我真是忘记了自己已过花甲之年属超期服役，是学生们给了我活力，在学生们的心目中，在学生们的成长道路上，我看到了、体会到了一个教师的价值。

第八章

从经验型教学走向思想型教学

柏拉图曾说过，奴隶之所以是奴隶，乃是因为他的行为并不代表自己的思想而是代表别人的思想。思想形成人的伟大，"我不能想象人没有思想：那就成了一块玩石或者一头畜牲了"（帕斯卡尔），教育思想形成教师的伟大，没有教育思想，教师就成了一台教育机器；思想——人的全部的尊严就在于思想，没有教育思想，就没有教育尊严可言，教师唯有形成自己的教育思想，才能拥有教育乃至人生的尊严。一个优秀教师可能经验丰富、教学有方；可能"著作"等身，论文不少；可能挂上了高级教师、特级教师的头衔，获得了各种荣誉。但没有自己的思想，从专业上讲，他依然是一个无"家"可归的流浪汉、门外汉。名师区别于优秀教师的，便是自己的教学思想，其核心标志就是教学主张。本主题在简要介绍教学理论与实践的关系的基础上，着重阐述教学主张的意义和研究。

第一节　教学理论与教学实践的关系

教学理论与实践的关系是教学论的一个重要问题，正确认识和处理两者的关系对两者的发展具有重大意义。本节在对教学理论和实践进行分层解读的基础上，简要探讨两者之间内在的关系。

一、教学理论的层级和价值

教学理论是一个具有层级结构的体系，依据理论的抽象程度，笔者将其分为以下四个层级：教育基本理论、课程与教学理论、教材教法分析、教学课例与案例。

显然，不同层级的教学理论其抽象性、包容性、概括性不同，与实践的关系（距离）也不一样，对实践的作用也不同。教学课例与案例是直接从教学实践中提炼出来的，与教学实践的距离最近，操作性和情境性最强，不少学者因此不同意把教学课例与案例归为教学理论的组成部分，但是，我们认为，教学课例报告、教学案例和教学叙事作为教学研究的产物，具有理论含金量，是教学理论的一种形态，它不同于一般的教案、教学设计和教学总结。教材教法分析比课例报告稍微概括、抽象一点，因而与教学实践的距离稍微远点，但对教师依然有很强和很直接的导向性。课程与教学理论，前者在教材之上，后者在教法之上，严格来说，课程与教学理论才具有一般理论的抽象特点，它是教学理论中承上启下的层级，上承教育基本理论，下启教材教法和课例案例，也可以说它是教学理论转化为教学实践的关键和核心环节。教育基本理论是最抽象、最概括、最有包容性的教学理论，它与教学实践的距离最远，也正因此，教育基本理论之灯才能照亮最广阔的实践之域。

不同层级的教学理论对实践的影响和作用是不一样的。教育基本理论对实践的作用主要表现在对教育实践工作者教育思想、教育精神、教育信仰、教育理念和教育思维产生影响，它的价值是精神性的，而非物质性和操作性的，优秀教师需要这种精神营养，没有精神和信仰的教育必定是庸俗的。教育课程与教学理论对实践的作用主要在于提升教师的课程意识、课程能力以及教学的理性思考和基本素养，让教师以一定的高度和眼界来驾驭教材教法，从而使教师摆脱就课论课、就学科教学科的窠臼。教材教法分析对实践的影响相对直接，但是，我们所讲的教材教法分析是着眼于整体的，整个学科，整册教材，至少是一个模块或一个单元，目的是使教师对所教学科（内容）有整体感，从而在教学中充分把握和展示学科的独特魅力和价值。教学课例与案例是一种情境性和操作性极强的理论知识，实际上是课堂教学的提炼和反思，它对教师课堂教学具有直接的示范作用，对一线教师而言，课怎么上，永远是他们最感兴趣的话题。

相对而言，教育基本理论是教学论的理论基础，课程与教学理论是教学论的基础理论（本体理论），两者构成理论教学论；教材教法分析和教学课例与案例是应用理论，两者构成实践教学论。理论教学论是形而上的理论，对应于学理研究，其抽象层次高，概括性和包容性强，距离教学实践远，对教学实践的作用是精神性、观念性的，突出表现在精神和气质的熏陶、智慧和思维的启迪、思想和认识的提升。实践教学论是形而下的理论，对应于学用研究，其抽象层次低，概括性和包容性弱，距离教学实践近，对教学实践的作用是物质性、操作性的，为实践者提供具体的行动指南和现成的操作程序。显然，实践教学论的作用是直接的、行动的，但其适用面窄，发挥作用相对表层和短暂；理论教学论的作用是间接的、认识的，但其适用面广，发挥的作用相对深刻和持久。总之，不同层级的教学理论各有各的定位和价值，但是它们彼此不是孤立的，而是一个有机的整体，具有内在的联系。各种层级的教学理论只有彼此开放、相互吸收，才能形成具有活力和生命力的教学理论体系，从而发挥对教学实践的最大作用。

二、教学实践的层级和特点

教学实践也是一个具有层级结构的体系，依据实践的目的性和意识性，笔者将其分为四个层级。

1. 盲目性实践

这是一种既缺乏理论引领又缺乏经验基础的实践，目的性和意识性弱，且战且走，盲目被动。这种实践类似于心理学所讲的尝试错误，是水平最低的一种实践。

2. 经验性实践

教育教学工作对经验有很大的依赖性，但是经验具有双重性。一方面，经验是提高实践效率和效果的重要依托；另一方面，经验的固化和老化又是阻碍实践发展的内在阻力。经验一旦固化和老化，教师的教学生活就会失去创造、反思、批判的特征，而蜕变为自在的"日常生活"。一方面，日常生活作为身边可信的、熟识的世界，给人提供一种"在家"的归属感、熟悉感、安全感等，这是教师从事教育教学工作必备的心理背景；另一方面，日常生活作为自在的、未分化的经验领域，具有保守性、非批判性、习惯性和惰性，"在这种日常教学生活中，没有创造性教学思维和创造性教学实践的空间，教师的教学思维呈现出重复性、简单化、线性化倾向，教学行为以重复性为主要特征，教师往往自发地运用教学常识、教学经验或教学习惯解决课堂教学问题"①。这种教学实践不需要阅读，也不需要思考。于是，教师的自主性、创造性、反思性在这种自发的教学生活中逐渐沦丧，教师成为无个性的、不思进取的人，从而缺乏寻求新的更高的目的和意义的意愿和行动。不仅如此，经验型实践还使原来别开生面和充满新鲜感的教学生活失去应有的新意和情趣。在实际工作中，不少人不知不觉地走入了一种简单的循环往复中，这种现象在心理学中称为"磨道效应"，路走了很多，实际却并没有走出很远，自身的素质并没有得到长足的提高。

3. 反思性实践

教师职业的专业性之一便体现在他的反思上。因为反思的介入，教学活动的性质发生了变化：经验性教学→反思性教学。国际上流行一个教师专业成长的公式：经验+反思=成长。许多研究表明，教师自身的经验和反思是教师教学专业知识和能力最重要的来源。没有经过反思的经验是狭隘的经验，意识性不够，系统性不强，理解不深透，只能形成肤浅的认识，并容易导致教师产生封闭心态甚至职业倦怠，不仅无助于而且可能阻碍教师的专业成长。只有经过反思，使原始的经验不断地处于被审视、被修正、被强化、被否定等思维加工中，去粗取精，去伪存真，经验才会得到提炼、得到升华，从而成为一种开放性的系统和理性的力量。唯其如

---

① 罗儒国. 反思教师的教学生活 [J]. 当代教育科学，2005（20）.

此，经验才能成为促进教师专业成长的有力杠杆。可以说，经验是教师教学专业能力最重要的来源，反思则是教师教学专业发展最根本的机制，经验是量的积累，反思才能实现质的飞跃。

教师通过反思自己的教学实践，不断更新教学观念，改善教学行为，同时形成自己对教学现象、教学问题的独立思考，从而提高教学工作的主动性和目的性，克服被动性、盲目性。一位名师在反思自己的教学时说："那时，一直认为'课堂上，教师是为了数学而存在，学生是为了教师而存在'，很少认真地审问自己：数学的本质是什么？孩子是如何学习的？教师应该扮演什么样的角色？新课程改革的到来，让在课堂里拼搏的我真正体会了'这是个最好的时代，也是个最坏的时代'这句话的含义。我的课堂乃至我的思想出现了从未有过的混乱，熟悉的数学、熟悉的学生、熟悉的自己，忽然间都变得异常陌生，就像懵懂的少年般迷茫：数学课需要凸显的本质是什么？学生的学习可以挣脱教材、教师的'枷锁'吗？课堂的生命力究竟在哪里？"① 显然，只有反思介入，教学活动才会实现质变，同样，只有教学实践从经验进入反思的层面，才会迫切地需要理论的引领和导向。

4. 创造性实践（改革、实验）

教育教学工作本身是一种极富创造性的职业。把创新、变革、批判和发展的精神与方式引进教学实践，使教学时新，教学常新，教学生活意义就不断生发、显现。教学生活就不再是一种机械、重复、繁琐的生活，而成为教师值得过的、本真的幸福生活。在创造性实践中，教师是一名研究者、探索者。教师即研究者，这意味着教师在教学过程中要以研究者的心态置身于教学情境中，以研究者的眼光审视和分析教学理论与教学实践中的各种问题，对自身的行为进行反思，对出现的问题进行探究，对积累的经验进行总结，使其形成规律性的认识。

创造性实践是目的性和意识性最强的实践。这种实践也就是国外多年来一直倡导的"行动研究"，它是为行动而进行的，即不是脱离教师的教

---

① 丁杭缨. 数学还是那个数学［J］. 小学教学（数学版），2010（1）.

学实际而是为解决教学中的问题而进行的研究；是在行动中的研究，即这种研究不是在书斋里进行而是在教学活动中进行的；是对行动的研究，即这种研究的对象和内容就是行动本身。在教学中研究，在研究中教学，教学与研究"共生互补"，通过研究不断提升教学的品质、水平、境界。总之，在创造性实践中，教学活动绝不是按图索骥的机械活动，而是一种积极寻找和探索解决问题、达到目的的最佳途径和最佳策略的过程。它要求教师在行动时，不能拘泥于事先的设计，要根据实际情况，随时对设计作出有根据的调整、变更。上课不是执行教案而是教案再创造的过程；不是教教材，而是用教材教；不是把心思放在教材、教参和教案上，而是放在观察学生、倾听学生、发现学生上；不是把学生的学当作一种对教的配合，而是把学生看作学习的真正主体和教学过程运行不可缺少的重要组成部分。在这里，教师不仅栖居在重复的和服从的常规教学中，还不断地将自己带入创造的、发现的和批判的非常规教学中，教学生活逐渐失去异化感，重新焕发生命活力。正如一位教师所说："我开始思索自己的语文教学，才发现以前自以为成功的语文教学是那样地误人子弟：为学生设置好教学目标、教学重点，规划好教学过程，想好切入点，设计好问题，一步步地把学生往里边引，最终'圆满'地完成教学任务。在这个过程中，学生毫无自主权可言。反思之后，我开始大胆地将课堂的主动权（讲解的主动权、思考的主动权、预设的主动权）还给学生，经过一段时间的实践、磨合，我和学生都喜欢上了这样的教学方式。"①

显然，教学实践有自觉与盲目、创新与守旧、合理与不合理、正确与错误之分，不同的教学实践对教师专业成长意义（贡献）不同，对教学理论的自觉需求和发展意义（贡献）不同。一个教师专业发展的水准从根本上讲是由他所从事的实践性质和类型（层级）决定的。教学实践一旦进入反思和创造层面，对教学理论就会有内在的需求，实践的逼近是理论有所作为的前提，实际上，也只有这样的实践才能提炼、概括出有价值的教学理论。

---

① 陈松泉.《采薇》教学实录［J］.语文建设，2006（7）：23—27.

三、教学理论与教学实践的关系

无论是从历史（来源）上看，还是从性质（本性）上看，教学理论与教学实践都具有本然统一的联系。教学理论从根本上说来自实践，所以教学理论不仅是理论的，而且还是实践的，是活生生的实践之"知"。这里的"知"，其表现形式是理论的，但目的和内涵却指向无限生动、丰富的实践，即它"保有实践的充盈、丰富和生动"①。这就是实践性的理论，与此相对应的是理论性的实践，即自觉接受理论指导的实践，理论性、目的性、自觉性是实践的本性。正如马克思所指出的，人类实践的结果从一开始的时候就以观念的形式存在于主体的意识中，为主体所提出、接受或理解。没有目的，就没有人类的实践。盲目的实践从严格的逻辑意义上说是不存在的。总之，理论性的实践才能是"自觉的"而非"自发的"，是"主动的"而非"被动的"，是"成熟的"而非"幼稚的"。如果说理论是实践之"知"，那么实践便是理论之"行"。实践性的理论与理论性的实践是同一事物（过程）的两个方面，它们的联系是内在的、必然的。

但是，在现实中，教学理论与教学实践却存在分离的状况，表现在中小学，一是将教学庸俗化，认为自己实践中自然生成的一些经验就是理论，占有了那些经验就是有了思考力。实则不然，每个人都可能在长期从事的工作中有一些自然而然生成的经验，但生成这些经验的过程却不是理论思考和提升的过程。二是将教学理论神秘化，认为教学理论的研究不是普通教师所能研究的，更不会在我们这些一般学校、一般课堂上产生，即便搞一点研究，也是脱离自己教学、另起炉灶式的高深探索。这两种认识都会使得教学理论与教学实践渐行渐远。

有学者曾概括了中小学教学中脱离和排斥教学理论的三种实践倾向和做法："第一种，经验主义教学实践。所谓经验主义教学实践，就是片面强调教学经验对教学实践的作用和意义，或用教学经验拒斥教学理论，或把教学经验等同于教学理论，以教学经验取代教学理论。第二种，操作主

---

① 宁虹，胡萨. 教育理论与实践的本然统一 ［J］. 教育研究，2006（5）：10—14.

义教学实践。所谓操作主义教学实践，就是对教学理论应用作片面狭隘的操作主义理解，认为教学理论应该具有直接可操作性，不能直接操作的教学理论就是无用的理论。第三种，实用功利主义教学实践。所谓实用功利主义教学实践，就是以实用主义、功利主义的态度对待教学理论，把教学实践的价值目标唯一化、片面化，忽视乃至无视教学实践活动中的规律性联系。"① 事实证明，拒绝和排斥教学理论的教学实践最终必然导致实践自身的异化，使实践丧失理性的力量，从而导致教学的形式主义和低效、无效甚至是负效！

理论与实践的脱离既有客观上的原因又有主观上的原因，既有理论及其工作者的原因，又有实践及其工作者的原因。两者的脱离最终必然导致两败俱伤：实践在低层次上运作和重复，理论成为空洞的符号和没有生命力的装饰品。只有强化两者的内在联系，让理论及其研究回归实践、走进实践、关注实践、服务实践，让实践在反思和变革中吸收理论、应用理论、生成理论、创新理论，才能使两者形成良性循环和互相促进的机制，从而既促进理论的升华又促进实践的深化。

第二节　教学主张的意义

教学主张是名师教学的内核和品牌，缺乏教学主张，或者教学主张不鲜明、不坚定，就称不上是真正意义上的名师。教学主张也是区别于其他教学名师的重要特征，教学名师、名家和流派的差异性，主要表现在不同的教学主张上。这是我们对名师的基本定位，有不少教师教学业绩突出、教学经验丰富、教学特色明显，但却没有孵化出自己的教学思想，没有凝练出自己的个人理论，没有提出自己的教学主张，从而只是停留在所谓好教师或优秀教师的层面，不能往教育家方向和境界发展，这是非常令人遗憾的。

---

① 徐继存. 试论教学理论应用 [J]. 教育研究，2000（10）：54—57.

这类似有的商家产品质量很好，价格又低，所谓价廉物美，但因缺乏品牌培育，在全国不能产生影响力，不能做优做强，从而影响自身的发展。教学主张不仅是我们对名师个人发展的定位，也是我们对名师培养工程的定位。据我个人理解，不少名师培养工程流于形式、特色不够、针对性不强、成效不高，就是因为缺乏教学主张的统领。名师只能量身定做，进行个性化培养，必须围绕教学主张展开。无论名师的成长还是名师的培养，主张的提出是关键（前提），主张的研究是核心（中心）。

一、教学主张的内涵和意义

（一）教学主张是名师的教学思想、教学信念

思想来自思考，优秀教师在教学实践活动中都会自觉不自觉、有意无意地对相关问题进行思考，并在此基础上产生或形成对教学的一些看法、想法，我们将其统称为教学思考，这些思考不乏有价值的见解，但总体而言，是相对零散、不够系统的，是相对浅层、不够深入的，是相对模糊、不够清晰的。只有经过理性加工和自我孵化，教学思考才能提升和发展成为教学思想。教学思想是教师对教学问题的系统的、深刻的、清晰的思考和见解，它具有稳定性和统领性，稳定性意味着思想一旦形成，不容易改变；统领性指的是对教学行为的影响力，行为是由思想而生的。柏拉图曾说过，奴隶之所以是奴隶，乃是因为他的行为并不代表自己的思想而是代表别人的思想。[①] 名师应该是教学的主人，而不是奴隶。名师的教学行为应该代表名师自己的教学思想。教学思想是名师的第一素养。思想形成人的伟大，"我不能想象人没有思想：那就成了一块玩石或者一头畜牲了"（帕斯卡尔），教学思想形成教师的伟大，没有教学思想，教师就成了一台教学机器；思想——人的全部的尊严就在于思想，没有教学思想，就没有教学尊严可言，教师唯有形成自己的教学思想才能拥有教学乃至人生的尊严。马克思说得好："能给人以尊严的只有这样的职业，在从

---

① 华东师范大学教育系等编译. 现代西方资产阶级教育思想流派论著选［M］. 北京：人民教育出版社，1980：25.

事这种职业时，我们不是作为奴隶般的工具，而是在自己的领域内独立地进行创造。"① 把有价值的教学思考转化为教学思想，把正确先进的教学思想转化为教学信念（信条、理想、信仰），使教师的教学认识、教学情意不断得到升华。教学思想的最高境界是教学信念（教学信仰、教学信条）。可以说，教学信念是一种理想化、信仰化了的教学思想。教学信念有三个特点，一是对某种观念极度信服和尊重，并以之作为人生行动的准则；二是带有情绪情感色彩，按理念去行动会产生肯定而积极的情感，否则就会产生否定而消极的情感；三是带有"习惯"性，自然地按照自己的理念去行动。心理学研究表明，信念一旦产生就很难改变，除非受到有意的强烈的挑战。

（二）教学主张是名师的"个人理论"，它来自实践又高于实践

理论来自实践，优秀教师在教学实践活动中都会形成和积累一些行之有效的做法、策略，我们将其统称为教学经验，这是真正原生态、原发性的东西，是教学的宝贵资源。遗憾的是，不少教师仅仅满足于自己的经验，以为有了实践就有了真知，凭教学经验能够取得教学的成功，所以往往自觉或不自觉地以经验的目光审视、看待教学问题和教学行为，从而把自己的认识、实践局限于经验的范围，经验反倒成了提升的"藩篱"，有的教师因此出现止步不前甚至退步的情况。特级教师们普遍反映，他们在高原期一致的感觉，也在于"理论的贫乏"。我们认为，相应的实践经验无疑是促进理论滋生的最有价值的资源，教师的个人理论一定是来自教师个人的实践和经验，但是，由实践到理论，由个人经验到个人理论，这个过程不是自发产生和实现的。教师不仅要有实践意识，而且需要有理论自觉，一方面把自己的经验，把自己的所行、所见、所闻、所得加工、提炼、升华为理论；另一方面，用先进科学的理论反思、批判、充实、引领自己的实践和经验。通过这样的双向互动，把自己的经验要素转化为充满思想和智慧含量、可资借鉴（更具有普适性和启发

---

① 马克思，恩格斯. 马克思恩格斯全集（第40卷）[M]. 中共中央马克思恩格斯列宁斯大林著作编译局，编译. 北京：人民出版社，1982：6.

性）的"理论因子"，从而不断形成和完善自己的"个人理论"，这就是教学主张的内核。

（三）教学主张是名师的"第三只眼睛"

尼采说过：有各式各样的"眼睛"，因而有各式各样的"真理"。小说《封神榜》里的闻仲太师和二郎神因为拥有一只"天眼"，所以能够看到许多常人看不到的东西。名师区别于普通教师就在于这只"天眼"。这只"天眼"有时像显微镜，可以看清很细微的教育细节；有时候像望远镜，可以看见很远很远的未来。就其本质而言，这是一只专业的眼睛，智慧的眼睛，它能够帮助名师看到普通教师看不到的内在的、本质的、深刻的东西，正所谓"外行看热闹，内行看门道"。内行能够看到门道，就因为他有这只眼睛。提炼教学主张就是打造这只眼睛，让名师独具慧眼，能够于平凡中见新奇，发人之所未发，见人之所未见。不同教学主张的名师对同样的教育问题会有不同的观点、立场和见解，这是名师教学个性、特色、风格的内核和源头，失却教学主张，教师的教学个性、特色、风格就会失去灵魂和品质，蜕变为教学"表演秀"。具体来说，教学主张是名师钻研和解读教材的独特视角，是名师发现、挖掘教材新意的探测器，用主张来解读教材，才能赋予教材个性化和生命化；教学主张是名师引领和统领教学的灵魂，是教学活动的导航器，它使名师的教学活动深深地烙上自己的色彩和痕迹，从而展现出独特的韵味、格调、风貌。从实际来看，成熟的教学主张不仅是名师教学特质、个性的内核和前提，防止教学同质化；而且是教师教学深度、高度的基础和保证，防止教学平庸化。名师区别于普通教师不在于一节课上得怎样、水平高低、效果好坏，而在于教学的整体面貌、气质、格调，而这一切的背后决定因素就是教学主张，就是这只天眼！

（四）教学主张是名师发挥专业影响力的核心因素和有力凭借

一个优秀教师可能经验丰富、教学有方；可能论文不少、著作等身；可能挂上了高级教师、特级教师的头衔，获得了各种荣誉。但是，缺乏自己的教学主张，从专业上讲，他依然是一个无"家"可归的"流浪汉""门外汉"，没有专业精神和学术追求的归宿，为此，他很难产生专业和学术上的影响力。名师的作用在于发挥教学示范、引领、带头作用，也即发挥专业影响力，从而带动大家一起进步。名师发挥专业影响力靠的是自己的专业学术造诣，而专业学术造诣集中体现在教学主张上，教学主张不仅反映教师独特的教学思想和理论，而且体现教师教学专业成熟的水平，代表教师一生的专业成就。就名师个人而言，提炼自己的教学主张实际上就是"给自己树立一面旗帜""自己定义自己的教育"，这个过程是教学品牌和新的教学理论培育和创立的过程，是往教育家方向和境界发展的过程。不少地方为了助推名师成长和扩大名师影响力，纷纷设立名师工作室，名师工作室的成员在领衔名师的教学主张这面旗帜下，共同创造教学流派。设想，如果没有教学主张的引领和统帅，共同体就没有了共同的灵魂和旗帜，实际上也就不成为共同体了。推而论之，名师对社会的影响力在于其教学主张。提到李吉林，我们自然而然会想到她的情境教学；而讲起王崧舟，我们就会不由自主想起他的诗意语文。提炼教学主张不仅是名师个人专业发展的要求，也是名师的专业担当和社会责任。

二、教学主张的形成和提炼

（一）教学主张形成的路径

1. 归纳的路径

其特点是实践导向、"兴趣"驱动、做事逻辑。所谓的实践导向，有两层意思，其一是基于实践，指的是名师的教学主张是从其经验中萌生出来的，慢慢形成的，并被其实践证明是正确的、有效的理论或观点；其二是为了实践，指的是教学主张的形成或提出是为了更好地解释实践、促进和改善实践，使其教学水平和境界不断得到提升。所谓的"兴趣"驱动，指的是教师的教学凭兴趣、爱好、感觉进行，说到底也就是他们喜欢这样教，这样教他们感到快乐，当然，他们的兴趣一定也是建立在学生的兴趣的基础上，即学生认可、肯定、欣赏他们的教学。不少教学主张实际上也就是名师的兴趣点或教学的长处。做事逻辑是相对于学理逻辑而言的。我们知道，教学是一门实践性很强的学科（专业），它遵循的基本上是做事的逻辑，正如一位很有造诣的高中教师在访谈时坦言："做事就是事先就有一种朦朦胧胧的感觉，大概往这方面去做，总不会太差，然后去做。做了以后，发现挺好，就继续往下做。有时候做做，发现做不下去了，就反思调整一下，然后再做。"① 这就是做事的逻辑，其本质是在做中学。

2. 演绎的路径

其特点是理论导向、"课题"驱动、学理逻辑。所谓的理论导向，也有两层意思，其一是基于理论，即名师的教学主张是从现成的理论中演绎过来的、借鉴过来的，或者说名师的教学实践验证了某个理论，当然也有的是名师们特别欣赏、信服某个理论，以至于将其作为自己的教学信念和教学主张。其二是为了理论，即名师通过基于教学主张的实践去拓展、丰富、完善相应的教学理论。所谓的"课题"驱动，指的是教师为了解决某个问题或参加某个课题而进行某项教学改革实践活动，从中提炼和形成自己的教学主张。我们在指导名师时，发现不少名师都有类似的经历，因为要做课题，他们阅读和学习了相关的理论，并参加了相关的培训，从而有了一定的理论储备。如果围绕课题的改革实践进展顺利、成绩明显，他们就会把课题持续下去，甚至作为自己的主攻方向。不少名师的教学主张就是来自课题的假设和相关的理论。所谓学理的逻辑，其内涵有二：（1）理论是先在的，外在的，不是自己慢慢琢磨出来的；（2）教师事先就有清晰的理论导向，而不是朦朦胧胧的感觉。教师的教学是理论引领下的实践探索。实际上，人所有的活动都存在"先定假设"（信念、经验、理论、学说），关键在于，这种先定假设的内容和性质是经验还是理论的，是清晰还是模糊的，是自觉（有意识）还是不自觉（无意识）的。这便是学理逻辑和做事逻辑的根本区别。

打个不恰当的比方，归纳的路径是先恋爱后结婚，演绎的路径是先结婚后恋爱。就教学主张的形成而言，归纳路径是一条日积月累、滴水穿石、内力积聚的发展道路，演绎路径是一条自觉、激进、短平快的发展道路。就教师专业的发展而言，既需要在平淡平实的教学生涯中被孕育、被滋养，又需要在头脑风暴的思维碰撞中被激发、被提升。从研究的范式

---

① 陈向明. 优秀教师在教学中的思维和行动特征探究 [J]. 教育研究，2014（5）：135.

说，归纳是内生式的，演绎是外缘式的。我们曾经邀请江苏的中学语文名师黄厚江和小学数学名师张齐华来给我们福建名师作教学主张的报告，黄厚江本色语文教学主张的形成是典型的归纳，他因此断言：没有 20 年的经验沉淀，不要跟我谈教学主张。张齐华的文化数学则是典型的演绎路径。他工作不到五年就提出自己的教学主张，之后坚定不移地围绕文化数学开展系列研究和实践，十年就形成相对成熟的体系。他因此断言：教学主张离青年教师并不遥远。实际上两条路径并不是截然分开、彼此独立的，而是相互交叉、你中有我、我中有你的关系。多数名师教学主张的形成走的是综合的路径，既有演绎又有归纳，关键在于适合各自的发展特点。

（二）教学主张提炼的视角

1. 学科的视角

中小学教学是按学科进行的，每门学科都有其特殊性，表现为学科的本质、性质、特点、功能和任务。著名教育家叶澜教授曾说："每个学科对学生的发展价值，除了一个领域的知识以外，从更深的层次看，至少还可以为学生认识、阐述、感受、体悟、改变这个自己活在其中，并与其不断互动着的、丰富多彩的世界和形成、实现自己的愿望，提供不同的路径和独特的视角、发现的方法和思维的策略、特有的运算符号和逻辑；提供一种唯有在这个学科的学习中才可能获得的经历和体验；提供独特的学科美的发现、欣赏和表达能力。"① 从教学来说，教师一定要"考虑所教学科的精神特质是什么，这样的精神特质对于学生的发展来说究竟意味什么。只有抓住所教学科的精神特质，才能真正彰显这门学科对于学生发展的价值。"② 学科性是教师提炼自己教学主张的基本视角和重要途径。很多名师的教学主张就是基于对学科特点、功能和精气神的深刻洞察、把握和领悟提炼出来的。如"语用语文""文化语文""感性语文""汉字文化导向的识教学""有思想的数学""智慧数学"等教学主张，它们分别从不同视

---

① 叶澜. 重建课堂教学价值观 [J]. 教育研究，2003 (5)：6.
② 徐祖胜. 论学科教学的个性化 [J]. 教育科学研究，2011 (5)：4.

角反映和彰显学科的精神内涵和价值追求。

2. 教育的视角

真正的教学都是教人而不是教书，语文教师不是教语文而是用语文教人，数学教师不是教数学而是用数学教人。各门学科的性质、任务有所不同，但育人、培养人的使命和任务是一样的，所以，人才是教育的共同对象。正如叶圣陶先生所言："我如果当中学教师，绝不将我的行业叫做'教书'。我与从前书房里的老先生，其实是大有分别的。他们只须教学生把书读通，能够去应试、取功名，此外没有他们的事儿了；而我呢，却要使学生能做人、能做事，成为健全的公民。我无论担任哪一门功课，自然要认清那门功课的目标，如国文科在训练思想，养成语言文字的好习惯；理化科在懂得自然，进而操纵自然之匙。同时，我不忘记各种功课有个总目标，那就是'教育'——造成健全的公民。每种功课犹如车轮上的一根'辐'，许多根辐必须集中在'教育'的'轴'上，才成为推进国家民族的整个轮子。"① 我们强调，"人是一切事物有意义和价值的源头。没有人就没有一切，无论何时，教育必须首先要去培养一个人，然后才是培养一个律师或医生，而不能相反。教育的最终目的是人性的实现，是让人成为人而不是把人变成工具"。② 它意味着教学主张的提出要符合教育教学规律和培养目标要求，体现教育教学的永恒价值和终极使命，不要为教育教学的一些表面现象和短期效应所迷惑。教育性是教师提炼自己教学主张的核心视角和主要途径，"真善美意韵的语文教学""人格语文""人文素养导向的历史教学""和谐教学：我的数学教学追求""科学素养旨趣的物理教学"等教学主张，都强调和体现以人为本的教育价值。

3. 儿童的视角

"教师既要有自己的学科专业，又应有超越学科的专业——'第一专业'。'第一专业'具有在先性、前提性、统领性和牵引性，这'第一专业'就是儿童研究。教师在'第一专业'发展中，逐步成为儿童研究者，

---

① 叶圣陶. 叶圣陶教育名篇 [M]. 北京：教育科学出版社，2007.
② 王建华. 论人类的教育 [J]. 清华大学教育研究，2014（4）：29.

成为儿童研究专家，以至于成为儿童教育家，这既是教学改革的走向，又是教师专业发展的伟大目标。"① 美国当代著名教育学家爱莉诺·达克沃斯明确指出：教学即儿童研究，儿童研究不仅是教学的基础和前提，而且教学本身就是一种儿童研究，教学过程就是儿童研究过程，儿童研究的目的是"诞生精彩的观念"。这里涉及两个问题，一是教师要研究儿童，研究儿童是怎样学习、思考和发展的，教学过程既是教师引导、组织儿童学习的过程，又是教师观察、研究儿童学习的过程；二是儿童的学习过程也是儿童自己的研究过程，这个过程绝不仅仅是学生接受书本和老师的知识和观点的过程，而且是学生发现知识和诞生精彩观念的过程。加拿大教育家马克斯·范梅南指出：教育学是迷恋儿童成长的一门学问。迷恋意味着教师对此是非常感兴趣的，而且达到了乐此不疲的地步。教师就喜欢琢磨儿童，把儿童都琢磨透了，教学自然也就得心应手了。儿童性是教师提炼自己教学主张的又一重要视角和途径。教学主张要反映儿童身心发展的特点以及体现儿童文化精神。"童韵语文""生动语文课堂""学语文""自主语文""童趣数学""快乐品德""儿童视角的品德"等教学主张就是从儿童视角和立场立意的。

教学主张的提炼还有其他视角和途径。就上述三种视角和途径而言，彼此也不是截然分开，而是相互融合的，只是侧重点不同。教学主张的提炼要有一定的高度，但也要防止大而空；要有一定的厚度（内涵），但也要防止泛而全。教学主张的文字表达要力求简洁、有力、富有个性。

第三节　教学主张的研究（理论和实践研究）

名师不仅要敢于、善于提出教学主张，还要围绕教学主张系统开展研究，我称其为名师的个人课题研究，它主要包括以下两个方面：

---

① 成尚荣. 教学的再定义及其变革走向 ［J］. 人民教育，2012（18）.

一、教学主张的理论研究——理论自觉

教学主张的理论研究类似于学者、专家的学术研究，它使名师研究区别于普通教师的所谓校本研究。理论研究的过程是理论思维的过程，是一种形而上的研究，恩格斯曾经精辟地指出："一个民族想要站在科学的最高峰，就一刻也不能没有理论思维。"① 理论思维就其内容而言是辩证思维，是与形而上学相对立的辩证法；就其形式而言，是理论化的思维，区别于形象化的思维，它凭借"理论"进行思维，是一种抽象思维，思维层次最高。把内容和形式综合起来，可以说，理论思维是理论化的辩证思维；从功能的角度，也可以说，理论思维是一种形成理论、发展理论的思维。所以说，理论的发展离不开理论思维，没有理论思维也就没有理论的发展。马克思指出："理论只要说服人，就能掌握群众；而理论只要彻底，就能说服人。"② 所谓彻底，就是抓住事物的根本。事物的根本就是事物的本质、规律、源头、起点。理论研究就是去寻找、发现事物的内在本性和客观必然性。就教学理论研究而言，就是要去揭示、提炼教学现象和教学问题背后的本质和规律。理论的生成来自实践的需求，这是就其发展源头和性质而言的，它并不意味着理论发展的每一步都要接受实践的检验，都要从实践中寻找依据，理论发展有其自身的逻辑和路径，这是理论工作者和理论研究的价值和意义所在。中小学名师的教学理论研究就是对自己教学主张的理论论证，它要求教师暂时搁置自己的实践和经验，在理论的高度和轨迹上进行系统和抽象的论证和阐明，从而将自己的教学主张阐明得深刻、清楚、丰富、有逻辑性、有思想性。这个过程对一线的教师是个巨大的挑战，但名师必须接受这个挑战，并在此过程中实现自我突破、自我超越、自我提升，才能从普通教师走向教育家。

---

① 马克思，恩格斯. 马克思恩格斯全集（第20卷）[M]. 中共中央马克思恩格斯列宁斯大林著作编译局，编译. 北京：人民出版社，1982：384.
② 马克思，恩格斯. 马克思恩格斯全集（第1卷）[M]. 中共中央马克思恩格斯列宁斯大林著作编译局，编译. 北京：人民出版社，1982：9.

1. 理论研究的基本方法是文献研究法

巧妇难为无米之炊，任何研究都必须以占有一定的文献资料为前提。名师必须根据自己的主张和问题全面、完整地收集相关资料，并进行分类和整理。作为一种研究方法，文献研究主要要解决两个问题：第一，了解别人对同类问题研究的成果、观点、结论。就名师研究而言，就是了解和检查自己的教学主张是否与其他名师有相同或相近、相似之处，如果有，就要进一步考虑观点、想法和角度、立论是否不同？从研究的角度讲，必须有不同点，必须有自己的新意和发展，才有研究的必要。如果发现自己的主张和问题人家都提出了、研究了，而且成果达到了很高的水平，就没有必要重复。必须重新确立新的教学主张和研究问题了。第二，通过对所收集资料进行由此及彼、由表及里、去粗取精、去伪存真的分析加工和比较研究，获取对自己的主张和问题最有价值的论据和素材。这是一个使资料个性化和课题化的过程，这个过程不仅是对别人的研究成果进行评判和吸收的过程，也是对自己的观点和想法进行修改、丰富、更新、完善的过程。实际上，很多研究成果和结论都是在这个过程中形成的。对教师而言，资料的引用需要强调两点：一是间接引用，即对资料进行加工后引用，先理解再内化，之后用自己的语言表述出来：二是直接引用，即直接把人家的观点或成果引过来，直接引用要引用相对权威的资料（包括作者和刊物），以增强可信度。间接引用的资料，应列为参考文献；直接引用的资料，务必注明出处。这样做一是对别人劳动成果的尊重；二是告诉读者本研究是有根据的，不是孤家寡人的自说自话；三是方便别人按图索骥，找到有关文献。

2. 理论研究的基本过程（思维活动）是"进行论证"

它意味着拿出一组理由或证据来证明、论述、阐述一个结论或一个观点（即教学主张）。怎么论证才有说服力？第一，理论性。理论要的就是一个"理"字，写论文就是要以理服人，讲道理，解释原因，使人信服。它不同于一般的教学文章特别是教学经验总结，更多注重的是经验和做法的罗列和陈述。列宁曾在《哲学笔记》中强调说："罗列一般的例子是毫不费劲的，但这是没有任何意义的……如果不是从全部总和，不是从联系中去把握事实，那么事实就只能是一种儿戏，或者甚至连儿戏都不如。"①
总之，论证一定要从现象中揭示本质，从感性上升到理性，并要把这个
过程的机制和思维展现出来解释清楚。我们来看一个案例：A. 我的大部
分思想开放的朋友都读了很多书；我的大部分思想不那么开放的朋友就
不是这样。我总结认为，阅读使人思想开放。B. 我的大部分思想开放的
朋友都读了很多书；我的大部分思想不那么开放的朋友就不是这样。你
读得越多，你就越有可能遇到新思想的挑战，你对自己思想的坚持就会
被削弱，这种说法是有道理的。阅读还把你从日常生活中解放出来，向
你展示生活的多样性和多面性。因此，阅读使人思想开放。② A 段就是典
型的观点加例子，说服力不强；B 段因为有解释、说道理，解释力就强
多了。第二，逻辑性。思想是自由的，它唯一的限制是内在的逻辑，没
有逻辑的思想是胡思乱想。如果说理论性要求论证要有理论观点，要言
之有物，那么逻辑性就是要求论证要言之有序。从外在的角度说，序是
事物的结构形式，指事物或系统组成诸要素之间的相互联系，它是事物
运动、变化、发展的规律的体现，是我们认识和把握事物的轨迹和线路
图。从内在角度讲，序指人的思维的完整性、条理性、严密性以及推论
的合理性、证伪的科学性。值得强调的是，论文需要严密的推理和论证，
不可能像散文活泼和洒脱，理论的深度和厚重也恰恰在于它的逻辑推导
和论证。我们来看一个案例：请思考伯特兰·罗素的这则短论：道德缺
陷与智慧不足同为世间罪恶之根源。但人类迄今尚未发现根除道德缺陷
之法……反之，智慧之提升并非难事，所有合格的教育者皆通此道。因
此，在人们发现传授道德的方法之前，世界的进步源自智慧之增益，而
非道德之改观。这一段中的每一句都为下一句做铺垫，然后下一句又顺
理成章完成了自己的任务。总之，你会觉得它的思路和逻辑特别顺畅，
读起来很轻松。假设罗素是这样论证的：道德缺陷与智慧不足同为世间
罪恶之根源。在人们发现传授道德的方法之前，世界的进步源自智慧之

---

① 列宁. 列宁全集（第28卷）[M]. 中共中央马克思恩格斯列宁斯大林著作编译局，编
译. 北京：人民出版社，1990：279—280.
② 安东尼·韦斯顿. 论证是一门学问 [M]. 卿松竹，译. 北京：新华出版社，2011：66—67.

增益，而非道德之改观。智慧之提升并非难事，所有合格的教育者皆通此道。人类迄今尚未发现根除道德缺陷之法。同样的前提和结论，但排列顺序不同，读起来就很费劲，理解也难得多。可见，逻辑就是最佳的顺序排列和最清晰的思路表达。①

3. 理论研究的基本内容和核心要点

（1）教学主张的概念和内涵界定。

提出一个主张意味着提出一个或若干个概念，很多研究都必须从概念界定开始，界定概念的内涵和外延，将其作为课题研究的对象和内容。名师提出一个主张，例如"理性语文""文化语文""真语文""魅力语文""意义语文"，首先得告诉并让别人知道"理性""文化""真""魅力""意义"指什么。概念内涵清晰、外延明确，论证和交流才会在同一对象上有深度、有逻辑地展开。否则，交流和研讨都是不可能的。关于概念的界定，有必要强调两点：第一，要基于概念的本意，任何概念都有自己的本质内涵，它是在历史的过程中形成的人类共识，名师的概念解读要以此为出发点和起点。第二，要有自己的新意，名师对教学主张及其概念没有自己独特的见解、看法和感悟，这个主张及其研究就没有多大的价值和意义。名师一定要善于从不同角度和方面去挖掘、揭示和阐述概念的内涵，这是将主张陈述得丰满和厚实的逻辑前提。

（2）教学主张的理论基础和依据。

理论基础是某种主张、某种观点立论的理论依据。任何新主张、新观点都不可能是凭空产生的。名师的教学主张、观点的提出和发展同样有其理论基础。教师在提出教学主张的同时，一定要从哲学、认识论、心理学、教育学等学科去寻找立论的依据。理论基础就像房屋的地基，它虽然看不见，但却支撑着房子。名师的研究也要告诉人家教学主张的立论依据，从而让人信服。关于理论基础与教学主张的关系，我们要特别强调"有机性"三个字。有机性指两者之间的关系是内在的，就像地基与房屋是一体的而不是拼凑的。名师一定要把教学主张最直接、最核心的理论基

---

① 安东尼·韦斯顿. 论证是一门学问［M］. 卿松竹，译. 北京：新华出版社，2011：6—7.

础找出来、挖出来，务求准确、简洁、到位，并把两者的内在的逻辑联系揭示清楚，使其成为一个有机的理论体系。

（3）教学主张的具体观点和内容。

这是名师研究的中心任务。概念界定和理论基础的寻找只是研究的前奏和起点，教学主张的观点和内容的展开才是研究的重头戏。我们接着上面的例子来说，名师提出"理性语文""文化语文""真语文""魅力语文""意义语文"的教学主张，不仅得告诉人家这些概念的内涵是什么，教学主张提出的依据是什么，更重要的是还得告诉人家你提出的教学主张究竟包含哪些具体观点和内容，显然，这才是论文的主体和中心。教师一定要根据教学主张研究的主题、概念内涵和理论基础，从学科教育教学的不同方面和角度去挖掘、构建、提炼教学主张的核心要点，并加以系统阐述，使其成为一个结构和体系。所谓"横看成岭侧成峰，远近高低各不同"，对一个问题要从尽可能多的角度去思考，才能认识更全面、更透彻、更有新意。例如，"理性语文""文化语文""真语文""魅力语文""意义语文"，分别是以"理性""文化""真""魅力""意义"为主题、为主线而形成和产生的具有丰富内涵的语文教学理论（语文教学体系）。正如我们在论证部分所提到的，对教学主张的每个具体观点的写法，一定要说道理，进行理论阐述；对不同观点之间的关系，一定要讲逻辑，体现结构性和整体性。

二、教学主张的实践研究——实践意识

教学主张的实践研究本质上就是中小学教师的行动研究，它使名师研究区别于专家、学者的学术研究。实践研究就是行动研究，是一种形而下的研究，其特点一是为行动而进行的研究，即为了解决教育教学的实际问题而进行的研究；二是在行动中的研究，即这种研究不是在书斋里进行而是在教育教学实践活动中进行的研究；三是对行动的研究，即这种研究的对象和内容就是行动本身。行动研究把教学和研究合二为一，在教学中研究，在研究中教学，教学与研究"共生互补"，通过行动研究不断提升教学的品质、水平、境界。对名师而言，理论研究是上天的研究，行动研究

是入地的研究。上天让我们有开阔的视野和理论的高度，把自己的教学主张看透彻、想清楚；入地让我们有务实的态度和实践的精神，让自己的主张生根、开花、结果。名师的教学实践是一种研究性的实践，即基于自己主张的实践，所以对名师而言，课堂就是实验室，是自己教学主张、教学理想的实验室，通过实践，不断地实现自己的主张和理想，同时也不断地改进、丰富和完善自己的主张和理想。这样，教学就不是一种机械、重复、繁琐的生活，而是一种充满生气和乐趣、值得过的本真的生活，这种教学和生活会不断地创造出意义和价值。

名师的实践研究的主要内容包括：

1. 教学主张的教材化研究——使教学主张有根有源

教材是知识的载体，是课堂上学生学习的主要客体和对象，课堂教学就是要解决教材与学生的认识矛盾（差距），没有教材或不依赖教材的课堂，教学就会失去方向，失去内涵，质量也就没有了依托，没有了根基。所以教师对教材钻研的深度、角度，以及从教材中解读出来的意义和内容，就成为了决定课堂教学水平与质量的前提和关键。现在，有些课堂花样很多，形式也很活泼，却有温度没有深度，有内容没有新意，原因就在于对教材研究不够、解读不深。名师对教材的研究和解读首先要达到一些基本的共性的要求，如，能够全面准确地理解教材的本质和本意，把握教材的精髓内容和难点重点，融会贯通，把教材内化为自己的东西，真正做到"使其言皆若出于吾之口，使其意皆若出于吾之心"。但是，对名师而言，仅仅做到这些是不够的，还要达到更高的要求：见解独到。独到者，独具慧眼也，名师对教材要有真知灼见，能够于平凡中见新奇，发人之所未发，见人之所未见。从而能够化枯燥为生动，化共性为个性，化腐朽为神奇，化平庸为智慧。这个过程就是名师教学主张的教材化过程，教学主张作为名师思想和智慧的结晶，是名师钻研和解读教材的独特视角，是名师发现、挖掘教材新意的探测器。名师要用主张来统领、解读教材，这是给教材注入、渗透主张、思想、智慧的过程，使教材个性化、生命化；与此同时，不断从教材中挖掘和提炼出体现和反映教学主张的内容和意义，使主张变得厚重、丰富，有根有源。从研究的角度说，为此要做到以下三点：第一是显性化，即把教学主张的内容和意义从教材的隐性存在变成显性存在。名师教学主张的内容和意义一定是教材（学科）所内有的或内含的，但一般不是教材自身的主线和明线，通常是暗含的，名师钻研和分析教材就是要将其显性化，变成教学内容的明线。第二是结构化，即把教学主张的内容和意义从教材的零散存在变成系统存在。它要求名师把不同学段、不同单元、不同章节、不同课文里所蕴含的教学主张的内容和意义，按照某个思路和线索串联起来，使其成为一个结构和系统。第三是彰显化，即把教学主张的内容和意义从教材的微弱存在变成强大存在。名师具有特殊的眼力，能够发现教材中关于自己教学主张的细微东西，并将其放大，使其成为亮点。

2. 教学主张的教学化研究——使教学主张看得见、摸得着

教学主张不仅要进入教材，还要进入教学。所有的好教师都能凭借自己的教学智慧和教学经验，娴熟地运用各种教学方式方法、技能技巧，灵活地驾驭课堂，使教学取得明显的效果并达到较高的水平。名师也不例外，课上得好是名师的基本功，擅长教学是成为名师的必备前提。但是，名师的教学还有更高的要求：从外在的表现来看，是个性和风格；从内在的要素来看，是主张和思想。教学主张的教学化研究，简单说就是要用教学主张作为教学的导向，并将其融入教学实践的每一个"毛孔"，使名师的教学活动"烙上"自己的个性，进而形成自己的风格。著名特级教师于漪说得好："教出自己个性的时候，才是学生收获最大的时候。"[1] 教出风格的时候，也是名师成熟的时候。真正的名师一定是教学艺术家，而风格正是作为艺术家的名师特有的，是其在教学活动中一贯表现出来的"韵味""格调""风貌"。风格是一种境界（不是一个特征），它是教师教学特长中的特长，是教师对某种教学技艺的精益求精、千锤百炼以至于达到炉火纯青的程度，是一种令人叹为观止，甚至望而生畏的境界。这也是名师的神奇和魅力所在。值得强调的是，名师的个性、风格一定要与自己的主张和思想相融合，一脉相承。否则，个性和风格可能会变成没有内核和

---

① 于漪. 滋润心灵的文化［M］. 太原：山西人民出版社，2011：181.

精神的空壳，中看不中用的花拳绣腿。从教学主张的内容来看，有的主张直接指向教学活动本身，如"自主语文""学语文"，这样的主张本身就是从教学活动中提炼出来的，很容易转化为特定的教学方式、程式，形成一种基于教学主张的教学模式。相对而言，这样的名师及其主张可学性很强，推广价值大。有的主张不是直接指向教学活动，而是指向学生和学科的，这些主张是从学生和学科角度立意的，如"童趣数学""文化数学""儿童品德""生活品德"；还有的指向人类终极价值追求和目标，从哲学、伦理学、美学等视角立意的，如"易语文""善语文""美语文"。这些立意相对高远的主张就不那么容易转化为可操作性强的教学方式和模式，因为它们与教学实践的距离较远，也可以说这些主张的价值更多是精神性的，而非物质性和可操作性的，我们很难从中抽象出一种大家都能效仿的、普遍的教学模式。没有落地的主张不就成了空中楼阁了吗？所以，教学化研究的重点难点就在于要把这些立意相对高远的主张转化为教学实践的要素、表现、特征，让人家从你的课堂依然可以看出背后的主张。

3. 教学主张的人格化研究—— 使教学主张名师化、精神化

教学主张不但要进入教材、进入教学，还要进入教师本人，成为教师人格的一部分和特征。名师的主张不仅通过教材、教学表现出来，还要通过名师自己的生活和为人表现出来，这样才更令人信服。设想，一位主张民主教学的教师，为人却非常霸道；一位倡导合作教学的教师，自己却从不跟同事合作，结果会怎样？这种没有身体力行的主张还有意义吗？教学主张的人格化研究使名师的研究不同于一般的课题研究，一般的课题研究结题了，任务就完成了。名师的人格化研究也即个人的人格修炼则是永无止境、至少是难于结题的过程。提出简约数学的江苏名师许卫兵曾告诉笔者，自己研究简约数学，不仅数学变简约了，课堂变简约了，自己生活也变简约了，做人也变简约了。现在当了校长，也要把学校变得简约。我们福建的名师林辛提出魅力语文的教学主张，她也要求自己不仅课要上得有魅力，人也要变得越来越有魅力，作为校长，还要让学校充满魅力。显然，做一个简约的人、做一个有魅力的人，是需要一生的修炼的。我们知道，教学主张从本质上讲就是名师独特经历、探究、体验、感悟、阅读、

思考而形成的对教学的见解、思想，简单地说也就是名师的教学观。人格化研究就是要把这种教学观进一步升华为名师的人生观、价值观，并转化为名师的思维方式、行为方式和生活方式。真正的主张包含名师个体的价值、信念、热情，与人的血液、神经、灵魂融为一体，是名师的一种性格、一种气质、一种作风。强调教学主张的人格化研究也意味着，名师的教学要达到以人教人的境界，名师不仅要凭知识、技能、技巧、才艺、智慧教育学生，更要用自己的人格引领学生。唯有人格才能塑造人格，名师不仅要成为教学艺术家，更要努力成为学生的人格楷模。

第四节　教学风格的意义

相对而言，教学主张是教师教学理论思考成熟（思想成熟）的标志，教学风格则是教师教学实践探索成熟（经验成熟）的标志。"风格"一词被广泛地用于一切艺术领域，用以说明艺术作品达到高度成功时方具备的重要标志。[①] 教学既是科学活动，又是艺术活动。作为一种艺术活动，教学风格是其最高境界。

一、教学风格的内涵与特性

教学风格作为一顶标志着教学艺术高度成熟的桂冠，"是教师在长期教学艺术实践中逐步形成的，富有成效的一贯的教学观点、教学技巧和教学作风的独特结合和表现，是教学艺术个性化的稳定状态之标志"[②]。对教学风格的认识需要强调三点：

第一，教学风格属于教学艺术的范畴，是教学艺术家所特有的、在教学活动中一贯表现出来的"韵味""格调""风貌""气质""思维"，这些因素在绝大多数的课堂教学中稳定、持久地散发出魅力，对学生产生积

---

① 李如密. 教学风格论［M］. 北京：人民教育出版社，2002：23.
② 李如密. 教学风格初探［J］. 教育研究，1986（9）.

极、正向的巨大影响。教学风格形成的根本途径是教师对教学艺术的不断追求和自觉探索，"做一天和尚撞一天钟"的教师绝对与教学风格无缘。王国维曾描述读书治学的三种境界：一境，昨夜西风凋碧树，独上高楼，望尽天涯路；二境，衣带渐宽终不悔，为伊消得人憔悴；三境，众里寻他千百度，蓦然回首，那人却在灯火阑珊处。可见，练就自身独特的教学风格，非经过一番艰苦卓绝的努力不可。

第二，教学风格体现了教师的教学个性，教学个性是指教师个人的兴趣、爱好、情感、意志、才能、思维、语言、性格、气质等诸因素在教学过程中的反映。但教学个性并不等于教学风格，只有在长期的教学艺术探索和追求中，"教师主体个性在教学观点、教学方法、教学作风等的结合体在教学实践中显示出成熟的、科学的、较为稳定的风貌特征"的时候，我们才可以说，这名教师的教学达到稳定的个性化，即形成了自己的教学风格。反过来说，"成熟的教学风格往往能够体现一个教师独特的审美情趣、思维方式，以及气质、素养等个性因素。这些有利因素能在绝大多数的课堂教学中得以稳定、持久地发挥。因此，教学风格的形成有赖于一种稳定的心态或心理定势。一旦这种心理定势在教学过程中成为一种惯性运动，以潜在的思维规范引领着教学活动，并在教学活动中留下轨迹，那么，教学就从'有技巧'走向了'无技巧'的境界，从必然王国走向了自由王国，也就使自己的教学风格更加成熟。"①

第三，教学风格是富有成效的，有效性是检验教学风格的实际标准。由于形成教学风格的各种主客观因素的不同，尤其是教师个性和教学个性的差异，不同教师的教学风格千姿百态，但富有成效是所有教学风格的共性，不同的教学风格都渴望创造性地完成教学任务，高质高效地促进学生的发展。

教学风格一旦形成，将在课堂教学的各个方面都稳定地表现出其本质特征——独特性，主要表现在以下几个方面：

首先，独特的内容处理。对于整个教学内容，教学风格不同的教师，

---

① 王涛. 我的风格，独特并合适着 [N]. 中国教育报，2010 – 12 – 10 (7).

其处理方式也不会相同。如对教学内容的选择，难与易、深与浅、轻与重、多与少、精与博、繁与简、详与略、理论与实际、抽象与具体、一般与个别，各有侧重和偏爱。对教学内容的组织，有的喜欢以原理为中心，即先陈述本节课的中心论点（某一原理），然后提供证明或阐述中心论点的材料，如解释、类比、例证、统计和论证等，最后用得出的结论来总结并复述这个基本观点；有的喜欢以问题为中心，即先提出和确定有意义的问题，然后逐次提出问题解决的标准，以及可供选择的解决办法，最后根据标准作出评价。在各种解决办法中作出问题解决的决定。有的侧重反映教材本身的"序"，即自身知识传授、能力培养的节奏；有的强调学生认识的"序"，即学生有意义学习的条件和过程。对教学内容的落实，有的善于归纳概括，变零为整，总体把握；有的长于逐层推理，化整为零，逐个突破；有的巧排难点；有的善抓关键。总之，教学内容是教师对教材进行再创造的结果，教师的教学风格使教学内容成为染上鲜明个性色彩和附加上各种可感因素的具体形象。

其次，独特的方法选用。不同风格的教师常选用不同的教学方法来实现教学内容与学生认知结构之间的沟通，正像魏书生所说的："教学不能像浇铸标准件，非有一个模式不可，教学方法必须千姿百态，百花齐放。艺术的生命在于改革，在于创新，在于各显情态……应该是条条道路通罗马，而不是自古华山一条路。"① 正是对教学方法的不同选用，才有助于不同风格的教师扬长避短，最大限度地发挥自身的特长和优势。进一步地说，对于已形成教学风格的教师，他所选用的任何教学方法都是个性化的，是"他的方法"，而不是教育学教科书里的方法，所以即便同样的方法（如讲授法、发现法、讨论法、实验法等），在不同风格的教师身上也是"各显情态"的，这是方法选用独特性的第二层含义。

再次，独特的表达方式。教学的表达方式，可分为语言表达和非语言表达。语言表达可分为口头语言表达和书面语言表达（板书），非语言表达可分为实物演示表达和教态表达。不同风格的教师在教学的表达方式上

---

① 赵伟士. 对魏书生教学改革经验的研究 [J]. 教育研究, 1992（3）.

同样各具特色、各有千秋。如口头语言表达，有的优美动听、生动形象，富有感染力和鼓动性；有的层次分明、逻辑严密、论证有力；有的干脆利落，明快简短；有的柔和委婉，平易流畅；有的出语不凡，善于诱发，好用激将，常常如同撞钟，令你清音不绝于耳，思绪萦绕不断；有的幽默风趣，妙语迭出，常引得学生忍俊不禁，笑声频繁，让学生在轻松的气氛中领悟深刻的哲理，步入知识的殿堂。在板书上，就形式而言，有的爱用提纲式、表解式；有的喜用图示式、表格式。就时机而言，有的习惯先讲后书，有的喜欢先书后讲，有的则是边讲边书。就内容而言，有简要型的，也有详细型的。至于演示操作、表情、手势、眼神等，更是深深地打上了教师的个性烙印。

最后，独特的调控手段。课堂教学的调控能够保证课堂教学沿着轨道有序前进。不同风格的教师调控的手段也各不相同。如有的善于用情感调控课堂，这类教师讲课时面容和蔼可亲，态度温和谦恭，"传道、授业、解惑"不厌其烦，对课堂上偶然出现的不遵守纪律的现象或者回答不尽如人意的情况能够动之以情、晓之以理，耐心引导，课堂气氛轻松、祥和，学生感到教师可亲可敬，乐于接受教师的教诲。有的善于用理智调控课堂，这类教师讲课时神态严肃稳重，有长者风度，对学生要求严格，强调扎实严整的课堂秩序，如果发现违纪现象或不专心学习的情形，会板起面孔严肃批评，但批评合情合理，没有任何挖苦讽刺，是一种激励性的批评，学生可真实地感受到教师对自己的认真负责，故乐于接受教师的教诲。有的善于用情境渲染调控课堂，这类教师讲课表情生动形象，善于创设情境，长于鼓励与感染，使课堂气氛生动、活跃，从而使学生在课堂上能够保持旺盛的求知欲和持久的注意力。

无论内容处理、方法选用，还是表达方式、调控手段，不同的教学风格在课堂教学中的表现是各具特色的。这些风格特色都是教师智慧的花朵、个性化的标志、创造性劳动的结晶。

总之，教学风格是教师个性化、创造性劳动的产物。要形成教学风格，第一步，在文本解读、教材理解方面，一定要见人之所未见，思人之所未思。不能对常规的教学内容产生个性化的解读，就永远不可能形成自己的教学风格：创造性地理解教材，是形成教学风格的前提和基础。第二步，对教材有了个性化的解读和发现，还要创造个性鲜明的方法将其传递出来。第三步是语言。我们天天在教课，天天在说话，有必要反思一下，自己的语言究竟有什么特点、什么风格？是像薛法根那样幽默风趣，还是像王雷英那样温言细语？是像于永正那样朴实无华，还是像王崧舟那样激情洋溢？我们一定要反思，一定要发现，一定要找到自己语言的特点。一旦你找到自己的语言特点，沿着这个方向往前走，不停顿，慢慢地，就会形成自己的风格。①

"风格是什么？风格首先是一种艺术范畴的东西，它是一种艺术而不是技术。凡是艺术的都是个性化的，凡是艺术都是创造性的，凡是艺术都是唯一的。什么是技术，凡是技术的都是可以复制的，都是可以克隆的。比如，把一位名师的教案：他的教学思路，他的教学策略，甚至他的每一句话、每一个动作，都拷贝给另外一个老师，让这个老师完全照搬，但上出来的课堂完全不同。这说明了老师的教育教学工作，有着非常强烈的个人色彩，它是建构在个性化基础上的。因此，案例教学这种研究方式对于教师而言，就不像对于工程师那样效果好。因为艺术是不可复制的。"②

二、教学风格的若干关系

（一）教学风格与教学思想

"独特性是风格具有本质性的特征，而独特性的背后是思想性，抑或是思想的独特性。别林斯基认为：思想是风格的血液，风格是思想的雕塑。这一论述相当深刻。确实，风格不是面具，更不是空壳，只有当思想的血液在风格里流淌的时候，风格才会有内涵，才会有深度，也才会像雕塑一样矗立在教室里。因此，追求并形成教学风格，不只是一个纯粹的艺术问题，更不是一个技巧问题，而是教育思想不断积淀、消化、内化的过程，是不断锤炼自己思想的过程。思想的深刻，才会带来风格内涵的厚

---

① 李振村. 风格，离普通教师有多远［J］. 人民教育，2010（23）：44.
② 同上.

度；思想的张力，才会带来风格的意蕴与魅力；思想的鲜明性，才会带来风格的独特性。因此，从锤炼教育思想出发，才可能避免为风格而风格的现象，也才能克服风格的浅表与平庸。"①

如果背离了正确的思想指导，只是在某种形式和方法上"东挪西借""花样翻新"，甚或争奇弄巧，哗众取宠，则是"穷困"的教学，或者叫"教学游戏"，势必迷失方向，误入歧途。教学风格的创立者，多是一些富有思想的优秀教师。只有思想、精神丰富，才能创立意蕴深邃的教学风格。②

"问题在于，何为教育思想的鲜明性？我以为，教育思想的鲜明，非常重要地表现为教师个体对教育、对课程、对学科、对教学有自己独特的见解，我将其称之为教学主张。教学主张是教育思想的个性化、具体化，是学科教学的核心理念。"③

（二）教学风格与教学模式

教学风格属于教学艺术的范畴，教学模式属于教学科学的范畴。凡是艺术，都是个性化的，而科学追求的则是普适性。从知识论的角度说，教学风格是教师的个体知识，教学模式是教师的公共知识。艺术追求个性、崇尚风格，科学则追求共性、崇尚标准。教学模式是科学化的思维产物，"所谓教学模式，指的是教学过程的基本结构或典型形式，它是一个实践概念。任何实践总要表现为一定的过程。任何一种实践活动的过程，总有它的基本结构或典型形式。合理的过程结构形式是客观规律的正确反映，也是正确的实践理念或实践原则的反映。"④

"教学模式的实践价值在于它的简约性和可模仿性。简约性是指教学模式舍去了复杂的教学过程中一些具体的、次要的、非本质的东西，而抽象出主要的或本质的东西，或者说教学模式是用简约的方式反映教学过程。可模仿性是指人们可以按照教学模式所提供的基本框架进行实践操

---

① 成尚荣.教学风格：独特性与思想性［N］.中国教师报，2013-12-11.

② 李如密.教学风格论［M］.北京：人民教育出版社，2002：31—33.

③ 同①.

④ 吴格明.新课程并不否定教学模式——兼与刁瑞珍先生商榷［J］.语文建设，2005（2）：7.

作。正因为它简约，所以便于把握；正因为它可模仿，所以便于操作，有再生的实践价值。"①

客观地说，教学需要模式，教学模式对保证和稳定、提高教学质量有重要的价值。但是，任何教学模式都有其特定的对象和适用范围，一旦对象和范围泛化，它就容易固化成教学套路，反过来束缚教师的创造性教学活动。总之，教学要模式但不要模式化，模式化意味着绝对化，绝对化必然脱离实际，脱离学生、学科、教师的实际，教学就会陷入死胡同。

教学风格和教学模式属于不同的范畴，是从不同角度揭示教学特性的两个概念，它们之间是交叉关系，而不是非此即彼的关系。从教师个体角度而言，一名教学成熟的优秀教师往往既有自己的教学模式又有自己的教学风格，教学风格往往渗透和表现在教学模式之中。相对而言，教学模式可复制性强，教学风格可模仿性弱。

擅长课堂教学是教学名师存在的根本所在。在不断高效地开展教学活动的过程中，教学名师逐渐以自己特有的教学模式将教学的科学性和艺术性有机地结合在一起，使教学活动"烙上"自己的个性，进而形成自己的教学风格。

（三）教学风格与教学流派

所谓教学流派，是指一些教学主张相近、教学风格相似的教师在教学艺术实践中自觉或不自觉、正式或非正式地结合在一起，并在一定范围内产生影响的教学派别。显然，"教学风格是形成教学流派的基础和先决条件。只有许多教师拥有某种教学主张，形成某种相似的教学风格，才能具有创立某种教学流派的基础和条件。同一教学流派中的不同教师的教学，在教学风格上总有这样或那样的近似、一致，才能形成特定的教学流派。所以，不同教师教学之间风格的近似、一致，乃是形成流派的决定性因素，正是在这一意义上，我们说教学风格决定教学流派的形成。但是，教学流派和教学风格二者之间又有明显的区别，不能相互混淆。教学流派侧重于一个具有相似的教学理论和实践主张构成的教学研究共同体，而教学

---

① 吴格明.新课程并不否定教学模式——兼与刁瑞珍先生商榷 [J].语文建设，2005（2）：7.

风格则主要侧重在颇有某种教学个性、审美情趣的教学理论家和教师个人。不能说有相同的和相似的教学风格的教师就一定可以形成教学流派，但是同一教学流派之中的教学理论家和教师的教学风格基本上是一致的。教学风格是属于个人的属性，而教学流派是属于集体的共性，是某种教学风格趋于成熟的凝结物。或者说，教学风格闪现着教师个体的创造精神，教学流派集结着教师群体的创造力。"① 如果说教学风格是一名教师个体的精彩独唱，那么教学流派就是一个教师群体的默契合唱。

（四）教学风格与教学魅力

教学魅力，是由教师的教学功力引发出来的一种内在的、持久的、强大的教学吸引力。是教学科学性、艺术性的集中体现，是教师教学的一种理想的追求。② 对学生而言，有魅力的课就是有吸引力的课，就是自己喜欢的课。

教学风格不仅是有效的，而且一定是充满魅力的。相对而言，有效是指学生在认知、学业上的收获，有魅力是指对学生情感、心灵产生的影响。影响教学魅力的因素是多方面的、复杂的，但从教师个体而言，真正的教学魅力一定源自教师的教学风格，只有形成别具一格、独树一帜的教学风格，教师的教学才有永恒的魅力。"教学魅力从来不是源于标准的无可挑剔的教学方法和流程，从来都是来自充满个性的教学风格。"③ 雕塑艺术家罗丹曾精辟地指出，在艺术中，有风格的作品才是美的。在教学中也可以这么说，有风格的课堂教学才是美的。正如雨果所说：没有风格，你可以获得一时的成功，获得掌声、热闹、锣鼓、花冠、众人的陶醉的欢呼，可是你得不到真正的胜利、真正的荣誉、真正的桂冠。可见，风格是成熟、成功的原因和标志。④ 总之，从教师个体角度讲，教学风格就意味着教学魅力，反过来说，不存在没有教学魅力的教学风格，正如不存在无效、低效的教学风格一样。从学生的角度讲，有教学魅力的课堂一定是充

---

① 李如密．教学风格论［M］．北京：人民教育出版社，2002：121—122.
② 吕渭源．教学魅力散论［J］．教育研究，1990（5）.
③ 时凯风．教学的风格与魅力［J］．教育科学研究，2014（4）：1.
④ 成尚荣．追求教学风格［J］．基础教育课程，2010（5）：1.

满乐趣、艺术、惊奇、笑声、欢乐、灵性、顿悟的课堂。教学魅力往往表现为"茅塞顿开""豁然开朗""悠然心会""深得吾心",表现为"怦然心动""浮想联翩""百感交集""妙不可言",表现为心灵的共鸣和思维的共振,表现为内心的澄明与视界的敞亮。

教学风格的三则案例

—①

比如说第一位老师,宁波广济中心小学的陈君老师,她一出示课题,我就大吃一惊。这样一个邻家女孩般的老师,居然选了一首《诗经》里面的诗:"采采芣苢,薄言采之。采采芣苢,薄言有之。采采芣苢,薄言掇之。采采芣苢,薄言捋之。采采芣苢,薄言袺之。采采芣苢,薄言襭之。"对这首成人读来都有些吃力的诗,该怎么驾驭?我第一个反应是课文的选择有问题,但是接下来的课真的让人大吃一惊。怎么评价她呢?我用几个词语来概括:"谦谦陈君,温文尔雅;举重若轻,化繁为简;一咏三叹,复环回沓;绕梁三日,余音袅袅。"什么意思?陈老师的讲课风格温文尔雅,江南细雨一般,对艰涩难懂的诗借鉴"二重唱"的方法,让孩子们用一唱一和、一唱多和的方式,读出了味道,读出了感觉。陈老师抓住了诗的本质,抓住了诗的特征,运用了适合这首诗本质和特征的方法——唱和的方法来教学,真是妙不可言。因为这首诗最大的特点是反复和重叠,在"采采"和"薄言"的不断反复重叠中,在六个动词的变化中,简单明快、往复回环的音乐旋律跃然纸上,采芣苢的妇女满载而归的快乐心情呼之欲出——情绪借诗歌的节奏生动传达出来,所以清人方玉润说:"读者试平心静气涵咏此诗,恍听田家妇女,三三五五,于平原旷野、风和日丽中,群歌互答,余音袅袅,若远若近,忽断忽续,不知其情之何以移,而神之何以旷。"

---

① 李振村.风格,离普通教师有多远 [J].人民教育,2010 (23):41.

二①

秦岚老师没上课之前，我和校长坐在一起，她跑到校长跟前请教耳麦的问题，我还以为这是一个小服务生。一会儿她登上讲台，我吃了一惊，一个中学生模样的女老师，选的课更吓人：陆游的爱国诗，而且是陆游61岁到81岁的爱国诗。一个嫩芽般的小女孩，要驾驭61岁到81岁这个年龄段的老者，在苍凉的岁月里书写下的沉重压抑的诗行，这该是一件多么难以完成的重任。我想，她选李煜"问君能有几多愁，恰似一江春水向东流"还差不多，"红豆生南国，春来发几枝"之类的爱情诗也行，但她恰恰选择了陆游的爱国诗，当时我觉得这公开课也有问题。

但是，秦老师在上面一板书，纤细的手指出来的字让人惊叹，那真是金戈铁马气吞万里如虎一般，非常有硬度，非常有气势，非常有力量，几行板书一出，让人刮目相看，摇身一变，小女子变成了花木兰，阳刚之气扑面而来。怎么评价她这节课的风格呢？"少年老成，举止从容；沉郁顿挫，进入角色；拓展阅读，视野开阔；课堂引导，话语挺多。"少年老成，举止从容——秦岚虽然年轻，但驾驭陆游的爱国诗举重若轻，课堂调控从容不迫，有条不紊，井然有序，有大将风范。沉郁顿挫，进入角色——整节课，秦岚年轻的面孔始终神情凝重，写满了沧桑，宛若陆游再生。

三②

浙江宁波慈溪市第三实验小学陆海霞老师，她的课亦如期待般精彩。她上的课是《品诗明理》，这样的课不好上，因为小学生总是喜欢情趣而厌倦道理，但陆老师的课处理得非常巧妙，情中有理，理中有情，情理交融，诗意盎然。对她整节课的风格评价是："拿捏精准，点评精到；语言精妙，结构精化；情理交融，浑然一体；青山秀水，一碧如洗。"上得真的非常好，有大将风范。

---

① 李振村. 风格，离普通教师有多远［J］. 人民教育，2010（23）：41.
② 同上.

后　记

　　30 年来，我一直从事课堂教学研究。前期的重要研究成果被华东师范大学出版社编辑朱永通先生整理成《有效教学十讲》一书，于 2009 年出版。五年来，这本书重印了 19 次，印数达 20 多万册，成为最受中小学老师欢迎的图书之一。在网络上，我看到不少教师写的书评和读后感。我没想到老师们那么喜欢这本书，并且那么认真地阅读，还有感而发，写了不少赞扬性的点评，我感到很受鼓舞，内心充满感激之情。真的，老师们，谢谢了！你们的喜欢和肯定是我研究与写作的内在动力。

　　前年，朱永通先生约我交谈。他告诉我，不少读者在期待我《有效教学十讲》之后的新著。欣喜之余，我深感责任重大。经过一段时间的思考，我回复朱永通先生：新书名想好了，"超越有效教学"。之后，又觉得太宽泛，故改为"从有效教学走向卓越教学"，这样更有方向感和聚焦点。两年来，我从反思有效教学开始，对卓越教学进行了比较系统的思考和整理。现在交上了书稿，等待老师们的审阅。

　　再次感谢老师们！